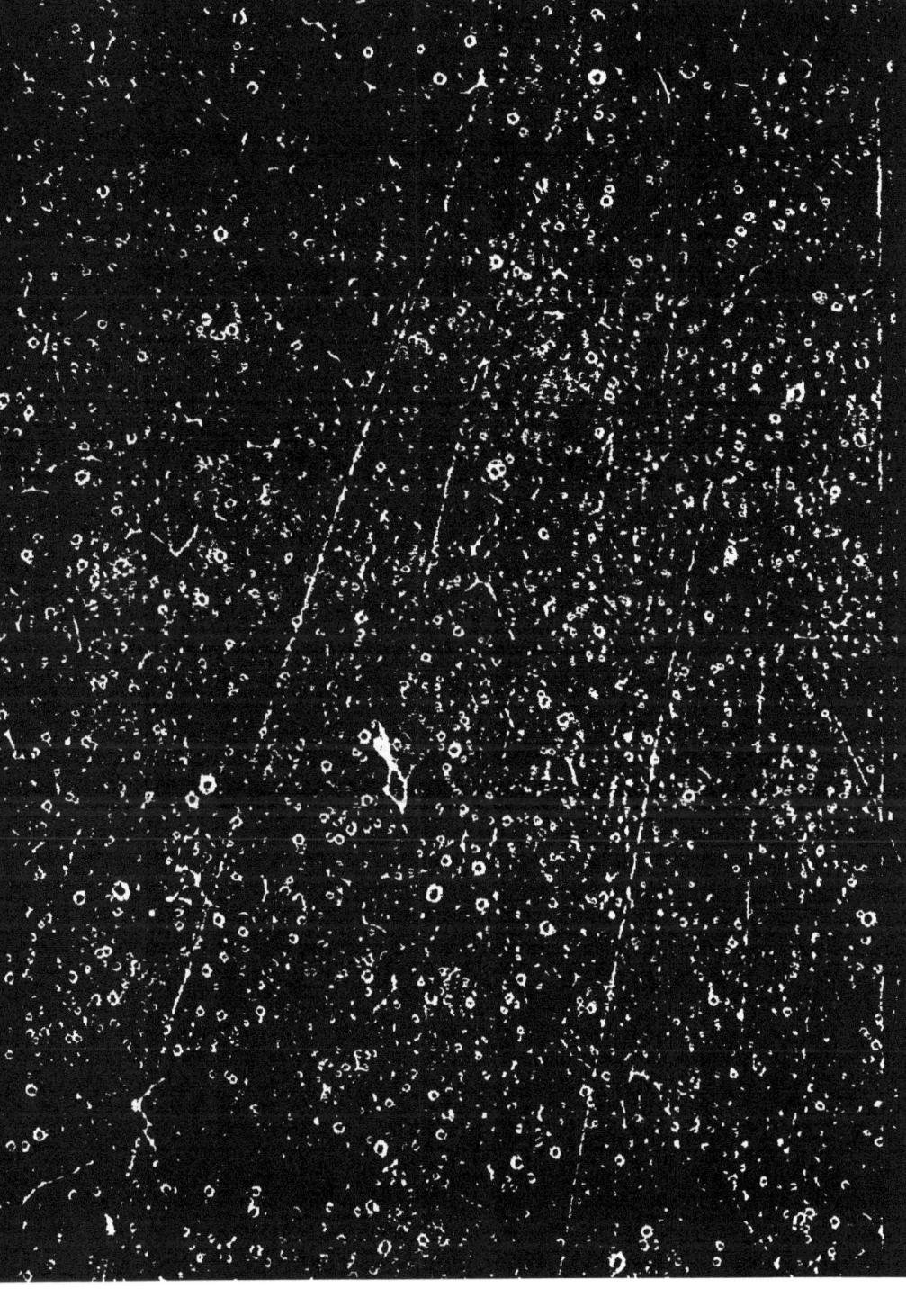

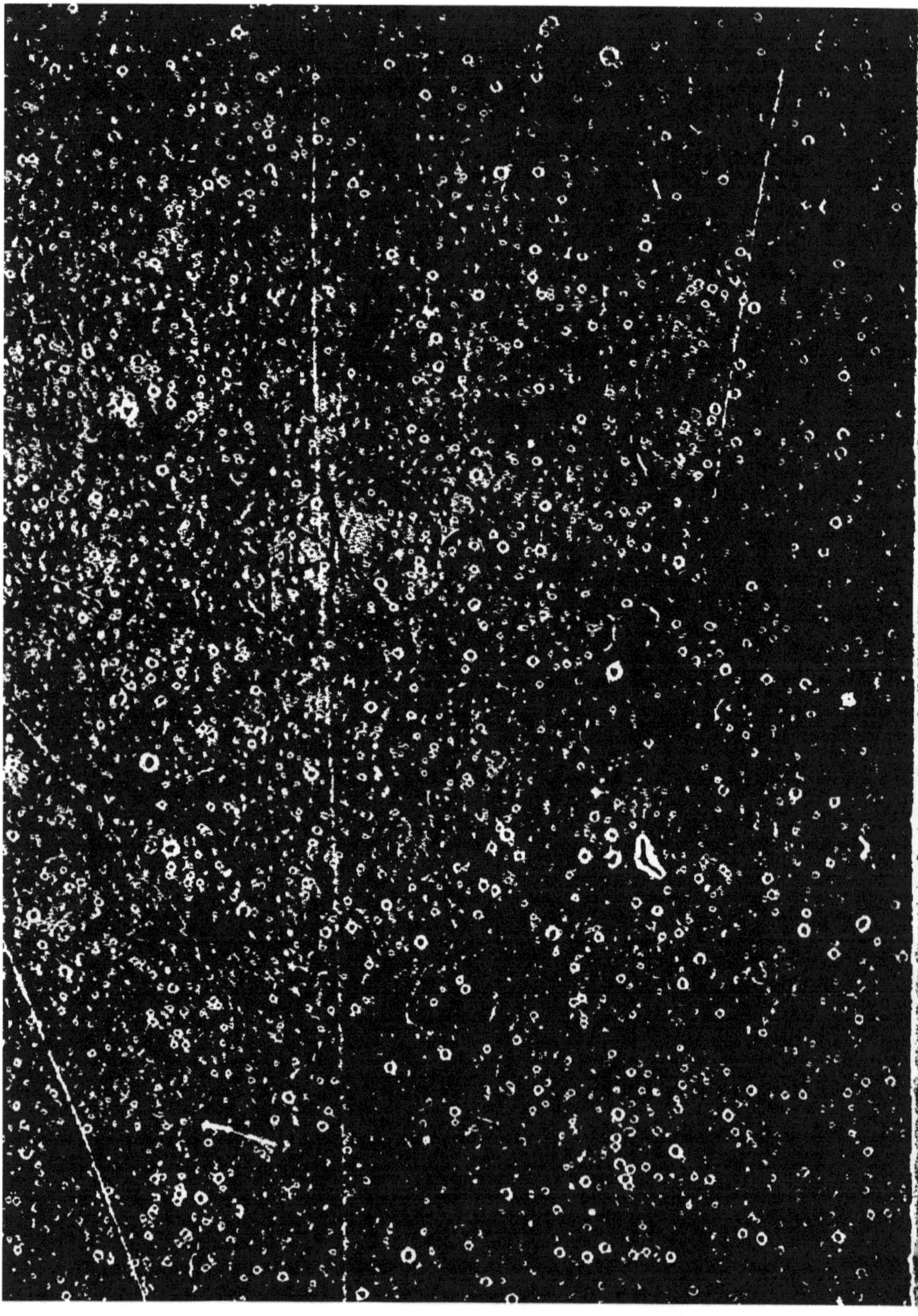

HISTOIRE

DE

L'ANCIENNE CATHÉDRALE

ET

DES ÉVÊQUES D'ALBY.

A LA LIBRAIRIE ARCHÉOLOGIQUE

DE VICTOR DIDRON,

Rue Saint-Dominique-Saint-Germain, n° 23

HISTOIRE

DE

L'ANCIENNE CATHÉDRALE

ET

DES ÉVÊQUES D'ALBY,

DEPUIS LES PREMIERS TEMPS CONNUS

JUSQU'À LA FONDATION DE LA NOUVELLE ÉGLISE SAINTE-CÉCILE,

PAR EUGÈNE D'AURIAC

[illegible] DE LA BIBLIOTHÈQUE IMPÉRIALE,

MEMBRE CORRESPONDANT DE LA SOCIÉTÉ ARCHÉOLOGIQUE DU MIDI DE LA FRANCE

ET DE PLUSIEURS AUTRES SOCIÉTÉS SAVANTES.

PARIS.

IMPRIMERIE IMPÉRIALE.

M DCCC LVIII.

TABLE DES MATIÈRES

CONTENUES DANS CE VOLUME.

Pages.

AVANT-PROPOS VII

Rapport à M. le ministre de l'instruction publique et des cultes sur quelques documents inédits relatifs à l'évêché et à la cathédrale d'Alby VIII

CHAPITRE PREMIER. — Recherches sur l'ancienne cathédrale. — Son origine; son nom 1

CHAPITRE II. — Deux églises dédiées à Sainte-Cécile dans l'Albigeois au commencement du xe siècle. — Première charte du cartulaire d'Alby. — Montans et Gaillac 21

CHAPITRE III. — Saint-Salvi — Sainte-Martianne. — Saint-Eugène de Vioux. — Élection des évêques. — Droits des comtes d'Albigeois sur le siége d'Alby. — Vente de l'évêché. — Construction d'un pont sur le Tarn. — Désordres et conduite scandaleuse des chanoines. — Ancienne coutume des seigneurs de s'emparer du bien des évêques décédés 35

CHAPITRE IV. — Lutte des chanoines de la cathédrale contre leur évêque par suite du schisme de l'église. — Mission de saint Bernard à Alby et conversion des habitants dans l'église de Sainte-Cécile. — Emprisonnement d'un évêque d'Alby par le vicomte Roger. — Le Castel-Viel. — Construction d'un oratoire pour l'hôpital du Vigan. — Conventions entre l'évêque et le vicomte d'Alby 51

CHAPITRE V. — Guillaume Petri, évêque et prévôt de la cathédrale. — Le Castel-nau d'Alby. — Simon de Montfort célèbre la Pâque dans l'église Sainte-Cécile. — L'évêque conduit l'armée des Croi-

Pages.

sés. — Le pape veut forcer Guillaume à descendre de son siége. — Hommage des consuls au seigneur-évêque. — Soumission de la ville au roi de France. — Élection de Durand en remplacement de Guillaume, qui renonce à l'épiscopat. — L'évêque d'Alby reconnu seigneur temporel de la ville.................... 71

CHAPITRE VI. — Mort de Guillaume Petri : contestations entre les chapitres de Sainte-Cécile et de Saint-Salvi au sujet de sa sépulture. — Rigueur excessive des inquisiteurs à Alby — Castel-nau de Bonafous et les Raymondins d'Albigeois. — L'évêque Durand au siége de Montségur. — Prétentions des officiers du roi contre les droits de l'évêque. — Serment des habitants. — Mort de Durand. — Élection immédiate de son successeur.............. 90

CHAPITRE VII. — Bernard de Combret se met sous la protection de l'archevêque de Bourges. — A recours aux armes pour combattre le sénéchal de Carcassonne. — Transige avec le roi au sujet de la justice temporelle. — Règlement sur l'administration consulaire. — Origine du jury. — Mort de Bernard de Combret. — Vacance du siége épiscopal.................................. 112

CHAPITRE VIII. — Bernard de Castanet. — La monnaie d'Alby et la succession de Sicard d'Alaman. — Restitutions de dîmes usurpées à l'évêché. — Fixation des limites de la juridiction d'Alby. — Droits du roi et de l'évêque. — Sévérité de l'évêque. — Premières traces des nouvelles constructions qu'il fit élever dans la ville.... 128

CHAPITRE IX. — Les curés du diocèse demandent la permission de disposer de leurs biens par testament. — Élections consulaires. — Bernard de Castanet rend la justice. — Les petits pèlerinages. — Confiscation des biens des hérétiques. — Les clercs exerçant des arts mécaniques non soumis au subside de guerre. — Le faubourg du Bout-du-Pont................................. 140

CHAPITRE X. — Sécularisation du chapitre. — Informations prises par Nicolas III. — Requête de plusieurs évêques en faveur des chanoines. — Nouvelle enquête ordonnée par le pape. — Bulle de Boniface VIII. — Statuts de Bernard de Castanet et du chapitre. — Époque de la construction d'une nouvelle église Sainte-Cécile. — Dernières traces de l'ancienne cathédrale d'Alby..... 154

Chronologie rectifiée des évêques d'Alby depuis saint Clair jusqu'à Bernard de Castanet.................................. 177

Pages.

PREUVES ET NOTES.

I. — Vente faite par Pons Roger, Vidal, son frère, Isarn, son neveu, et Lombarda, sa cousine, à Guillaume Petri, de tous les droits qu'ils avaient au-dessous du Castel-nau pour le prix de 100 sous raymondins (en langue romane). (MCLXXXV.)................ 181

II. — Échange fait entre Guillaume Petri, évêque d'Alby, et les chanoines de l'église Sainte-Cécile. (In mense Martii MCCVIII.)..... 182

III. — Donation faite par Aimard, Pierre Raimundi et Arnaud d'Alaman frères, à Sainte-Cécile d'Alby, de la chapelle de Notre-Dame qu'ils avaient dans leur château de Castel-Viel. (Sans date : vers MCXXX.).. 183

IV. — Lettre de Gérard, évêque d'Angoulême, aux abbés de Castres, de Gaillac et autres ecclésiastiques du diocèse d'Alby. (Sans date : vers MCXXXIII.).. 185

V. — Bulle du pape Innocent II, par laquelle il met sous la protection du saint-siége les chanoines réguliers et l'église cathédrale de Sainte-Cécile d'Alby; leur donne le pouvoir d'élire leur prélat ainsi que le prévôt; les confirme dans la possession de leurs biens et priviléges, et déclare qu'il ne sera permis à personne de leur causer aucun grief après leur appellation au saint-siége. (II° idus Junii MCXXXVI.)................................ 197

VI. — Conventions faites entre Guillaume Petri et les prud'hommes de la ville d'Alby sur la manière de punir ceux qui seraient convaincus d'avoir blessé quelqu'un avec glaive ou lance, bâton ou pierres, dont la connaissance appartenait auxdits évêque et prud'hommes et les confiscations à l'évêque seul (en langue romane). (MCLXXXVIII.).. 199

VII. — Acte par lequel Guillaume Petri, évêque, permet à Albia, fille de Guiraud de la Taosca, d'établir un moulin au-dessus du pont d'Alby (en langue romane). (MCCII.)...................... 203

VIII. — Acte par lequel les clercs de l'église d'Alby prient l'évêque Guillaume Petri de prendre l'administration de leurs biens et de remplir la charge de prévôt. (In mense Novembris MCCV.)...... 205

IX. — Le prévôt et le chapitre de Sainte-Cécile d'Alby accordent à Durand, leur évêque, les maisons où il habitait, situées sur le Tarn,

Pages.

pour en jouir durant sa vie seulement. (VII° idus Januarii MCCLXXVI.) 206

X. — Déclaration de l'évêque Guillaume Petri portant que le chapitre de son église a droit d'élire et d'instituer les archidiacres conjointement avec lui. (XVI° kalendas Julii MCCXXXIII.) 207

XI. — Ordonnance de Gautier, évêque de Tournay et légat du saint-siége, relative à l'entrée des légats dans la ville d'Alby. (IX° kalendas Aprilis MCCXXXI.) .... *Ibid.*

XII. — Lettres de G. Regitius, prieur de Sainte-Marie des Tables de Montpellier, par lesquelles il mande au prieur de Sainte-Martianne et au curé de Saint-Salvi, du diocèse d'Alby, de citer pardevant lui Guillaume du Puy, Guibert Ichard et quelques autres, en vertu d'une bulle du pape Innocent IV. (Pridie nonas Augusti MCCLIII.) 208

XIII. — Vidimus fait par l'official de Bourges de l'élection de Bernard de Combret, prévôt de Sainte-Cécile, pour évêque de l'église d'Alby en remplacement de Durand. (MCCLIV.) 210

XIV. — Lettres du chapitre de Bourges à Bernard de Combret, après l'hommage fait par ce prélat à l'archevêque de Bourges. (Die Martis post Pascha MCCLV.) 213

XV. — Jean de Sully, archevêque de Bourges et primat d'Aquitaine, se conformant à une bulle du pape Urbain IV, permet à l'évêque d'Alby de transiger avec le roi touchant la justice temporelle de la cité d'Alby. (La bulle du pape est datée des ides de décembre, la deuxième année de son pontificat; les lettres de consentement de l'archevêque sont du jeudi après la Pentecôte MCCLXIV.) 215

XVI. — Transaction entre le roi saint Louis d'une part, et Bernard, évêque d'Alby, d'autre part, suivant le pouvoir donné à ce dernier par le pape et l'archevêque de Bourges, touchant les confiscations des biens des hérétiques et *faidits* de la cité d'Alby, et touchant les adultères, larcins et autres crimes. (In vigilia beati Nicholai hiemalis, mense Decembris MCCLXIV.) 216

XVII. — Accord entre Guillaume, évêque d'Alby, et les chanoines de Sainte-Cécile, au sujet du moulin Bordoles du Botet (en langue romane). (XI° kalendas Decembris MCLXXII) 217

XVIII. — Sentence arbitrale rendue entre l'évêque et le chapitre d'Alby, d'une part, et les consuls et habitants de la ville, d'autre part,

Pages.

sur quelques points de l'administration, sur l'exécution de la justice, etc. (Die Mercurii post festum sancti Matthæi apostoli MCCLXIX.) 218

XIX. — Statuts faits par Raymond de Fraissenel, prévôt, et par les chanoines de Sainte-Cécile, en présence et du consentement de Bernard, portant organisation du chapitre dans le cas où l'église serait sécularisée. (III° nonas Februarii MCCLXXVI.) 224

XX. — Procès-verbal constatant que Guillaume de Monestier fit évader un prisonnier arrêté et renfermé dans une maison par un sergent de Bernard, évêque d'Alby (en langue romane). (Die Martis post festum beati Nicholai MCCLXXXVII.) 228

XXI. — Giles Camelin mande au bailli de Cordes de faire exécuter la transaction passée entre le roi, Bertrand de Lautrec et l'évêque d'Alby, touchant la justice haute et basse de tout le territoire, depuis la rivière du Tarn jusqu'à Cordes et au château de Lescure. (Die Veneris ante festum Nativitatis Domini MCCLXXXIX.) 229

XXII. — Nomination des consuls de la ville d'Alby, avec le serment prêté par eux à l'évêque le jour de leur élection. (XIV° kalendas Septembris MCCLXXXV.) 231

XXIII. — Permission donnée par le prévôt et le chapitre de la cathédrale aux consuls de la ville de faire bâtir une muraille sur le bord du Tarn, au-dessus des moulins appartenant au chapitre (en langue romane). (VII° idus Aprilis MCCXCIV.) 233

XXIV. — Acte contenant un relevé des justices, alleus et autres droits appartenant à l'évêque d'Alby dans la cité et ses dépendances. (Sans date.) 236

XXV. — Acte par lequel les habitants du faubourg du Bout-du-Pont d'Alby reconnaissent à Bernard, évêque, et aux consuls, qu'ils font partie du consulat de la ville et sont de la juridiction de l'évêque. (XI° kalendas Maii MCCXCVI.) 238

XXVI. — Requête adressée au pape Nicolas III par le prévôt et le chapitre de la cathédrale d'Alby, pour obtenir la sécularisation de leur église. (III° kalendas Februarii MCCLXXVII.) 240

XXVII. — Lettres de Raymond, évêque de Rodez, et d'Étienne, évêque de Mende, commissaires députés par le pape Nicolas III, pour informer de l'état et du revenu de l'église d'Alby, au sujet de la demande de sécularisation de cette église. (VIII° idus Martii MCCLXXVIII.

Pages.

La bulle du pape, rapportée dans cet acte, est ainsi datée : VIe idus Decembris, pontificatus nostri anno primo.) 241

XXVIII. — Supplication de l'archevêque de Bourges, ainsi que des évêques de Clermont et de Limoges, adressée au pape Martin IV pour la sécularisation de l'église cathédrale d'Alby. (VIIIe kalendas Martii MCCLXXXIII.) 247

XXIX. — Procuration donnée par le prévôt et le chapitre de l'église cathédrale d'Alby à deux chanoines pour aller en cour de Rome solliciter leur sécularisation. (XIIe kalendas Aprilis MCCLXXXVIII.) 248

XXX. — Bulle du pape Nicolas IV enjoignant à l'évêque d'Alby de conférer les ordres à certains chanoines nouvellement élus par le chapitre. Le saint-père y parle de l'enquête faite sous son prédécesseur pour la sécularisation de la cathédrale ; mais il déclare cependant qu'il ne change encore rien par cette bulle à l'état du chapitre. (XIIIe kalendas Februarii, pontificatus anno secundo.) 250

XXXI. — Statuts de la cathédrale d'Alby faits par Guillaume de Montjoux, prévôt de l'église, et les chanoines réguliers du chapitre. A la suite se trouve l'approbation de l'évêque Bernard, qui confirme ces statuts, sauf toutefois la décision du pape, dans le cas où il voudrait séculariser l'église d'Alby. (XIVe kalendas Februarii MCCXC.) 252

XXXII. — Réquisition faite à trois cardinaux par le procureur de Bernard, évêque d'Alby, par le prévôt et les représentants du chapitre de la cathédrale, de procéder à la sécularisation de l'église d'Alby, suivant la commission qui leur en avait été donnée par le pape Boniface VIII. (VIe idus Januarii MCCXCVII.) 255

XXXIII. — Donation faite par les chanoines de la cathédrale, à leur évêque, du lieu où est située l'ancienne église. (Kalendas Februarii MCCXCVII.) 257

XXXIV. — Table du prix du setier de blé (mesure de Paris), depuis l'année 1202, avec la valeur du marc d'argent fin de douze deniers, sous chaque règne, servant à faire l'évaluation des anciens prix en monnaie du XVIIIe siècle 258

FIN DE LA TABLE.

AVANT-PROPOS.

Le 12 avril 1851, je quittais en toute hâte Paris pour me rendre à Toulouse auprès de mon père, atteint, ainsi qu'on me l'annonçait, d'une maladie cruelle qui devait en peu de temps lui ravir la vie. J'avais obtenu, à cet effet, une autorisation spéciale de l'administration à laquelle j'appartiens; et, si je m'éloignai avec la douleur dans l'âme, je partis aussi avec le regret d'interrompre des travaux auxquels j'avais déjà consacré plusieurs années. Cependant, peu de jours après mon arrivée à Toulouse, je reçus un arrêté de M. le ministre de l'instruction publique et des cultes, en date du 17 avril, qui me chargeait de rechercher dans les bibliothèques publiques et archives tous les documents relatifs à l'histoire de l'ancien évêché et de la cathédrale d'Alby.

Ce n'est pas ici le lieu de raconter les difficultés matérielles que je rencontrai pour l'exécution de cette mission que j'avais sollicitée et que j'aurais désiré obtenir dans des temps plus favorables. Toutefois, je m'empresse de déclarer que, grâce à l'obligeance et à la bonté de toutes les personnes auxquelles je dus m'adresser, il me fut possible de recueillir une assez belle moisson de documents, dont on pourra comprendre l'importance en lisant le rapport que je reproduis à la suite de cet avant-propos.

Mais une dernière difficulté, à laquelle j'étais loin de m'attendre, vint apporter un nouvel obstacle à ma mission et interrompre mes recherches : un ordre de l'administrateur de la Bibliothèque nationale me rappela subitement à mon poste. Quel que fût mon droit, quels que fussent mes devoirs, ma position de fortune me faisait une loi d'obéir, et je dus partir aussitôt pour Paris, laissant derrière moi des travaux incomplets et un père au lit de la mort.

Quinze jours après mon retour à Paris, je recevais la triste nouvelle de la mort de mon père, décédé à Toulouse le 9 juillet, et, deux mois plus tard, un nouveau malheur venait encore me frapper bien cruellement dans la perte d'une fille chérie, bien jeune il est vrai, mais qui a vécu assez pour rester éternellement dans mon souvenir.

Tant de chagrins, de tourments joints à des vexations d'une autre nature que je crois devoir passer sous silence, détournèrent pendant longtemps mon attention des documents et des notes que j'avais recueillis avec une précipitation extraordinaire. Cependant, en 1853, je pus enfin m'occuper d'un classement de ces matériaux. Je me livrai ensuite aux recherches les plus sérieuses dans les manuscrits de la Bibliothèque impériale, et c'est le résultat de ce premier travail que je livre aujourd'hui à l'impression. Si cet ouvrage est accueilli avec quelque faveur, si le concours public me vient en aide, je ne tarderai pas à publier dans un autre volume les pièces relatives à la nouvelle cathédrale; puis, enfin, je donnerai une description fort détaillée de Sainte-Cécile d'Alby. Quoi qu'il arrive pourtant, je livre ce volume à la publicité dans l'espoir qu'il aura un jour son utilité pour ceux qui s'occupent d'histoire; il révèle plusieurs faits inconnus jusqu'à présent et fournira certainement des indications précieuses aux habitants d'Alby.

Qu'on me permette maintenant de dire un mot sur la manière dont j'ai compris mon travail.

L'*Histoire de l'ancienne cathédrale d'Alby* a été écrite afin de combler une lacune dans les annales de l'Albigeois. C'est un bien faible point sans doute; mais ce point, si petit qu'il soit, m'a paru devoir intéresser quelques personnes, et j'ai réuni en un volume toutes les indications que j'ai pu recueillir, soit dans les ouvrages imprimés, soit dans les manuscrits. Le lecteur qui aura la curiosité de consulter ou le loisir de lire ce livre reconnaîtra tout d'abord combien peu j'ai puisé chez nos historiens, tandis que j'ai largement moissonné dans les pièces manuscrites. C'est là surtout qu'il m'a fallu une persévérance à toute épreuve et mon immense désir d'arriver à la vérité, pour rechercher avec tant de soin et de patience, dans la prodigieuse quantité de chartes que j'ai lues, une phrase, une ligne, un mot qui pussent m'éclairer dans mes investigations. Mais aussi, je me hâte de le dire, c'est à ce soin minutieux que je dois, non-seulement la connaissance de plusieurs faits nouveaux, mais encore la rectification de quelques actes peu connus, et sur lesquels je puis enfin donner de nouveaux éclaircissements.

En recueillant ainsi partout les traces écrites d'une église détruite depuis plusieurs siècles, on comprend que je devais nécessairement rassembler les actes relatifs aux évêques d'Alby. Je n'ai donc jamais manqué de signaler les erreurs que j'ai reconnues dans les actes, et mes indications pourront servir à corriger en certains points la liste des évêques de ce diocèse, dont je donne au surplus la chronologie rectifiée depuis saint Clair jusqu'à Bernard de Castanet.

J'ai scrupuleusement évité de me laisser entraîner dans l'histoire du diocèse, qui m'aurait trop éloigné de Sainte-Cécile; mais j'ai touché plus souvent à l'administration municipale, parce que les droits des anciens évêques comme seigneurs temporels m'en faisaient une loi. Sobre de réflexions dans l'examen des choses que de longs siècles séparent de nous, j'ai recueilli les moindres faits; je me suis presque toujours borné à les enregistrer, et je laisse à d'autres le soin de les commenter ou de les compléter par de nouvelles découvertes.

Les actes que j'ai signalés, les faits que j'ai relatés n'ont été admis dans cet ouvrage que parce que j'ai cru leur reconnaître quelque importance. Peut-être mon goût pour les recherches m'aura-t-il entraîné trop loin aux yeux de certaines personnes; mais je répondrai tout d'abord qu'aucun renseignement ne doit être négligé par l'historien; puis je ferai remarquer à mes lecteurs que l'attention toute particulière que j'ai mise à rechercher les moindres détails m'a seule permis de révéler des actes de désordre accomplis pendant le schisme d'Anaclet et jusqu'à ce jour ignorés des historiens. J'ai pu ainsi inscrire un nouveau nom dans la chronologie des abbés de Gaillac et rectifier la liste des abbés de Castres, ainsi que celle des évêques d'Alby. J'ai donné ensuite quelques détails intéressants sur le Castel-nau de la ville et jeté un nouveau jour sur les circonstances de la démission d'un prélat qui avait occupé le siége épiscopal pendant plus d'un demi-siècle. J'ai constaté, en outre, quels étaient les droits du souverain et ceux de l'évêque à cette époque, comment s'exerçait la justice, de quelle manière on procédait aux élections consulaires; enfin, j'ai précieusement recueilli les moindres vestiges des constructions entreprises à la fin du XIIIe siècle, et j'ai montré par combien de peines et de tribulations les chanoines avaient dû passer, avant d'obtenir de la cour de Rome la sécularisation du chapitre.

Parmi les ouvrages que j'ai consultés pour ce travail, je dois citer la dernière édition du *Gallia Christiana*, qui donne quelques actes importants; l'admirable *Histoire du Languedoc*, cette œuvre de conscience accomplie comme un devoir religieux par deux bénédictins, dans laquelle l'historien du Midi puisera toujours avec fruit, et que l'on peut regarder encore aujourd'hui comme le plus beau monument de l'histoire provinciale; l'*Ordonnance de monseigneur Charles Legoux de la Berchère, en conséquence de sa visite de l'église métropolitaine du 25 avril 1701*, volume in-8° assez rare, à la suite duquel se trouvent rassemblés toutes les bulles et les statuts relatifs à l'église d'Alby; enfin, les *Études historiques et documents inédits sur l'Albigeois, le Castrais et l'ancien diocèse de Lavaur*, publiés par M. Cl. Compayré. L'auteur de ce dernier ouvrage a rendu un véritable service à la science historique, et, pour ma part, j'ai été heureux de puiser à cette riche source, créée récemment avec tant d'intelligence, de courage et de patience au moyen de titres manuscrits renfermés jusqu'alors dans les dépôts publics ou les archives particulières, et désormais préservés de la destruction. Sans doute j'ai relevé quelques erreurs de M. Compayré; mais cette sévérité ne prouve que mon soin scrupuleux à tout examiner et ne doit rien enlever à ce livre, qui conserve d'ailleurs tout son mérite et son incontestable utilité.

On remarquera à la suite de mon travail un choix de pièces destinées à servir de preuves. La plupart de ces pièces sont totalement inconnues, et toutes sont inédites. Peut-être me reprochera-t-on d'en avoir donné un trop grand nombre; et cependant, je le déclare, je crois n'avoir choisi que celles qui sont indispensables. Du reste, j'espère que cette publication appellera un jour l'attention sur les richesses possédées par la Bibliothèque impériale, et nous verrons sans doute entreprendre l'impression du magnifique cartulaire rassemblé par le président de Doat sur la ville, l'église et le diocèse d'Alby. Toutefois, en puisant dans ce cartulaire, souvent consulté par mes devanciers, j'ai eu soin, je le répète, de ne rapporter que des actes inédits, et j'ai porté toute mon attention à éviter de reproduire un seul des documents déjà cités dans les livres imprimés. Si j'avais voulu signaler tous ceux qui m'ont paru dignes d'intérêt, pour l'époque seule dont je parle, il m'eût certainement fallu tripler mon travail, et alors je n'aurais plus écrit seulement l'histoire de l'ancienne cathédrale, mais celle du diocèse tout entier.

Un mot encore sur les documents que je publie d'après les manuscrits du président de Doat. On y remarquera certaines fautes de style, d'orthographe et de ponctuation; mais j'ai voulu pousser l'exactitude aux dernières limites, et j'ai conservé, autant que possible, la couleur de la pièce originale, soit aux chartes latines, soit aux actes écrits en langue romane. J'avais d'abord eu l'intention de publier ces dernières pièces sans explication; mais j'ai songé que ces souvenirs de notre vieux langage pourraient ne pas être toujours facilement compris, et je donne à la suite de chaque pièce une traduction française, qui pourra d'ailleurs servir aux personnes qui s'occupent de l'étude de l'ancien idiome du midi de la France.

Et maintenant, au moment de livrer au public ce volume, qui rencontrera probablement bon nombre d'indifférents, je dois déclarer que c'est principalement à M. de Rémusat, membre de l'Institut et ancien député, que je dois le courage qui m'a soutenu dans cette entreprise, si pénible pour moi. Grâce aux conseils de ce protecteur éclairé qui m'a ouvert la carrière que je parcours, j'ai pu surmonter le découragement auquel je m'abandonnais quelquefois, et je suis heureux de pouvoir lui témoigner ici toute ma reconnaissance. Sans la profonde estime que j'ai toujours eue pour lui et pour ses avis, sans le bienveillant appui de M. le baron de Crouseilhes, sénateur, et jadis ministre de l'instruction publique, je n'aurais jamais pu mener à fin cet ouvrage. Lorsque M. de Crouseilhes me confia la mission de recueillir les anciens documents relatifs à la cathédrale d'Alby, je compris que c'était désormais pour moi un devoir sacré de livrer au public le fruit de mes recherches. C'est donc à lui que je dois attribuer le principal honneur de cette publication, destinée à être complétée un jour par d'autres travaux. Puissé-je, autant qu'il était en moi, avoir justifié la haute marque de confiance qu'il m'a accordée et avoir répondu à son attente ainsi qu'à celle de M. de Rémusat! L'approbation de ces deux hommes d'état sera ma plus grande récompense et me donnera la force de continuer mon œuvre.

RAPPORT

ADRESSÉ

A M. LE MINISTRE DE L'INSTRUCTION PUBLIQUE

SUR

QUELQUES DOCUMENTS INÉDITS

RELATIFS À L'HISTOIRE

DE L'ANCIEN ÉVÊCHÉ ET DE LA CATHÉDRALE D'ALBY[1].

Monsieur le Ministre,

Vous avez bien voulu me charger de rechercher dans les archives ou bibliothèques publiques les documents inédits relatifs à l'histoire de l'ancien évêché et de la cathédrale d'Alby; permettez-moi de vous rendre compte de ma mission.

La première ville que j'avais à visiter tout d'abord, ancienne résidence des seigneurs d'Alby, aujourd'hui chef-lieu du département du Tarn, me promettait de grandes ressources. Je devais y voir les archives de la préfecture du Tarn, celles de l'hôtel de ville, celles de l'archevêché et la bibliothèque publique; enfin, j'espérais y trouver rassemblés la plupart des actes relatifs au diocèse.

[1] Extrait des *Archives des missions scientifiques et littéraires*, publiées par le ministère de l'instruction publique et des cultes.

Quand je me suis présenté à la préfecture, j'ai été agréablement surpris en voyant les murs garnis de rayons et les archives toutes en ordre, classées avec soin et portant des titres servant de reconnaissance sommaire. M. Boussac, archiviste, qui avait passé plusieurs années à classer ces documents, examinait alors chaque pièce séparée, et en faisait une petite analyse. Grâce à ses soins et à sa complaisance, j'ai donc pu me convaincre en peu de temps que les titres relatifs aux anciennes églises, aux monastères et aux corporations religieuses supprimés par la révolution, sont encore assez nombreux; mais, en revanche, je me suis également assuré qu'il reste bien peu d'actes concernant l'ancien évêché et le chapitre métropolitain d'Alby. Le nombre ne s'en élève pas à plus de cent; presque tous appartiennent aux XVIe, XVIIe et XVIIIe siècles, et ils regardent en général les obits ou fondations de certaines chapelles de la cathédrale.

Pour expliquer cette pénurie de documents, je dois vous dire ici, Monsieur le Ministre, que les titres de Sainte-Cécile et de l'archevêché d'Alby furent tirés en 1793 de la salle capitulaire dans laquelle ils étaient conservés, et livrés aux flammes sur la place publique. Quelques actes échappèrent fort heureusement à cette destruction. Ces actes, que j'aurai l'honneur de vous signaler, et quelques copies qui se trouvaient en diverses mains au moment de la révolution, tendent chaque jour à se réunir, et j'ai la conviction qu'avec le recueil du président Doat, conservé à la Bibliothèque impériale, ils pourront servir à reconstituer presque entièrement l'histoire du diocèse d'Alby.

Parmi les pièces des archives de la préfecture qui m'ont paru dignes d'intérêt, j'ai remarqué un acte par lequel Julien de Médicis s'engage, en 1678, à résider constamment dans sa ville épiscopale, et à ne s'en absenter que pour cause légitime (série 1 G, archevêché). Cet évêque, qui était en même temps abbé de Saint-Victor de Marseille, avait su, dans ces temps de discordes, contenter les protestants et les catholiques de son diocèse; aussi était-il tellement chéri dans sa ville épiscopale, que les habitants, apprenant un jour qu'il devait aller visiter son abbaye, se portèrent en foule à la porte de son palais, le conjurant de retarder ce voyage. Ce fut dans ces circonstances que l'évêque contracta l'engagement que je viens de signaler, et, comme tous les actes de ce prélat, depuis le jour où il avait quitté le siége d'Aix, cet engagement est signé *Julien, archevêque de Médicis, évêque et seigneur d'Alby.*

Je signalerai encore à votre attention, Monsieur le Ministre, un règlement fait le 25 août 1600, pour l'administration de la *justice temporelle*, par monseigneur Alphonse Delbène, nommé évêque d'Alby en 1588. Ce règlement fut fait à l'occasion de l'injure «des troubles et dissentions civiles,» dit l'acte, qui nous apprend aussi que la cathédrale et la maison épiscopale avaient été occupées pendant de longues années par les rebelles (les ligueurs), qui y avaient mis garnison, et empêchèrent ainsi l'évêque d'y entrer jusqu'au mois d'octobre 1598.

Afin de bien comprendre les termes de ces deux actes, ainsi que de tous ceux qui se rapportent à l'ancien évêché d'Alby, je vous rappellerai, Monsieur le Ministre, que les évêques étaient jadis seigneurs justiciers hauts, moyens et bas de cette ville; ils s'occupaient également de l'administration temporelle et spirituelle, et, dans tous les actes, ils étaient qualifiés évêque et seigneur. Sans doute, les magistrats devaient veiller aux intérêts publics, et les archives communales nous montrent constamment leur administration sage et paternelle, leur sollicitude constante pour leurs concitoyens; mais l'autorité épiscopale dominait les pouvoirs de ces magistrats, et son influence, consacrée par les siècles, se fait sentir dans presque tous les actes consulaires. Il suffit de parcourir les archives de la mairie d'Alby pour y trouver de nombreuses preuves de la puissance des évêques.

Nous savons encore que les évêques avaient jadis le droit de faire battre monnaie, puisqu'il existe un acte de l'an 1248, rapporté dans l'*Histoire générale du Languedoc*, qui prouve que la fabrication des raymondins d'Alby appartenait en tiers au comte de Toulouse, à l'évêque d'Alby et à Sicard d'Alaman, favori de Raymond VII et lieutenant général des derniers comtes de Toulouse[1]. Cette monnaie avait cours dans toutes les terres dépendantes des diocèses d'Alby, de Rhodez et de Cahors, et elle fut d'abord fondue et fabriquée à Castelnau (château neuf) de Bonafous, lequel château Sicard d'Alaman tenait en fief du seigneur comte, et le comte le tenait lui-même en fief de l'évêque d'Alby. En 1278, la fabrication de cette monnaie fut confiée à des entrepreneurs, qui la faisaient fondre, non plus à Castelnau, mais à Alby.

Je ne vous parlerai pas, Monsieur le Ministre, de toutes les pièces que j'ai cru devoir recueillir aux archives de la préfecture: je me bornerai à vous mentionner un recueil qui a été retrouvé, il y a quelques années, et auquel on n'a pas attaché assez d'importance jusqu'à ce jour: c'est l'inventaire des titres de la cathédrale d'Alby, fait en 1787 (série 2 G, chapitre métropolitain). Ce relevé, formant trois volumes in-

[1] *Hist. gén. de Languedoc*, t. III, Pr. p. 469.

folio, porte pour titre : *Inventaire raisonné des titres du vénérable chapitre métropolitain de Sainte-Cécile d'Alby, contenus aux rayons, fait et dressé par Mr Serres, feudiste dudit chapitre.* Il donne l'indication sommaire de tous les actes relatifs à la cathédrale qui furent conservés dans la salle capitulaire jusqu'en 1793, et il complète ainsi, du moins en partie, le choix des documents recueillis par le président Doat. Sans doute ce ne sont pas là les actes eux-mêmes, mais puisqu'un aveugle besoin de destruction les a anéantis, nous devons nous estimer heureux d'en retrouver l'indication.

Quoi qu'il en soit, on remarque dans cet inventaire la liste des bulles et statuts de l'église d'Alby, les amortissements, priviléges ou dîmes, le rachat des biens aliénés pour les affaires de l'État, les commanderies et congrégations relevant du chapitre, les hommages et dénombrements rendus au chapitre et par le chapitre, enfin quelques procès-verbaux et délibérations des États d'Albigeois ; car, je ne dois pas oublier cette particularité, l'Albigeois, comme le Gévaudan et le Velay, avait ses assemblées particulières, que l'on nommait *petits États.*

Cette dernière partie n'est pas la moins curieuse : elle nous montre la composition de ces États. Ainsi l'archevêque d'Alby en était le président né. Il y avait ensuite le syndic de l'église métropolitaine, l'abbé de Gaillac, l'abbé de Candeil et le prévôt ou le syndic de l'église collégiale d'Alby, qui représentaient le clergé. Le vicomte d'Ambialet, le vicomte de Paulin, le baron de Pierrebourg, le baron de Lescure, le baron de Cestayrols, le baron de Salvagnac et le baron de la Guépie y assistaient pour la noblesse; enfin, cent quarante-cinq consuls ou députés des villes et lieux du diocèse composaient le tiers état. On y voyait, en outre, un corps de commissaires et un commissaire principal n'ayant aucune voix, un syndic et un greffier.

Le répertoire que j'analyse très-sommairement ici contient encore les titres féodaux et censuels d'Alby, plusieurs actes de fondations et testaments, les baux à cens, ainsi que les titres des bénéfices de Carlus, de Vieux, de Cahusac, Cordes, Sainte-Croix, Monestier, Lescure, Castelvieil, Gaillac, etc. On y remarque enfin une table des prix du setier de blé (mesure de Paris), depuis l'an 1202 jusqu'à 1747, avec la valeur du marc d'argent fin de 12 deniers, sous chaque règne. A la suite, se trouve un tableau du prix des grains vendus sur la place publique d'Alby, depuis 1754 jusqu'en 1782.

Je ne veux pas abandonner cet inventaire, Monsieur le Ministre, sans vous dire qu'on y trouve l'analyse de quelques testaments, parmi lesquels je citerai celui de Me Cueysse, chanoine qui fonda, en 1521, la chapelle de ce nom, détruite à la révolution, et celui de Mgr Gaspard de Daillon du Lude, daté du 7 octobre 1675, par lequel, entre autres legs, il donna l'hôtel et le jardin du petit Lude à ses successeurs.

J'ai déjà parlé de la puissance des évêques; permettez-moi de vous signaler encore deux actes, pris à des époques assez éloignées l'une de l'autre, qui vous montreront combien était grande aussi l'autorité des chanoines de la cathédrale. C'est d'abord une *Permission* donnée, en 1294, par le chapitre aux consuls d'Alby de faire construire un mur le long du Tarn, au-dessous du moulin; ensuite ce sont les coutumes accordées, le 21 octobre 1500, aux habitants de Carlus, par le chapitre, *en sa qualité de seigneur du lieu*. Mais, il faut le dire, les droits des consuls furent souvent opposés au pouvoir du chapitre dans des cas semblables, et il en résulta une rivalité qui occasionna quelquefois des luttes, et souvent aussi des actes sur lesquels le parlement de Toulouse fut appelé à prononcer.

Après les archives de la préfecture, j'ai visité la bibliothèque publique d'Alby.

Cet établissement, formé en grande partie de l'ancienne bibliothèque de l'archevêché, et encore aujourd'hui établi dans la partie septentrionale du palais archiépiscopal, possède peu de manuscrits relatifs à l'histoire du diocèse.

J'ai consulté le *Martyrologium ad usum ecclesiæ Albiensis* (catalogue n° 7) sans y trouver rien de nouveau. Le *Necrologium ecclesiæ Albiensis* (n° 8), manuscrit du XIVe siècle placé à la tête d'un recueil in-folio, m'a paru plus curieux : il contient quelques notes dignes d'intérêt, écrites par les chanoines, et que j'ai cru devoir recueillir.

Je profiterai de l'examen que je fais de ces volumes pour signaler une erreur qui se trouve dans le *Catalogue des manuscrits des bibliothèques des départements*. A la suite d'un volume in-4°, d'une belle écriture du Xe siècle, porté sous le n° 20 et intitulé, *Enchiridion Augustini*, on a mentionné ainsi une bulle concernant le chapitre d'Alby : *Bulla Innocentii an. 1313*... Or, à cette époque, le pape n'avait pas nom Innocent : Clément V occupait le siége de saint Pierre. Cette bulle n'est donc pas de l'année 1313, mais bien de l'an 1136, et elle est d'Innocent II, qui prend le chapitre de la cathédrale sous sa protection. On en trouve une copie dans les manuscrits du fonds Doat, à la Bibliothèque impériale, et j'ai déjà eu l'occasion d'expliquer, dans un Mémoire publié récemment, le motif pour lequel elle fut écrite [1].

[1] *Document inédit du XIIe siècle émané d'un évêque d'Angoulême et relatif au diocèse d'Alby*. Angoulême, 1850.

Le manuscrit n° 97, intitulé, *Description naïve et sensible de la fameuse église de Sainte-Cécile d'Alby*, est la copie exacte d'un ouvrage fort curieux dont l'original appartenait à M. de Rochegude. Je l'ai lu en entier, et j'ai pu ainsi m'en rendre un compte fort exact : c'est un examen imparfait de la cathédrale; mais, malgré cette imperfection, c'est la description la plus complète qui existe des peintures de Sainte-Cécile. L'auteur, Mᵉ Bernard de Boissonnade, avocat au parlement de Toulouse, après avoir fait connaître le portique, l'escalier, le portail et les peintures de la voûte, s'arrête pour donner quelques détails sur les évêques d'Alby... Malheureusement l'ouvrage, écrit en 1684, se termine là, et l'auteur laisse ainsi son œuvre inachevée, sans nous décrire les chapelles avec leurs peintures, le cœur et le jubé.

Cependant, je le répète, la Description naïve de Sainte-Cécile est pleine d'intérêt, et je pense qu'il serait bon de la publier[1].

J'ai terminé mes recherches à la bibliothèque par l'examen du *Bullarium sanctæ ecclesiæ Albiensis* (n° 1). Ce manuscrit, donné en 1772 par le pape Clément XIV au cardinal de Bernis, archevêque d'Alby, est fort précieux pour l'histoire de l'ancien évêché : il contient un grand nombre d'actes presque inconnus, car aucun d'eux n'est rapporté ni dans le *Gallia Christiana*, ni dans l'*Histoire générale de Languedoc*. Le cardinal le fit déposer dans sa bibliothèque, où il est fort heureusement resté, et j'ai pu y recueillir plusieurs titres importants.

[1] Depuis la publication de ce rapport, j'ai fait paraître cette curieuse description, à laquelle j'ai cru devoir ajouter de nombreuses notes destinées à expliquer certains faits ou à rectifier quelques erreurs de Mᵉ Bernard de Boissonnade.

Le premier de ces documents remonte au 30 mars 1018. C'est une bulle de Sergius, qui cède le château de Lescure à Vedian, sous la redevance de dix sous raymondins. Cette bulle nous apprend que le château de Lescure avait été jadis donné au saint-siége par les rois de France. Une autre lettre du pape Honorius III, adressée le 26 novembre 1218, c'est-à-dire deux siècles plus tard, à l'évêque d'Alby, lui ordonne de rendre au cardinal Bertrand, son légat, ce même château, qu'il avait livré aux *perfides Toulousains;* elle lui enjoint surtout de ne point tourmenter dans la possession de Lescure, soit le cardinal, soit la personne à laquelle celui-ci voudra le donner.

Presque toutes les copies de ce recueil sont aussi intéressantes que celles que je viens de citer, et je n'ai qu'un regret après l'avoir vu, c'est de n'avoir pu entièrement le copier. J'aurai encore occasion d'en parler dans la suite de ce rapport.

Les archives de la mairie d'Alby sont bien certainement plus riches en documents historiques; mais, je le dis avec peine, il est presque impossible d'en profiter. Comme personne n'est chargé de leur garde, les chartes restent entassées sans ordre dans des sacs, et l'on ne peut consulter avec fruit que quelques volumes contenant les anciennes coutumes et certains faits remarquables consignés par les consuls. Il est trop pénible de voir des archives semblables n'avoir pas un classement, même sommaire, pour que je ne signale pas cet état de choses à votre attention. Quand on pense au soin que prenaient nos pères de ces précieux restes d'antiquité; quand on songe à leur culte pour ces souvenirs du temps passé, pour ces témoins vénérables de notre histoire, et qu'on les compare à l'état d'abandon et d'oubli dans lequel sont quelques archives, on est tenté de se demander si plusieurs siècles de barbarie ont passé sur nos têtes.

Dans le *Livre des priviléges et coutumes de la ville d'Alby*, anciennement appelée *le Vieux barbare*, j'ai remarqué les priviléges, libertés et franchises approuvées, le 13 mai 1245, par Durand, évêque, seigneur de la ville. Sans doute ce n'est point là le premier acte du droit des évêques comme seigneurs temporels, puisque l'on connaît un règlement de Guillaume Petri du 17 mai 1220; mais je le signale, parce qu'il est fait «avec le consentement et la permission des prud'hommes et de toute l'université de la cité d'Alby.» Je crois y voir les traces de ce gouvernement épiscopal, municipal et populaire, souvent attaqué par les vicomtes d'Alby ou par les officiers du roi, mais qui ne cessa entièrement qu'à la Révolution, après avoir commencé au VIIe siècle, à l'élection de Citrinus. En 680, cet évêque fut élu par le peuple, *antistes factus est judicio populi*, ainsi que le dit une vieille chronique [1]. Or, il me semble voir là un usage dans lequel le pouvoir temporel de l'évêque a pris sa source. Le peuple préférait la souveraineté épiscopale à l'autorité militaire du comte. L'élu de ce même peuple possédait presque toujours l'affection générale. Il soutint d'abord les habitants de ses conseils, de son amitié; puis il régla leurs différends; enfin, il devint leur seigneur et leur donna des lois.

Ce livre des priviléges et coutumes contient également la relation des diverses entrées des évêques dans la ville d'Alby, depuis le 19 juillet 1503 (Jacques d'Amboise, procureur de Louis d'Amboise, évêque) jusqu'au 6 mars 1687 (Charles Legoux de la Berchère, archevêque). Ces procès-verbaux de

[1] D. Luc. d'Achery *Spicil.* t. III, p. 571. — *Chron. episcop. Albiensium.*

la réception faite aux évêques montrent, non-seulement le luxe qui présidait à ces cérémonies, mais ils rappellent encore l'humble et respectueux langage des consuls pour leurs seigneurs. Assurément ces magistrats n'auraient pas déployé plus de magnificence ni montré plus de respect pour le roi de France.

Il existe encore aux archives de la mairie un manuscrit fort précieux par les détails qu'il renferme sur l'histoire d'Alby : c'est le *Livre des consuls*, de 1536 à 1588. Au commencement, on remarque quelques portraits des consuls en exercice. Les magistrats semblent ainsi avoir voulu s'emparer du *droit d'image*, qui était particulier aux capitouls de la ville de Toulouse ; mais cette tentative ne réussit point, car on ne voit bientôt après que le nom et les armes des nouveaux consuls, puis enfin le nom seul des magistrats en exercice.

Dans ce volume sont contenus les faits remarquables arrivés dans Alby et consignés par les consuls eux-mêmes durant le temps de leur charge. L'histoire de la ville, pendant une grande partie du XVIe siècle, se trouve ainsi détaillée d'une manière fort curieuse. Quelquefois même les actes sont racontés en vers par l'historien, et je citerai ici quelques lignes d'un consul poëte, qui s'est plu à rapporter en ces termes les événements survenus en l'an 1537 :

Annale faicte pour Alby
Lan mil cinq cens et trente sept
Quon ne doibt pas mettre en oubly
Car cest chose que chacun scet.
Lan mil cinq cens sept dessus trente
Finissant deux mains de quarante
Les vignes gelerent en France
Dont le vin fist si grant souffrance
Devant Alby et autres lieux.....

Ce récit, assez long, n'est pas le seul qui soit écrit en vers. En effet, on trouve un peu plus loin, dans le même volume, le *Memoyre de ce qu'a este faict en les ans mil cinq cens sexante deux et sexante trois, estans consuls*, etc. commençant ainsi :

> Jamais ny eut si grande occasion
> Deuregistrer les cas ou faicts nouveaux
> Comme à présent de la sédition
> Despuys deux ans qu'ont fait les Hugonneaux.

Partout on trouve dans ces annales des notes utiles, excellentes, et si les chartes qui sont encore enfermées aujourd'hui devenaient d'un abord plus facile, non-seulement on pourrait compléter ces renseignements, mais on y recueillerait certainement les éléments d'une bonne histoire. Sans doute nous ne sommes plus au temps où des congrégations entières se livraient à l'étude des monuments écrits pour reconstituer les annales d'une province; mais il se rencontre parfois des hommes travaillant avec courage, dépensant leur fortune, usant leur santé pour le bien de tous, et j'ose espérer qu'un de ces dévouements surgira un jour pour nous donner l'histoire de la ville d'Alby.

En résumé, toutes les pièces et les registres de la mairie d'Alby offrent assez d'intérêt pour être étudiés avec fruit. On peut y trouver des documents fort curieux pour l'étude des mœurs et usages du pays, ainsi que pour celle du langage vulgaire dans cette partie de la France.

Les archives de l'archevêché, qui furent brûlées pendant la Révolution, ne pouvaient offrir que bien peu de documents échappés aux flammes ou aux mains des spoliateurs. Cependant j'y ai trouvé le *Procès-verbal de la visite de l'église métropo-*

bitaine et du chapitre faite en 1698 par monseigneur Legoux de la Berchère. Ce volume m'a fourni des renseignements pleins d'intérêt sur l'état de la cathédrale à cette époque. J'ai aussi recueilli quelques notes dans le tome II des *Procès-verbaux de la visite faite dans le diocèse* par le même prélat. Le premier volume de cette visite est égaré depuis longtemps; il est, dit-on, dans le département; mais la personne qui le possède ne veut pas s'en dessaisir.

Je croyais avoir tout vu, après avoir compulsé ces manuscrits, quand M. l'abbé Berbié, chanoine de la cathédrale et secrétaire de Mgr l'archevêque d'Alby, me dit avoir reçu depuis quelques années une assez forte liasse de papiers qu'il n'avait pas encore eu le temps de déchiffrer. J'examinai aussitôt ces papiers, et je ne tardai pas à reconnaître qu'ils concernaient uniquement le diocèse d'Alby. Ce sont des actes relatifs à plus de cinquante paroisses, parmi lesquels on remarque beaucoup de titres de fondations faites à la cathédrale, à Sainte-Martianne, à Saint-Salvi ou à l'hôpital Saint-Jacques.

La plupart de ces pièces, presque toutes sur papier, appartiennent aux XVIe et XVIIe siècles; un très-petit nombre remonte à une époque antérieure. J'en ai fait un classement sommaire en réunissant tous les actes d'une même ville ou d'une même église dans un seul paquet, avec le nom placé à l'extérieur, et je pense qu'il sera ainsi facile de les consulter dans l'occasion.

Je ne quitterai pas ce noyau d'archives, Monsieur le Ministre, sans vous dire que j'y ai rencontré avec étonnement un *Rôle des chevaliers de la vénérable langue de Provence fait en 1683.* Je ne crois pas qu'il existe de relevé des chevaliers de Malte plus complet que celui de Vertot, même aux archives de la Haute-Garonne, où sont rassemblés les actes relatifs au grand prieuré de la vénérable langue de Provence et de la commanderie particulière de Toulouse. On possède, il est vrai, diverses chronologies des grands maîtres de l'ordre, ainsi que le Martyrologe de Mathieu de Goussancourt; mais on trouve peu de chevaliers cités dans ces ouvrages. Or, dans la liste que j'ai sous les yeux, liste qui ne comprend pas moins de quatre cent trente noms des plus illustres maisons du midi de la France, chaque chevalier est indiqué avec la date du jour de sa réception : le premier remonte au 18 mai 1612, le dernier va jusqu'au 2 juillet 1683. Cette liste m'a paru fort intéressante pour plusieurs familles. Elle complète et rectifie celle de Vertot, et je ne crois pas inutile de la mentionner ici.

Permettez-moi de vous signaler encore un *Extrait des registres intérieurs du chapitre métropolitain d'Alby*, qui nous fait connaître les derniers actes du chapitre au moment de sa dispersion.

Le 22 octobre 1790, les chanoines, assemblés capitulairement, furent informés que les décrets de l'Assemblée nationale concernant la nouvelle constitution du clergé prononçaient la suppression de tous les chapitres du royaume. Cependant ils résolurent de ne pas abandonner leur église, de continuer le service divin et la prière publique jusqu'à ce qu'ils en fussent expressément empêchés, et ils se séparèrent après avoir rédigé une protestation, qui fut unanimement accueillie.

Le mardi 14 décembre de la même année, les administrateurs du district d'Alby se rendirent à la métropole, et là M. Delecouls, procureur syndic du district, annonça aux chanoines qu'il avait ordre de dissoudre le chapitre et de fermer les portes du chœur. Les chanoines offrirent alors de continuer le service à leurs frais; mais M. Delecouls ayant dit qu'il ne pouvait différer l'exécution de ses ordres, M. Gorsse, archidiacre d'Alby, prit la parole et prononça ces mots, que je ne puis m'empêcher de vous citer : «En ce cas, Messieurs, dit-il, nous commençons par vous plaindre vous-mêmes d'être les exécuteurs d'une commission désastreuse qui privera le public du secours de la prière et de la majesté du culte, dans un temps où certes l'un et l'autre lui sont plus nécessaires que jamais.» Puis, s'adressant au clergé, il ajouta : «Vous l'avez entendu, mes frères, cet ordre absolu qui nous disperse. Sachons céder modestement à la force, ou plutôt appelons ici les grandes ressources de la religion, dont nous sommes les ministres : obéissons. Mais unis par l'adversité, soyons-le toujours par l'amitié fraternelle, par la charité, surtout par l'intention commune de nos prières, puisqu'elle seule peut désormais remplir le devoir sacré que nous avons tous contracté lors de notre installation dans cette église. Conservons l'honneur et la foi : laissons tout le reste à la Providence.»

Tels sont, Monsieur le Ministre, les établissements que j'ai visités à Alby. J'ai voulu voir aussitôt après les archives de Gaillac; mais elles ont été pillées par les Anglais au XIVe siècle, brûlées par les calvinistes au XVIe et dévastées en 1793. Le peu qui reste a été parfaitement classé par M. Hugonet, secrétaire archiviste de la mairie, et j'ai eu le regret de n'y rien découvrir. Cependant, grâce à l'obligeance de M. de Combettes-Labourelie, je n'ai point quitté Gaillac sans de nouveaux documents, et j'ai pu ajouter quelques notes à celles que j'avais déjà recueillies. M. de Combettes m'a confié la copie d'un manuscrit fait par un ancien consul sur l'histoire d'Alby, et, à côté d'un grand nombre d'erreurs, j'y ai trouvé des renseignements précieux, surtout pour les temps où l'auteur raconte les faits contemporains.

Moins heureux à Rabastens, je n'ai rien vu de relatif à l'histoire du diocèse ou de la cathédrale d'Alby. Rabastens possède un registre manuscrit dans lequel sont consignés les privilèges, les libertés et les coutumes de la ville, depuis le xiie siècle; mais ce manuscrit n'est que le relevé des titres et chartes relatifs au pays, la plupart écrits dans l'idiome national, et je ne lui ai reconnu d'autre importance que celle de pouvoir servir à l'histoire de la localité.

Après une visite sans résultat à Rabastens, un intérêt puissant m'attirait à Cordes, cette ville si pittoresque, qui a conservé toute sa physionomie du moyen âge. Je savais qu'un évêque nommé d'Alby s'était retiré dans cette petite ville en l'an 1436, et qu'il y avait rempli ses fonctions épiscopales, tandis que son compétiteur à l'évêché officiait et lançait ses mandements dans une autre partie du diocèse. J'espérais donc trouver quelques traces du passage de Bernard de Cazilhac dans cette ville : je me hâte de dire que mon espoir n'a pas été tout à fait trompé.

Mais, avant de vous citer les documents que j'ai trouvés, permettez-moi, Monsieur le Ministre, de vous faire connaître l'état dans lequel sont actuellement les archives de Cordes.

Dans une des salles de la mairie, sous une large table à pupitres adossés, se trouve une caisse découverte, longue d'un mètre cinquante centimètres environ. Dans cette caisse sont jetés pêle-mêle les chartes garnies de leurs sceaux, les actes originaux, tous les titres enfin composant les archives de Cordes. Chaque pièce, il est vrai, est marqué d'un numéro répété sur un inventaire fait au siècle dernier, et dans lequel on compte plus de neuf cents actes; mais le nombre en a déjà bien diminué, et je doute que les documents existants s'élèvent aujourd'hui à ce chiffre. Comment en serait-il autrement, quand on songe qu'on n'a qu'à se baisser pour prendre un *parchemin* qui pourra servir aux usages les plus vulgaires d'un ménage! En effet, chacun peut puiser à cette caisse au milieu de nombreux documents dont on ne comprend pas l'importance. Et ce ne sont pas de simples copies qui nous ont été laissées par les anciens magistrats de Cordes; là tous les actes sont authentiques, précieux par leur antiquité et leur origine, précieux surtout par les détails qu'ils contiennent. L'histoire des guerres qui ont désolé ce malheureux pays pendant les XIVe et XVe siècles est tout entière encore dans ces pièces; mais si l'on n'y porte un prompt remède, il n'en existera bientôt plus rien, car les hommes auront enlevé ce que les vers et l'humidité n'auront pu détruire.

Si j'appelle votre attention sur ces archives, Monsieur le Ministre, c'est que je pense qu'on devrait respecter et non détruire ces souvenirs de nos pères. La ville de Cordes, fondée par les comtes de Toulouse[1], fut appelée à jouer un rôle important dans plusieurs circonstances; or c'est à peine si l'on connaît ses annales, dont les éléments se perdent chaque jour, et cependant on possède, non-seulement les documents écrits, mais encore quelques monuments archéologiques. Je pourrais signaler, entre autres, la maison dite du grand veneur, celle du grand fauconnier, en face de la promenade, auprès de laquelle était jadis le château des comtes de Toulouse; une maison particulière, près de la porte des Ormeaux

[1] La première charte des constitutions et priviléges est de Raymond VII; elle porte la date du 4 novembre 1222.

l'une des quatre enceintes de la ville, et enfin l'église Saint-Michel, avec son chœur roman et sa nef gothique.

C'est au milieu de ces amas de chartes jetées sans ordre dans une caisse où je constatais la présence d'un grand nombre de titres curieux, que j'ai trouvé des lettres de grâce accordées, le 30 avril 1437, par le roi Charles VII, aux consuls et habitants de Cordes, qui n'avaient pas craint de soutenir et de protéger Bernard de Cazilhac contre l'*évêque d'Alby, parent du roi.*

Cette charte, qui donne la preuve de l'appui que Cordes prêta à Cazilhac, ne dit point à quelles conditions la ville obtint son pardon. Une autre pièce vient heureusement combler cette lacune : ce sont les lettres patentes concédées, au mois de janvier 1437 (1438), aux consuls de Cordes, et qui les autorisent à imposer la somme de 600 livres d'or payée au roi par la ville, afin de se racheter des peines encourues par les habitants qui avaient donné asile à l'*élu de Casillac.*

Or, dans les titres précédents, dont le premier est malheureusement détruit en partie, deux personnages sont diversement mentionnés, l'un qualifié évêque d'Alby et parent du roi, est Robert Dauphin, fils de Béraud le Grand, dauphin d'Auvergne et comte de Clermont. D'abord abbé d'Issoire, puis évêque de Chartres, il avait été désigné par le roi à l'évêché d'Alby à la mort de Pierre Nereu (1434), et le pape Eugène IV lui en avait donné l'investiture. Le second est Bernard de Cazilhac, prévôt de la cathédrale d'Alby, appelé au même évêché par le suffrage du chapitre, et dont l'élection avait été confirmée par le concile de Bâle, au mois de février 1435. Chacun des prétendants soutint ses droits les armes à la main, et, pendant vingt-quatre ans, le diocèse d'Alby eut à souffrir des guerres que se firent ces deux prélats, remplissant tour à tour les fonctions épiscopales. Enfin la cause fut portée au parlement de Paris et, par arrêt du 1er avril 1460, Bernard de Cazilhac fut maintenu sur le siége d'Alby.

Il est probable que ce prélat, qui avait déjà trouvé un appui à Cordes, conserva des partisans dans cette ville et ses environs, car il en était encore à quelques kilomètres en 1452, et il s'y occupait de l'achèvement de l'église. Un acte de cet évêque, également trouvé dans les archives, adressé aux consuls et aux habitants, et relatif à la construction de Saint-Michel, m'en fournit la preuve. Cet acte, donné au lieu de Noailles, porte la date du 1er août 1452.

Comme je devais me borner à l'examen des pièces relatives à l'évêché, Monsieur le Ministre, je ne vous citerai aucun des actes curieux que j'ai remarqués; je ne vous parlerai pas non plus du *Libré ferrat*, moins beau et moins précieux que le livre des priviléges de Rabastens. Cependant je crois de mon devoir de vous dire que les archives de Cordes sont encore fort précieuses. Malgré les soustractions qui y ont été faites, elles renferment un assez grand nombre de documents pleins d'intérêt, et je suis convaincu que leur publication jetterait un grand jour sur l'histoire de cette partie de l'Albigeois.

J'aurais eu besoin de visiter encore quelques archives pour compléter mes recherches sur l'histoire de l'évêché d'Alby, mais des circonstances indépendantes de ma volonté m'en ont empêché. Toutefois, dans mon passage à Toulouse, j'ai pu visiter les archives du département de la Haute-Garonne, si parfaitement connues de leur conservateur, M. Belhomme, qui n'a pu me montrer que les bulles relatives à l'épiscopat de Mgr de Nesmond, transféré de l'archevêché d'Alby à celui de Toulouse le 6 novembre 1719.

La bibliothèque de la ville m'a fourni plus de renseignements, et j'ai pu recueillir dans ses manuscrits quelques notes assez curieuses. Ainsi, dans le *Recueil des hommages et serments de fidélité tirés du livre noir* (livre des finances, fol. 18, 25, 26, 75 et 242), j'ai constaté la mention de plusieurs actes rélatifs à l'hôpital Saint-Jacques, aux Cordeliers, au monastère de Saint-Salvi et à l'histoire religieuse de l'Albigeois.

Un autre volume, intitulé, *Elucubrationes Massilienses* (n° 88), colligé par le R. P. François Laporte, religieux de l'abbaye de Saint-Victor de Marseille, m'a fourni un acte qui précède de bien peu l'approbation des libertés et priviléges de la ville d'Alby faite par l'évêque Durand. C'est une copie des lettres de Raymond VII, comte de Toulouse, données au mois de décembre 1242, qui déchargent les consuls, la commune et la ville d'Alby du serment et des obligations auxquels ils avaient été tenus jusque-là, *de omni juramento et de omni obligatione quibuscumque nobis aliquatenus tenebantur.*

Enfin, j'ai pu m'assurer que la bibliothèque de Toulouse possédait plusieurs manuscrits ayant appartenu à un évêque d'Alby, Bernard de Castanet, qui occupa ce siége depuis l'an 1275 jusqu'en 1308. Ils furent tous écrits d'après l'ordre et pendant l'épiscopat de Bernard, ainsi que le prouve une note placée sur chaque volume, et la liste que j'en donne ici vous montrera que ce prélat se livrait sérieusement à l'étude des livres saints. J'ai placé ainsi ces ouvrages avec leur date et leur numéro de catalogue.

1° Commentaire de saint Ambroise sur les Épîtres de saint Paul; 1293, n° 7;

2° Exposition de saint Grégoire sur le Cantique des Cantiques, suivie des Homélies sur Ézéchiel et sur les Évangiles, avec le *Liber pastoralis* et les dialogues de ce pape; 1293, n° 3;

3° Commentaire de Bède sur Esdras, les Proverbes, l'Ecclésiaste, l'Évangile de saint Marc et les Actes des Apôtres; 1294, n° 75;

4° Commentaire de saint Isidore de Séville sur l'Ancien Testament, avec son Origine des cérémonies religieuses, les Livres des Sentences et les Soliloques; 1295, n° 97;

5° Commentaire de Bède sur saint Luc; 1298, n° 48;

6° Le *Liber de adulterinis conjugiis*, et plusieurs autres opuscules moraux de saint Augustin; 1298, n° 113;

7° Commentaires de Claude, évêque de Turin, sur l'Évangile de saint Mathieu; 1299, n° 108[1];

8° Homélies d'Origène sur les Juges, Isaïe, Jérémie et Ézéchiel; 1299, n° 105;

9° Le Traité sur les sacrements, par Hugues de Saint-Victor; 1300, n° 78;

10° Enfin, un Missel sur parchemin avec initiales ornées de miniatures, écrit à Alby et terminé le 10 décembre 1302, n° 49.

Ces divers manuscrits sont en général dans un bel état de conservation; écrits sur deux colonnes, ils sont pour la plupart ornés d'initiales coloriées avec soin. On voit que Bernard de Castanet les confia à d'excellents calligraphes, et, s'ils témoignent de la piété du prélat, ils montrent également son goût et son désir d'encourager les sciences et les lettres.

Je ne vous aurais pas signalé ces ouvrages, Monsieur le

[1] Ce commentaire n'a jamais été imprimé; du moins je n'en ai trouvé aucune trace, ni dans les recueils de bibliographie, ni à la Bibliothèque impériale.

Ministre, s'ils ne m'éclaircissaient un fait ignoré jusqu'à ce jour : c'est que Bernard de Castanet résida pendant quelque temps à Toulouse. Voici dans quelles circonstances :

Bernard de Castanet, le fondateur de la magnifique cathédrale d'Alby, était, disent quelques historiens, un *homme vénérable et d'une probité sans exemple*; mais il remplissait les fonctions d'inquisiteur de la foi dans le diocèse d'Alby, et nous savons qu'il prenait, dans ces circonstances, le titre de *vice-régent de l'inquisiteur du royaume de France*. Or, en cette qualité, il prononça diverses condamnations, et le peuple indigné se souleva contre lui. *L'Histoire du Languedoc* nous dit même que les consuls l'accusèrent devant le roi de vexer et de fouler le peuple. Mais ce que l'on ne sait pas, et ce que Massol [1] n'aurait pas dû laisser ignorer, c'est l'accusation portée au saint-siége par deux chanoines d'Alby contre leur évêque, auquel ils imputaient plusieurs crimes. J'en ai trouvé tous les détails dans le *Bullarium ecclesiæ Albiensis*, dont j'ai déjà eu l'honneur de vous parler.

Par suite de cette accusation, Bernard fut d'abord suspendu de l'administration par sentence de Bérenger, cardinal du titre des SS. Nerée et Achille; puis, le 30 juillet 1307, une bulle de Clément V ordonna aux abbés de Saint-Papoul et de Fontfroide et à Bérenger de Clargiis, chanoine de Narbonne, son chapelain, de se rendre à Alby et d'y informer sur les actes reprochés à l'évêque. En suite de ces ordres, le pape dut aussi songer à l'administration du diocèse, et le lendemain, 31 juillet 1307, il signa de nouvelles bulles, qui désignaient Gérard Bruni, archiprêtre; Bernard Aldenui et Gail-

[1] Ancien bibliothécaire du département et auteur d'une *Description du département du Tarn, suivie de l'histoire de l'ancien pays d'Albigeois et principalement de la ville d'Alby*.

lard de Faugeriis, chanoines de la cathédrale, pour économes et directeurs de Sainte-Cécile. Enfin, il nomma son chapelain, B. de Astaraguesio, archidiacre de Villelongue dans l'église de Toulouse, vicaire général du diocèse d'Alby, tant au temporel qu'au spirituel, pendant la suspension de l'évêque.

D'après ces actes, Bernard de Castanet fut obligé d'abandonner son diocèse et de se retirer à Toulouse, où il alla attendre le résultat des accusations portées contre lui. Il avait trouvé un asile dans le couvent des frères Prêcheurs fondé par saint Dominique, et c'est là qu'il se plut à lire et à méditer les savants livres qu'il avait, quelques années auparavant, fait écrire pour son usage particulier.

Cependant l'exil de l'évêque d'Alby ne fut pas de longue durée, ainsi que nous l'apprend encore le *Bullarium* de la bibliothèque d'Alby. Le 27 juillet 1308, Clément V révoqua et annula les procédures faites contre Bernard, qu'il rétablit dans ses anciens droits et qu'il libéra de toute infamie. Mais le pape ne voulut pas que ce prélat revînt dans la ville d'Alby, et, par une bulle du 30 juillet 1308, il le transféra au diocèse du Puy.

Bernard de Castanet, libre ainsi de quitter le lieu où il avait trouvé un asile, voulut laisser un témoignage de sa gratitude aux Dominicains, et, en conséquence, il fit don de ses manuscrits au couvent des frères Prêcheurs, sous la condition expresse qu'ils ne pourraient être donnés, vendus, échangés ni mis en gage, et que tous ceux qui les liraient prieraient pour le donateur.

Aujourd'hui ces manuscrits appartiennent à la ville de Toulouse, et en les parcourant, après avoir étudié le *Bullarium* de la bibliothèque d'Alby, j'ai pu me convaincre des faits que je viens d'avoir l'honneur de vous signaler, et qui n'avaient encore été consignés par personne.

Tels sont, Monsieur le Ministre, les documents recueillis dans les archives et les bibliothèques que vous m'avez chargé de visiter qui m'ont paru dignes de vous être signalés. Sans être aussi complets que je l'aurais désiré, ils sont pour la plupart assez intéressants, et je suis convaincu qu'ils combleront plusieurs lacunes dans l'histoire du diocèse d'Alby.

Cependant l'objet de ma mission n'était pas entièrement terminé après la visite des dépôts publics, et je crois devoir vous communiquer le résultat de quelques observations que j'ai faites à propos d'une petite église dédiée à Sainte-Cécile au commencement du xe siècle.

Dans une brochure, publiée au commencement de l'année 1851, pour réfuter l'opinion généralement admise que l'ancienne cathédrale d'Alby était dédiée à la sainte croix, j'avais dit qu'il existait auprès de Gaillac une église nommée Sainte-Cécile d'Aveins, qui fut donnée, en 920, par Benebert, prêtre, à Godalric, évêque, et à l'église cathédrale de Sainte-Cécile d'Alby[1]. A mon passage à Gaillac, j'ai voulu voir l'ancienne chapelle que je désignais sous ce nom, et, au lieu d'une, j'ai dû en visiter deux; car Aveins et Sainte-Cécile d'Avès ou d'Avas forment deux bourgs bien distincts, éloignés de quelques kilomètres et ayant chacun son église particulière.

Aveins, qui possédait au ixe siècle un château dans lequel Charles le Chauve s'arrêta vers l'an 843, attira tout d'abord mon attention. Son église, fort petite et dédiée à saint Vincent, martyr, est de construction récente. La porte seule,

[1] *Recherches sur l'ancienne cathédrale d'Alby*; Paris, 1851.

placée au sud, est ogivale; elle est construite en larges briques taillées et paraît remonter au XIVe siècle. Mais les fondations, en pierre presque brute, sont d'une époque bien antérieure; enfin, j'ai pu constater que le mur septentrional, actuellement adossé à une ferme, a au moins 1^m^,50 d'épaisseur.

J'ai visité, aussitôt après, Sainte-Cécile d'Avès, et je me suis assuré en peu d'instants qu'il ne restait rien de l'ancienne chapelle. Pour fixer mes doutes après cet examen, je me suis empressé de relire l'acte cité par D. Vaissette, et qui signale l'existence de Sainte-Cécile[1]. Or, j'ai vu que les donations faites par Benebert consistaient, non-seulement en biens immeubles ou en constructions situées à *Avanes*, mais encore en terres ou vignes placées *in Cilicio et in ejus aro* et *in Pamperiago* (ou *Pomperiago*) *vel in ejus aro.* Ces indications m'ont paru se rapporter entièrement aux communes connues aujourd'hui sous les noms de Celz et de Pompirac, voisines de Sainte-Cécile d'Avès, et j'en ai conclu que l'église mentionnée dans l'acte de Benebert devait être celle qui existait dans ce dernier lieu, et non celle d'Aveins, qui paraît avoir été de tout temps dédiée à saint Vincent.

Cette opinion se trouve confirmée dans mon esprit par deux titres de l'an 1266, rapportés dans l'*Inventaire des anciennes archives de la commune de Gaillac*, et sur lesquels j'ai lu, à côté des noms de Saint-Laurens de Pompirac et de Saint-Jean-de-Celz, celui de Sainte-Cécile d'Avas. Afin de mieux appuyer mon jugement, je vous signalerai la mention d'un de ces actes ainsi conçue : «Instrument contenant l'enquête faite par monseigneur le sénéchal de Toulouse, par laquelle il appert que la juridiction de Gailhac s'étend jusqu'au

[1] *Histoire générale de Languedoc*, t. II, Pr. p. 59.

ruisseau de la Pisse, et que les paroisses de Biscarnene, Longueville, Avenx, d'Avas, de Saint-Laurent de Pompirac, de Celz et de Candastre, sont dépendantes de la juridiction de ladite ville de Gailhac et du dixmaire du s[r] abbé de Gailhac. Ladite enquête faite l'an 1266.» Enfin, cette même désignation se trouve répétée dans une sentence rendue, le 21 novembre 1322, par le cardinal Pilefort sur les différends qui existaient entre Bernard, évêque d'Alby, et les religieux du monastère de Gaillac [1].

Afin de fixer clairement les termes de la charte de Benebert, j'ajouterai encore que cette église, qui se trouve à trois kilomètres de Gaillac et à cinq kilomètres environ de Montans, était bien certainement, au commencement du xe siècle, du ressort de cette dernière ville; et, pour rendre avec fidélité le passage suivant de la donation...... *in pago Albiensi, in ministerio Montaniense, in villa nuncupatis quæ dicitur Avanis,* je pense qu'il faut traduire «....... dans le pays d'Albigeois, «au district de Montans, dans le bourg nommé Avanes ou «Avas.»

A cette époque, Gaillac n'était pas connu. Le premier acte où il soit fait mention de ce lieu est le testament de saint Didier, évêque de Cahors et originaire de l'Albigeois, qui le légua, en 654, à son église cathédrale; mais ce n'était alors qu'un bourg ou un village sans intérêt historique. Gaillac ne commença à prendre quelque importance que vers le milieu du xe siècle, par la fondation de l'abbaye de Saint-Michel. Cette abbaye est citée dans le testament de Raymond Ier, comte de Rouergue [2], écrit l'an 961, et, en 966, dans celui de

[1] Manuscrits de la Bibliothèque impériale, fonds Doat, n° 116. — *Archives de l'abbaye de Gaillac.*

[2] *Hist. gén. de Languedoc*, t. II, Pr. p. 108.

Malfred, vicomte de Narbonne, et de sa femme Adélaïde [1]. On connaît aussi l'acte de consécration d'un autel que fit, en 972, Frotaire, évêque d'Alby, dans le monastère de Gaillac. Ce prélat donna à cette occasion plusieurs terres à cette abbaye, et le comte Raymond confirma cette donation et l'accompagna de divers bienfaits, en mentionnant Gaillac comme un lieu qui avait déjà quelque importance et semblait devoir en acquérir encore..... *et ipsam villam Galliacensem quæ magna nunc est vel futura est..... dono et concedo et confirmo huic monasterio* [2].

De là seulement date la splendeur de Gaillac : le monastère créa la ville, et l'on ne doit pas s'étonner si, en l'an 920, elle passait encore inaperçue.

Montans, au contraire, était encore puissante alors. A en juger par les restes d'antiquité que l'on trouve chaque jour dans le village de ce nom, on ne peut douter qu'il n'y ait eu là une grande ville. D'abord ce sont des médailles d'or, d'argent ou de cuivre; puis des vases, des urnes, des lampes de toutes sortes, quelquefois même des fondements d'habitations et des rues pavées; enfin, on ne peut fouiller la terre dans les environs de ce village sans découvrir une immense quantité de vases d'une terre légère, recouverts d'un vernis qui n'a rien perdu de son éclat, et souvent ornés de reliefs admirables.

Tout démontre que Montans fut du temps des Romains une ville assez considérable, car ses débris portent les marques de la grandeur et de la magnificence de ce peuple. Outre les monuments antiques qu'on y a découverts, on voit encore quelques restes de retranchements et de fortifications. Les

[1] *Hist. gén. de Languedoc*, t. II, Pr. p. 116.

[2] *Ibid.* Pr. p. 123.

fossés servant de circonvallation au fort qui commandait la ville sont encore apparents, et, à cinq cents pas environ, on retrouve un lieu appelé encore aujourd'hui *le Vieux-Fort*.

Du reste, le lieu avait été parfaitement choisi pour l'établissement d'une forteresse ou d'une ville. La position de Montans est des plus heureuses. Non-seulement on peut y découvrir dans toute son étendue cette belle plaine qui, d'Alby, se prolonge jusqu'à Saint-Sulpice-de-la-Pointe, mais encore on domine de ce point toute la rivière du Tarn depuis Lisle jusqu'à Gaillac. Enfin, comme dernière preuve à l'appui de cette opinion, qu'il y eut jadis dans ce lieu un vaste établissement romain, je citerai une voie romaine appelée *Chemin-Ferré*, qui se dirige vers Alby en passant par les territoires de Brens et de Lagrave.

Ma conviction de l'existence d'une ancienne ville au lieu où est actuellement Montans me porte à conjecturer que cette ville ne dut pas tomber et s'effacer tout à coup. Peut-être fut-elle dévastée par les barbares qui inondèrent les Gaules dès le ve siècle; mais, à coup sûr, elle ne fut pas ruinée entièrement, puisque, au commencement du xe siècle, son territoire s'étendait encore assez loin.

Quoi qu'il en soit, la charte de donation de Benebert me paraît être la dernière lueur de la ville de Montans. Quand les moines vinrent s'établir à une lieue de là, de l'autre côté de la rivière, ils durent attirer les habitants auprès d'eux : Montans fut abandonné. L'abbaye de Saint-Michel fit bientôt grandir Gaillac : elle avait tué Montans.

Tels sont, Monsieur le Ministre, les documents que j'ai recueillis dans les dépôts publics, et les observations que j'ai faites moi-même en visitant les diverses localités que je viens de mentionner. Peut-être trouverez-vous mes remarques un peu trop étendues sur quelques points; mais vous m'excuserez, j'ose l'espérer, en songeant que j'ai parcouru un pays dans lequel je vis par l'étude depuis plusieurs années, et que l'on se plaît à parler de ce qu'on aime.

D'ici à peu de temps, je pense avoir l'honneur de vous offrir une *Histoire de l'ancienne cathédrale et de l'évêché d'Alby*, à laquelle je mets la dernière main. Vous y retrouverez une partie des pièces que votre bienveillance m'a permis de consulter, et j'ai la conviction que vous y reconnaîtrez, à défaut de talent, le désir le plus grand d'arriver, par tous les moyens possibles, à la connaissance de la vérité.

Veuillez me permettre, Monsieur le Ministre, en terminant ce rapport, d'offrir mes sincères remercîments à Mgr l'archevêque d'Alby, à M. le préfet du département du Tarn et à M. l'abbé Berbié, chanoine de la cathédrale, pour l'extrême bonté avec laquelle ils m'ont facilité les moyens de remplir la mission que vous m'aviez confiée. C'est principalement à leur obligeance que je dois d'avoir pu effectuer mes recherches et atteindre, autant que possible, le but de vos instructions.

J'ai l'honneur d'être, etc.

HISTOIRE

DE

L'ANCIENNE CATHÉDRALE

ET

DES ÉVÊQUES D'ALBY.

CHAPITRE PREMIER.

Recherches sur l'ancienne cathédrale. — Son origine; son nom.

L'origine de la première cathédrale d'Alby est assez incertaine. Cette église n'est point signalée dans les historiens anciens, et nos écrivains modernes n'hésitent pas à en faire remonter la construction aux premiers temps du christianisme dans l'Albigeois. Mais cette opinion ne repose sur aucune preuve, et, quoiqu'elle soit généralement acceptée, nous pensons qu'on ne doit pas lui accorder plus de confiance qu'à celle qui reconnaît saint Clair pour premier évêque de ce pays.

Malgré l'antique légende qui veut que saint Firmin, disciple de saint Honest et de saint Honorat, deuxième évêque de Toulouse, ait fait connaître les vérités de la religion chrétienne aux peuples de l'Albigeois[1], une tradition plus accréditée dans le pays en attribue la gloire à saint

[1] *Histoire littéraire de France*, t. I, p. 307.

Clair, dont on ne connaît pas bien l'origine, et que l'on nomme tantôt évêque, apôtre, prêtre ou simple laïque[1]. Les auteurs de la vie de ce saint le font venir d'Afrique à Rome; puis ils disent qu'il fut envoyé dans les Gaules pour y porter la lumière de l'Évangile et qu'il convertit les peuples de la Narbonnaise avant d'entrer dans l'Albigeois. On affirme encore, d'après les actes de saint Clair, qu'il ne borna pas là sa mission, et on pense que, toujours poussé par l'esprit de Dieu, il parcourut successivement les villes de Bourges, Limoges, Périgueux, Bordeaux, Auch et enfin Lectoure, où il trouva le martyre[2].

Doit-on croire qu'un même homme ait pu prêcher dans tous les lieux que nous venons de citer? C'est une question assez difficile à résoudre. Les Bollandistes et Le Nain de Tillemont avouent qu'il n'y a rien de certain dans la vie de saint Clair, et nous pouvons ajouter qu'on ne trouve aucun document qui justifie les prétentions de l'église d'Alby à le considérer comme son premier évêque. Cependant on peut croire que cette église eut pour fondateur quelque élève de saint Saturnin ou de ses disciples. Saint Firmin, qui avait été instruit par saint Honest, se fit probablement accompagner de saint Clair, qui avait déjà commencé ses prédications à Cologne, petite ville à quelques lieues de Toulouse; puis il dut le laisser à Alby pour y continuer son œuvre. Si maintenant on admet que ce saint personnage, ne renonçant pas à ses courses apostoliques,

[1] Baillet, *Vies des Saints*, nouv. édit. Paris, 1739, t. VII, p. 535.

[2] Du Saussay, *Martyrologium gallicanum*, p. 1124. — Tillemont, *Mémoires pour servir à l'histoire ecclésiastique*, t. IV, p. 503.

liques, ait été chercher le martyre à Lectoure, nous pensons qu'il doit être regardé, moins comme le premier évêque d'Alby que comme l'apôtre de l'Aquitaine.

Nous venons de dire que l'on ignorait l'époque précise de la fondation de Sainte-Cécile. En effet, on ne trouve pas dans les historiens anciens un seul mot qui puisse guider pour une semblable recherche[1]. Mais, si l'origine de cette première cathédrale reste couverte d'un voile, l'emplacement qu'elle occupait *in declivo ripæ Tarni*[2] n'a pu échapper aux recherches d'un savant pour lequel le midi de la France n'a peut-être plus rien de caché. M. Du Mège a découvert les substructions de cet édifice auprès de l'évêché, dans le jardin des frères de la Doctrine chrétienne; il a aussi retrouvé quelques arcs de l'ancien cloître dans une maison particulière : — ces arcs sont à plein cintre; — enfin, guidé par des traces certaines qui lui ont permis de constater qu'une porte latérale s'ouvrait au nord-est, et par des colonnes extérieures qui devaient servir à la décoration des contre-forts, cet infatigable antiquaire a pu reconnaître avec quelque certitude l'emplacement de l'ancienne cathédrale.

Ce monument avait environ 57 mètres de longueur, et il était situé entre l'emplacement du palais archiépiscopal et la métropole actuelle[3].

[1] Un seul manuscrit, sans aucune valeur historique, dont on trouve de nombreuses copies à Alby, nous dit formellement que l'ancienne église avait été bâtie par saint Clair l'an 112.

[2] *Gallia Christiana nova*, t. I, col. 22.

[3] *Vues pittoresques de la cathédrale d'Alby*, par Chapuy, avec un texte historique et descriptif par Alex. Du Mège. Paris, 1829.

Nous avons également vu les ruines de cet édifice, et nous nous sommes ainsi assuré qu'il n'en reste que de bien faibles traces. C'est avec peine que l'on retrouve quelques fragments de colonnes formant autrefois les butées, car elles sont en grande partie cachées aujourd'hui par des constructions adhérentes; mais on peut facilement remarquer, comme restes des ornements primitifs de l'ancienne cathédrale, deux ou trois chapiteaux portant les marques de la sculpture du xe siècle.

La position qu'occupait cette église étant ainsi établie, nous pouvons indiquer quelques-uns des lieux qui l'entouraient au XIIe siècle avant sa destruction. Et d'abord on travaillait encore en 1079 aux constructions du cloître dans lequel l'évêque Frotard ne pouvait faire rentrer les chanoines qui s'étaient relâchés de la discipline ecclésiastique et avaient abandonné depuis longtemps la vie commune[1]. Devant ce même cloître s'étendaient des pâturages appartenant à Arnaud d'Alaman et à Aimar, son frère, qui en firent don au chapitre entre les mains de l'évêque Humbert vers l'an 1130[2]; une rue venait vers l'église en 1185, et elle se continuait jusqu'à un ruisseau qui sortait du jardin des chanoines et descendait droit au mur de la barrière; enfin, non loin de la cathédrale, se trouvaient encore un fossé et le *Castel nau* ou Château neuf[3].

[1] Archives de l'évêché d'Alby, fol. 26, fonds Doat, ms. 105.

[2] Archives du chapitre de la cathédrale Sainte-Cécile d'Alby, fol. 44, fonds Doat, ms. 105.

[3] Preuves, n° I. — On remarquera dans cet acte qu'il est question du Château neuf, dont j'aurai occasion de parler plus loin.

Une convention arrêtée entre l'évêque Guillaume Petri et ses chanoines, en 1209, vient nous donner encore quelques renseignements curieux. Ainsi, nous voyons qu'à cette époque l'évêque possédait toutes les terres ou prés de *la Terreta*, depuis les murs de la ville jusqu'à ceux du chapitre, auprès de l'église de Sainte-Cécile. Il les céda alors aux chanoines, qui lui donnèrent en échange les prés de *las Baccenas* situés entre le ruisseau de la *Barreira* et le château de l'évêque[1].

Cependant l'historien Massol est tombé dans une erreur très-grande sur le nom de cette ancienne église, en affirmant qu'elle avait été jadis placée sous l'invocation de la sainte Croix. Cet écrivain pensait sans doute que l'antique vénération du peuple albigeois pour la croix suffisait pour justifier cette origine. Peut-être aussi s'est-il appuyé, pour donner quelque autorité à cette croyance, sur les anciennes armes du chapitre de la cathédrale, qui étaient une croix d'or à pendants. Quoi qu'il en soit, Massol, parlant du cardinal-évêque Jouffroy, a écrit ces mots : « Venant de Rome, « où il avait vu que sainte Cécile, vierge et martyre du « IIIe siècle, attirait une dévotion extraordinaire et, pour « ainsi dire, à la mode, Jean Joufroy apporta en France « de belles reliques de cette sainte; il les plaça solennel- « lement dans sa nouvelle cathédrale et, dès lors, *il en « changea la dédicace,* puisqu'elle ne fut plus connue que « sous le titre de Sainte-Cécile, tandis que l'ancienne église « avait été dédiée de temps immémorial à la Croix[2]. »

[1] Preuves, n° II.

[2] Massol, *Description du département du Tarn, suivie de l'Histoire de l'ancien pays d'Albigeois.* Alby, 1818, p. 380.

Depuis la publication de cet ouvrage, il n'est personne, voulant écrire sur la cathédrale d'Alby, qui n'ait accepté cette version, et elle s'est ainsi propagée sans examen comme sans preuve[1]. *L'Histoire de l'ancien pays d'Albigeois* est le premier ouvrage spécial écrit sur cette province et sur la ville d'Alby. Quoique le cadre en soit restreint, on y trouve beaucoup de faits nouveaux; mais leur addition n'est justifiée par aucune preuve, et l'on reconnaît que l'auteur eut rarement recours aux textes originaux. Aussi est-il difficile de comprendre sur quels documents il s'est appuyé pour donner le nom de Sainte-Croix à la cathédrale. Nous ne saurions admettre pour cela qu'une probabilité. Vers le commencement du XVIIIe siècle, c'était une croyance généralement répandue sans doute que la cathédrale avait été primitivement dédiée à la sainte Croix. En effet, nous voyons que ce nom lui est donné dans un manuscrit de cette époque dont nous aurons occasion de par-

[1] Je tiens à déclarer pourtant que M. C. Compayré est le seul qui n'ait point adopté le nom de Sainte-Croix donné généralement à l'ancienne métropole. Depuis l'apparition d'une brochure que j'ai publiée sur ce sujet au mois de février 1851, cet écrivain a fait paraître un nouvel ouvrage, *Le Guide du voyageur dans le département du Tarn*, où il affirme que la cathédrale était autrefois dédiée à sainte Cécile, et il s'appuie à cet effet sur plusieurs documents que j'avais signalés; cependant je dois faire remarquer qu'il semble attacher une trop grande importance au titre d'*église mère* qu'il donne toujours à Sainte-Cécile, sans considérer que les mots *mater ecclesia* comme *major ecclesia* ont constamment signifié *cathédrale*. J'ajouterai aussi que les titres de donations faites à Sainte-Cécile et à Sainte-Croix que M. Compayré assure avoir découverts étaient déjà signalés dans mes premières recherches; enfin, ce n'est pas seulement trois actes que j'ai cités, mais bien cinq, parmi lesquels on trouve le nom de Sainte-Croix à côté de celui de Sainte-Cécile.

ler plus loin[1]. C'est à cette autorité que l'historien de l'Albigeois a dû emprunter son assertion; mais, nous ne craignons pas de le dire, cet écrivain s'est étrangement trompé en acceptant ce fait, et nous croyons qu'il est de notre devoir de le rectifier.

On comprendra que le changement de nom d'une église dont nous voulions étudier l'histoire ait dû nous occuper tout d'abord. Frappé des paroles de Massol, nous nous sommes, en conséquence, attaché à en rechercher l'authenticité dans les anciens écrits, dans les sources originales; mais alors nous avons acquis la conviction que la cathédrale d'Alby n'avait jamais été dédiée à la sainte Croix. C'est après avoir lu avec la plus grande attention l'*Histoire générale de Languedoc*, le meilleur guide pour l'étude de l'histoire de cette province; c'est après avoir vérifié les actes cités dans cet admirable ouvrage que nous osons parler avec autant de certitude. Ajoutons enfin que les recherches que nous avons faites dans les manuscrits de la Bibliothèque impériale nous ont également convaincu que sainte Cécile avait de tout temps été la patronne de l'ancienne cathédrale.

Mais avant de donner aucune preuve de ce que nous avançons, qu'on nous permette d'émettre ici une pensée sur l'origine de cette église; et si, comme nous allons le

[1] Ce manuscrit, qui semble avoir été écrit par un contemporain de Mgr de Castries, au commencement du XVIIIe siècle, n'a certainement aucune valeur historique pour les temps anciens; mais il nous a paru fort précieux pour les renseignements qu'il donne sur les faits relatifs au temps où il fut composé.

démontrer, ce monument fut d'abord dédié à sainte Cécile, on verra qu'il est impossible d'accepter la date assignée si légèrement à la fondation de cet édifice et même d'en faire remonter la construction à une époque antérieure au VIe siècle.

Sans nous attacher à la vie de Cécile, dont le martyre eut lieu à une époque qu'on ne peut préciser avec certitude, il nous suffit de faire remarquer que son nom n'est pas encore mentionné dans le calendrier romain dressé sous le pape Libère, vers le milieu du IVe siècle[1]. Plus tard, vers l'an 500, nous voyons qu'il existait à Rome une église placée sous l'invocation de sainte Cécile. Dans le concile qui y fut tenu par le pape Symmaque, cette église est signalée comme l'une des stations des fidèles pour le carême[2]; mais il ne paraît pas qu'elle contînt le corps de la sainte, car Anastase le bibliothécaire nous apprend que ses restes furent retrouvés par Pascal Ier dans le cimetière de Prétextat, près de la porte Appienne, et transférés l'an 821 dans la nouvelle église que ce pape venait de construire[3].

Le culte de cette sainte, qui est devenue fort célèbre en Occident, ne commença à se répandre en France que longtemps après Rome. Cependant sainte Cécile paraît avoir été honorée en Aquitaine dès le commencement du VIIe siècle; car l'on trouve un grand office de sa fête dans le Sacramentaire de la liturgie gallicane qui fut en usage parmi ces peuples, depuis cette époque jusqu'au temps de

[1] Baillet, *Vies des Saints*, t. VIII, p. 150.

[2] J. Fronto, *Kalendarium romanum*, p. 63 et 150.

[3] Baronius, *Annales ecclesiastici*, an. 821. — Sigeberti *Chronicon*, an 821.

Charlemagne[1]. On pourrait donc conclure, d'après cet indice, qu'une église fut élevée à Alby dès le VIIe siècle en l'honneur de sainte Cécile; mais cette hypothèse, hâtons-nous de le dire, ne repose sur aucune preuve; et nous devons avouer que les documents qui parlent de Sainte-Cécile ne sont pas antérieurs au Xe siècle.

Nous verrons bientôt cependant qu'il existait à cette dernière époque deux églises de ce nom dans l'Albigeois.

Parmi les pièces qui peuvent appuyer notre opinion sur le nom de la cathédrale d'Alby nous citerons en première ligne un titre déjà connu : le testament de Raymond Ier, comte de Rouergue et marquis de Gothie, fait au commencement de l'an 961, par lequel Raymond donna « plusieurs alleus, châteaux ou domaines à l'église de *Sainte-Croix* d'Albi[2], » dit M. Roger, qui s'appuie, pour inscrire ce nom, sur un texte de M. Du Mège. Dans cet acte, il n'y a pas une église un peu considérable de la province à laquelle Raymond n'ait laissé des marques de sa piété et de sa munificence; et nous nous sommes assuré que ce précieux document ne fait mention d'aucune église du nom de Sainte-Croix.

Nous sommes donc porté à croire que l'auteur des *Archives historiques de l'Albigeois* a adopté, sans la vérifier, l'erreur de Massol; il a de plus cité un texte qu'il n'avait pas sous les yeux; et, nous le répétons, rien ne justifie les paroles de l'ancien bibliothécaire d'Alby que l'on reproduit beaucoup trop facilement aujourd'hui. Ainsi on lit dans le

[1] Mabillon, *De liturgia gallicana*, lib. III. — *Missale gothicum*, p. 210.
[2] P. Roger, *Archives historiques de l'Albigeois et du pays Castrais*, p. 39.

testament de Raymond: *Illa allode de Loreziaco Sancta Cecilia remaneat et teneat ipsa ecclesia Nodbertus dummodo vivit : post suum discessum Sanctæ Ceciliæ remaneat*[1]. Le comte de Rouergue nomme évidemment ici l'église de Sainte-Cécile et non Sainte-Croix. Peut-être pensera-t-on que rien n'indique que ce soit Sainte-Cécile d'Alby; mais un examen sérieux ne doit laisser subsister aucun doute à cet égard, puisque les monuments religieux nommés dans cette pièce sont classés successivement d'après les villes ou diocèses auxquels ils appartiennent. Or, le passage que nous venons de transcrire est précédé d'une donation ainsi conçue faite à l'église Saint-Salvi qui venait d'être construite[2] : *Illa ecclesia de Sancto Marcello BERNARDO EPISCOPO remaneat ad alodo: ipse alode de Sancto Marcello Sancti Salvii remaneat et post mortem BERNARDI EPISCOPI ipsa ecclesia Sancti Salvii remaneat.* Enfin, pour ne pas laisser d'incertitude sur le prélat nommé dans ces dernières lignes, nous devons ajouter que plusieurs documents authentiques mentionnent *Bernard* comme évêque d'Alby de l'an 951 à 967 environ[3]. La citation de M. Roger est par conséquent inexacte, et nous pensons qu'on doit la repousser.

Au temps où le comte de Rouergue dicta ce testament, qui a servi à éclairer plusieurs points de l'histoire du Midi très-obscure dans ce siècle, une idée fatale dominait en France. Hommes et femmes tremblaient dans l'attente de

[1] *Hist. gén. de Languedoc*, t. II, p. 93; pr. p. 108.

[2] Raymond et Aimeric cédèrent à l'évêque Miron, qui siégeait en 941, un alleu pour y bâtir l'église de Saint-Salvi. (*Gallia Christ. nova*, t. I, col. 8.)

[3] *Hist. gén. de Languedoc*, t. II, p. 540. — *Gallia Christ.* t. I, col. 8.

l'an 1000, qui devait amener la fin du monde[1]. L'effroi était général, toute pensée d'avenir était éteinte, et chacun, s'efforçant de se rendre agréable à Dieu, voulait mériter le ciel par des actes de piété. Ce découragement jeté dans les populations, cette crainte d'une mort indigne nous expliquent les nombreuses donations faites pendant le xe siècle aux églises, aux abbayes, aux monastères. On trouve dans le cartulaire de la cathédrale et de l'évêché d'Alby plusieurs actes de cette espèce, qui sont tous autant de preuves de l'existence du nom de sainte Cécile comme patronne de cette église. Ce cartulaire, qui fait partie de la collection de Doat, conservée parmi les manuscrits de la Bibliothèque impériale, est, comme toutes les parties de cette précieuse collection, la copie authentique des titres originaux qui composaient les archives du chapitre ou de l'évêché d'Alby, à la fin du XVIIe siècle, auxquels on a joint un petit nombre de titres extraits du Trésor des chartes du château de Foix. Ces actes, classés par ordre chronologique, forment huit volumes in-folio portant les n°s 105 à 112. Quelques-uns ont été publiés dans l'*Histoire générale de Languedoc;* mais la plupart sont encore inédits, et l'on verra dans la suite de cet ouvrage qu'ils nous ont été d'un très-grand secours.

C'est dans le premier volume de cette collection que se trouvent les documents qui serviront à détruire l'opinion généralement acceptée de nos jours que la cathédrale d'Alby fut d'abord dédiée à la sainte Croix; nous avons

[1] Nous connaissons plusieurs testaments et autres actes du xe siècle qui commencent par ces mots : *Appropinquante mundi termino.*

complété ces renseignements par quelques actes déjà publiés parmi les preuves de l'*Histoire de Languedoc*. Ainsi dans une charte de l'an 966, nous voyons que le vicomte de Narbonne, Matfred, et sa femme Adélaïde, résolurent de faire par dévotion le voyage de Rome; mais ne voulant pas quitter la province sans implorer l'assistance divine, ils firent un testament le jour même de leur départ. Par cet acte, daté du 20 août de la douzième année du règne de Lothaire, ils disposèrent de différents biens en faveur d'un certain nombre d'églises ou monastères, entre autres Saint-Salvi et Sainte-Cécile, qui reçurent en commun l'alleu de Montaningos. *Cupimus ut ipse alodes de Montaningos remaneat inter Sanctum Salvium et Sanctam Ceciliam*[1].

Par un nouveau testament fait en 977, Adélaïde, vicomtesse de Narbonne, lègue encore à Sainte-Cécile, à l'église de Saint-Salvi et à l'abbaye Saint-Michel de Gaillac les fruits ou revenus des lieux de Pouzols, d'Orban et de Corras, trois terres situées dans l'Albigeois. *De fructu Pociolo et Urbanio et Cavorras tres partes faciant. Una pars detur Sancti Michaeli de Galiaco, alia Sancti Salvi et alia Sanctæ Ceciliæ*[2].

A peu près dans le même temps, vers 974, Garsinde, veuve de Raymond-Pons, comte de Toulouse, fait un grand nombre de legs pieux à diverses églises et, parmi les donations de la comtesse, on en remarque plusieurs qui sont particulières à Saint-Salvi et à Sainte-Cécile[3].

[1] *Hist. gén. de Languedoc*, t. II, p. 97; pr. p. 116.
[2] *Ibid.* t. II, p. 115; pr. p. 133.
[3] *Ibid.* t. II, p. 107; pr. p. 127.

Enfin quelques années plus tard, en 987, Pons, comte d'Albigeois, donne certaines propriétés à l'église de Sainte-Cécile, à la prière de l'évêque Amelius et des chanoines de sa cathédrale[1].

Si nous passons au siècle suivant, nous verrons d'abord un accord fait, vers l'an 1035, entre le vicomte Bernard, Frotaire, évêque de Nîmes, son frère, et Bernard Aimar, dans lequel les deux premiers promettent à Guillaume, fils de Bernard, de lui réserver la succession du siége d'Alby, *de episcopatu qui est fundatus in honore sanctæ Ceciliæ,* moyennant un prix convenu entre les parties[2]. — Cet acte scandaleux, qui prouve qu'à cette époque les évêchés étaient considérés comme des fiefs et donnés au plus offrant, reçut son exécution, et Guillaume succéda en effet à Amelius dans le siége épiscopal d'Alby. — Nous trouvons encore, vers l'an 1090, une donation faite par Ermengarde, vicomtesse de Béziers et de Carcassonne, et son fils Bernard-Aton IV, de l'église et du fief de la Caune: *Deo et sanctæ Ceciliæ atque Albiensi ecclesiæ in ejus honore et in nomine dedicatæ*[3].

Dans les temps postérieurs, les documents devenant plus nombreux ne sont pas moins précis. Ainsi nous mentionnerons une donation d'Ugo Isarn, par laquelle il laisse son corps et son âme *gloriosæ matri Ceciliæ Albiensi et canonicis ejusdem*. Cet acte fut signé l'an 1121, en présence

[1] *Hist. gén. de Languedoc*, t. II, p. 120; pr. p. 141.

[2] Trésor des chartes du château de Foix, folio 11, fonds Doat, manuscrit 105.

[3] Trésor des chartes du château de Foix, fol. 39, ms. 105.

de Bertrand, *ejusdem sanctæ sedis episcopi*[1]. Quand Roger, vicomte de Béziers, voulut abolir en 1144 la déplorable coutume que l'on avait de s'emparer des biens des évêques défunts, il promit aussi de prendre la cathédrale sous sa protection, et il prêta serment entre les mains de l'évêque Rigaud, *ante sanctum altare ipsius Albiensis ecclesiæ beatæ Ceciliæ*[2]. Puis en l'année 1161, Raymond-Trencavel, vicomte d'Alby, de Carcassonne, etc. fit un acte par lequel il céda l'église et l'hôpital de Carmen, avec toutes leurs dépendances, à la bienheureuse vierge Cécile, patronne de l'église d'Alby, à la condition que le prévôt et les chanoines diraient des prières pour le repos de l'âme de son père, de sa mère et de son frère Roger[3].

On pourrait encore signaler ici un grand nombre de donations faites à son église par Guillaume Petri qui occupa le siége d'Alby de 1185 à 1227, c'est-à-dire pendant quarante-deux ans; mais nous nous bornerons à dire que, dans presque tous ses actes, cet évêque employa la formule suivante: *Hanc donationem fecimus in capitulo ecclesiæ beatæ Ceciliæ Albiensis sedis.* Nous rappellerons en même temps une bulle d'Innocent II, dont nous avons eu occasion de parler dans un précédent mémoire[4], par laquelle ce pape met, en 1136, sous la protection du saint-siége les cha-

[1] Archives du chapitre de la cathédrale d'Alby, fol. 37, ms. 105.

[2] Trésor des chartes du château de Foix, fol. 55, ms. 105.

[3] *Hist. gén. de Languedoc*, t. II, p. 486; pr. p. 578. — Archives de la cathédrale d'Alby, fol. 66, ms. 105.

[4] *Document inédit du XIIe siècle émané d'un évêque d'Angoulême et relatif au diocèse d'Alby.* Angoul. 1850. (Extrait du Bulletin archéologique et historique de la Charente.)

noines et l'église cathédrale d'Alby, qu'il nomme *Albiensem beatæ Ceciliæ matricem ecclesiam*[1].

Il serait inutile d'ajouter de nouvelles citations à ces preuves déjà assez nombreuses; il nous suffit d'avoir constaté que la cathédrale d'Alby était placée sous le patronage de sainte Cécile aux xe, xie et xiie siècles. Ce que nous tenons à bien établir dès à présent, c'est que rien ne peut démontrer qu'elle ait été consacrée à la sainte Croix, et que les écrivains qui ont adopté cette dédicace se sont grandement trompés, ou n'ont jamais lu une seule des pièces soit manuscrites ou imprimées que nous consultons.

La nouvelle cathédrale, que nous nous proposons de faire connaître un jour à nos lecteurs, fut commencée vers la fin du xiiie siècle; mais jusqu'à ce moment l'ancienne église continua de porter le nom de Sainte-Cécile. Vingt chartes peuvent l'attester. Nous ne rapporterons que les trois suivantes :

Quand l'archidiacre de Bourges, Durand, fut nommé évêque d'Alby, il confirma les donations faites par son prédécesseur *capitulo sanctæ Ceciliæ sedis Albiensis ad honorem Dei et sanctæ Ceciliæ virginis*[2]; en 1231, Galtier, évêque de Tournay et légat du saint-siége, ordonna que les légats, faisant leur entrée dans la ville d'Alby, seraient d'abord conduits à l'église de Saint-Salvi, à cause de la vénération qu'on devait avoir pour le saint, et ensuite à la cathédrale, *in ecclesia sanctæ Ceciliæ Albiensis*[3]; enfin Adé-

[1] Archives de la cathédrale, fol. 16, ms. 105.
[2] *Ibid.* fol. 297, ms. 105.
[3] *Ibid.* fol. 330, ms. 105.

mar, nommé abbé de Castres en 1230, après avoir demandé et obtenu de l'évêque Durand la confirmation de son élection, lui promit obéissance en ces termes : *Ego Ademarus, abbas Castrensis monasterii, promitto obedientiam et reverentiam et subjectionem tibi D. venerabili patri meo Albiensi episcopo tuisque successoribus tibi canonice substituendis et matri meæ ecclesiæ sanctæ Ceciliæ Albiensi*[1].

Une dernière remarque, qui n'est pas sans intérêt, doit trouver ici sa place. Le cartulaire d'Alby, qui est fort riche, contient un grand nombre d'actes émanés soit des chanoines, du trésorier, de l'archidiacre ou du prévôt de la cathédrale; or aucun de ces dignitaires de l'église n'y porte d'autre nom que celui de chanoine, de prévôt, etc. de *Sainte-Cécile*.

Les auteurs qui ont dit que la cathédrale d'Alby avait été placée sous l'invocation de la sainte Croix ont peut-être été trompés par ces mots que l'on trouve au commencement de quelques chartes : *Dono Domino Deo et sanctæ Cruci et sanctæ Ceciliæ.* Mais, alors, le nom de la Croix n'est point isolé; il est placé à côté de celui de sainte Cécile. Et puis, on doit se rappeler que, dans ce temps, les chrétiens invoquaient toujours la croix de Notre-Seigneur : ils se signaient en entrant dans les temples, portaient la croix sur leurs vêtements dans certaines circonstances, et l'on vit même plusieurs familles l'adopter pour leurs armoiries. La sainte Croix pouvait donc être mise sur un acte de donation comme une marque de la foi du

[1] Archives de la cathédrale, fol. 312, ms. 105.

testateur. Telle est du moins notre conviction en présence des chartes que nous avons sous les yeux et dont les termes nous paraissent ne devoir laisser aucun doute à cet égard. Qu'on nous permette d'en citer quelques-unes, et l'on se rangera, nous osons l'espérer, à notre sentiment.

Dans un acte fait au profit de la cathédrale, vers l'an 1066, Raynal Frotard dit : *Do sanctæ Ceciliæ et sanctæ Cruci unum Podium qui Mangoal appellatur, ut ita possideant canonici communiter;* mais si jamais quelqu'un tentait de réclamer la propriété du Puy Mangoal ou osait attaquer cette donation, Raynal veut qu'il soit condamné à payer quinze livres d'argent à Sainte-Cécile..... *Quindecim libras argenti sanctæ Ceciliæ persolvat*[1]. La charte de donation du Mas de Mocengs, faite au mois de septembre 1075, nous offre un exemple semblable. Adalactis, fille d'Oddane, y dit : *Dono Deo et sanctæ Ceciliæ et sancta Cruce illum meum mansum de Mocengs que Gondonius continet ad alode.....* puis elle ajoute qu'elle a fait cette concession pour l'amour de Dieu et à cause de sa vénération pour Sainte-Cécile : *pro amore Dei ac veneratione sanctæ Ceciliæ matris ecclesiæ*[2]. On lit encore dans l'acte par lequel Bernard de Capdenac et Uga, sa femme, donnent à la cathédrale leur fils Isarn pour y être chanoine : *Donamus et offerimus filium nostrum Isarnum Domino Deo et sanctæ Cruci et beatæ Ceciliæ virgini Albiensis sedis*[3]. Enfin, dans une autre donation faite au mois de septembre 1146, Arnaud d'Alaman s'exprime ainsi : *Dono,*

[1] *Archives de la cathédrale*, fol. 15, ms. 105.
[2] *Ibid.* fol. 21.
[3] *Ibid.* fol. 33.

laudo atque concedo Domino Deo et victoriosissimæ Cruci et beatæ Ceciliæ Albiensis sedis, omnibusque canonicis ejusdem virginis illum meum mansum qui est ad caput pontis Albiæ[1].

Si, malgré ces preuves et beaucoup d'autres que nous omettons à dessein, on persistait à croire que le nom de la sainte Croix s'appliquait à la cathédrale d'Alby, il serait impossible de l'admettre seul, et l'on devrait supposer que cette église, ayant été dédiée tout à la fois à sainte Cécile et à la sainte Croix, elle fut plus généralement connue sous le premier de ces deux noms. Mais cette hypothèse n'est pas plus admissible que les autres, puisqu'il existe des actes en tête desquels on trouve le nom de la vierge Marie à côté de celui de sainte Cécile.

Pourquoi n'a-t-on pas dit alors que la cathédrale avait été dédiée à la sainte Vierge? Les documents qui la mentionnent donneraient assurément autant de valeur à cette opinion qu'à celle que nous venons de combattre. En effet, on voit dans le cartulaire d'Alby qu'au mois de juillet 1211 Bernard Juvenis et Beguo, sa femme, donnèrent la chapelle d'Ambialet *Domino Deo et beatæ Mariæ et sanctæ Ceciliæ*[2]. Trois ans auparavant, Pierre, abbé de Castres, et les religieux de ce monastère avaient fait à la cathédrale une donation commençant par ces mots : *Damus et concedimus in perpetuum Domino Deo et beatæ Mariæ et beatæ Ceciliæ et tibi Guillelmo præposito ecclesiæ sanctæ Ceciliæ Albiensis sedis...*[3] Après cette pièce, émanée d'une abbaye

[1] *Archives de la cathédrale*, fol. 60, ms. 105.
[2] *Ibid.* fol. 181.
[3] *Ibid.* fol. 174.

du diocèse, on peut encore citer un acte du mois de mars 1208 (12 9) dans lequel l'évêque d'Alby lui-même ins-vait nom de la Vierge avant celui de sainte Cécile. C' échange dont nous avons déjà parlé[1], qui fut conclu entre Guillaume Petri et les chanoines de sa cathédrale; ce prélat y dit : *Ego Guillelmus Petri Albiensis episcopus per me et per successores meos dono et concedo Deo et beatæ Mariæ et beatæ Cœciliæ virgini et matri et omnibus clericis Albiensis sedis.....*

Faudrait-il admettre, d'après ces titres, la dédicace de l'église à la sainte Vierge? Nous ne le pensons pas; car on doit considérer les diverses formules employées par les donataires comme autant d'invocations différentes. Une dernière preuve, puisée dans une charte antérieure d'un siècle à celles qu'on vient de lire, justifiera notre assertion. C'est une donation faite, vers l'an 1130, par Aimard, Pierre-Raymond et Arnaud d'Alaman, frères, par laquelle ils cèdent tous leurs droits sur une chapelle de Notre-Dame, qu'ils avaient dans le château de Castel-Viel, à Dieu, à sa croix victorieuse et à sainte Cécile, patronne de la cathédrale d'Alby[2]. Cette fois encore, on le remarquera, la croix est mise auprès de Sainte-Cécile; mais la Vierge n'y est pas encore : elle ne paraît qu'au siècle suivant.

Que devrons-nous conclure de l'examen de ces faits, auxquels on ne nous reprochera sans doute pas d'avoir consacré trop de soin? Que la cathédrale d'Alby fut de tout temps consacrée à sainte Cécile, que le nom de la

[1] Pag. 5. Voy. Preuves, n° II.
[2] Preuves, n° III.

sainte Croix, placé en tête de plusieurs actes, doit être considéré comme un gage de la foi du donateur; que si l'on remarque enfin un changement dans la formule des actes au commencement du XIIIe siècle, c'est qu'à cette époque on n'invoquait pas seulement le nom du Seigneur, ainsi que la croix de souffrance de son divin fils, mais on commençait encore à se mettre sous la protection de la sainte mère du Christ.

CHAPITRE II.

Deux églises dédiées à sainte Cécile dans l'Albigeois au commencement du xe siècle. — Première charte du cartulaire d'Alby. — Montans et Gaillac.

Après avoir constaté et réfuté une première inexactitude constamment admise au XIXe siècle par tous les écrivains, depuis le bibliothécaire Massol jusqu'à MM. Crozes et l'abbé Bourassé, il nous reste à relever une erreur non moins grande qui a été commise au sujet de la cathédrale d'Alby. Par suite de la fausse interprétation d'un texte, l'abbé Forest, qui vivait il y a cent ans environ, a cru que cette église avait été cédée par un prêtre à l'évêque Godoleric ou Godalric, au commencement du xe siècle; puis, sans examiner l'origine d'une pareille assertion, et sans rechercher comment une église ainsi donnée serait devenue cathédrale, il n'a pas craint de consigner cette faute dans l'*Almanach historique de Languedoc*. Ainsi cet écrivain, qui publia son ouvrage à Toulouse, en 1755, dit au commencement du chapitre concernant l'archevêché d'Alby : « L'église de Sainte-Cécile fut d'abord bâtie dans « le territoire de Montagnac, près de la rivière du Tarn; « l'archidiacre Benebert l'avait cédée, vers l'an 913, à « Godeleric, évêque d'Alby, et à son chapitre[1]. »

[1] *Almanach historique de Languedoc*, p. 93.

A nos yeux cette phrase contient autant d'erreurs que de mots. Évidemment l'auteur a emprunté ce fait au *Gallia Christiana*, dans lequel on lit : *Godolericus cum suo capitulo ecclesiam sanctæ Ceciliæ de Avanes, in territorio de Montagnat, in pago Albigensi, dono accepit a Beneberto presbytero et archidiacono*[1] ; mais il n'est personne qui ne remarque tout d'abord combien les lignes qui précèdent, écrites pour constater l'existence d'un évêque, ont été mal comprises et mal traduites. Trompé par la ressemblance du nom, l'éditeur de l'*Almanach historique de Languedoc*, sans s'arrêter au mot *de Avanes*, a cru qu'il s'agissait de la cathédrale même d'Alby. En conséquence il l'a placée sur la rivière du Tarn, tandis qu'il était question, ainsi que nous le prouverons bientôt, d'une chapelle ou église de Sainte-Cécile, située sur un territoire assez éloigné et donnée à l'évêque Godalric.

Depuis ce jour, les historiens qui ont eu à parler de Sainte-Cécile ont tous reproduit cette erreur, qu'il nous sera facile de détruire pour ne plus la laisser répéter à l'avenir. Sans nous arrêter à la date de 913, dans laquelle nous ne pourons voir qu'une faute typographique, nous citerons un passage du dernier ouvrage consacré à l'église métropolitaine d'Alby. L'auteur, après avoir consulté l'*Almanach historique de Languedoc*, et puisant en outre à d'autres sources aussi peu exactes, dit : « Alors fut construite » au sein de la capitale des *Albienses* une église cathédrale » *sous l'invocation de la sainte Croix*. Il serait difficile d'as-

[1] *Gallia Christ.* t. I, col. 8.

« signer l'époque précise de sa fondation; on sait seule-
« ment qu'elle fut bâtie sur les bords de la rivière du Tarn,
« *au lieu appelé Montagnac, entre le palais des comtes d'Albi-*
« *geois et la métropole actuelle.* » Puis, il ajoute en note :
« Sainte-Croix ne passa dans le domaine de l'évêque qu'en
« l'année 913, où l'archidiacre Benebert lui en fit ces-
« sion[1]. »

Quelle étrange confusion et que de fautes en si peu de lignes! Ce passage est complétement inintelligible pour quiconque a vu les lieux et les actes, et pourtant il a été reproduit à peu près dans les mêmes termes par l'auteur des *Cathédrales de France*, dans sa notice sur Sainte-Cécile. M. l'abbé Bourassé contribue ainsi à propager une erreur beaucoup trop répandue, et, pour n'avoir pas pris la peine de remonter aux sources, il tend à accréditer cette croyance qu'il existait jadis dans la ville même d'Alby un lieu appelé *Montagnac* ou *Montagnat*, sur lequel aurait été bâtie l'ancienne cathédrale.

Mais quel est donc l'acte qui a ainsi induit en erreur l'abbé Forest et ses successeurs? Ne pouvait-on le consulter parce qu'il était enfoui dans les cartons de quelques archives, ou bien était-il perdu? Bien loin de là! La charte dont les auteurs du *Gallia Christiana* ont donné le résumé a été publiée par D. Vaissette[2], et de plus, nous

[1] *Notice historique et descriptive sur l'église métropolitaine de Sainte-Cécile d'Albi*, par M. H. C. Toulouse, 1841, p. 9 et 10. — L'auteur de cette notice, M. Hippolyte Crozes, a répété le même passage dans une nouvelle édition de cet ouvrage publiée sous ce titre : *Monographie de la cathédrale d'Albi*, 2e édit. Toulouse, 1850, p. 2 et 3.

[2] *Hist. gén. de Languedoc*, t. II; pr. p. 59.

en trouvons l'indication ainsi mentionnée dans le cartulaire de l'évêché d'Alby : « Donation faite par Benebertus, « prestre et archidiacre, à l'église de Saincte-Cécille de « Avanes, au terroir de Montaignac en Albigeois, de tous « les bastimens, vignes et terres qu'il avoit joignant ladite « église, s'en reservant la jouissance durant sa vie; laquelle « église il donne après sa mort à l'église cathédralle de « Saincte-Cécille d'Alby et à Godalricus, évêque, avec les « susdits biens[1]. »

Toute personne qui aura lu ce titre avec attention reconnaîtra sur-le-champ avec nous qu'il est question de deux églises différentes dans cet acte. Devrons-nous donc rappeler que l'*Histoire générale de Languedoc* fut imprimée de 1730 à 1745, et que l'abbé Forest pouvait, par conséquent, consulter cet admirable ouvrage? Le lecteur en a sans doute déjà fait la remarque. Or, puisque tout le monde peut consulter la charte de Benebert publiée depuis plus d'un siècle, nous nous abstiendrons de la reproduire textuellement ici. Cependant on nous permettra d'en extraire quelques fragments sur lesquels nous voulons particulièrement appeler l'attention, afin de rétablir la vérité sur la cathédrale d'Alby.

Dans l'acte que nous signalons, le donateur, *Benebertus presbyter sive archidiaconus*, dit : *Deum igitur omnium, per hanc cartam, sanctisque ejus mihi hæredem ex quibusdam proprietatis meæ erigo, qui sunt in pago Albiensi, in ministerio Montaniense, in villa nuncupatis quæ dicitur Avanis, ubi ipsa*

[1] Archives de l'église cathédrale de Sainte-Cécile d'Alby. fol. 1, ms. 105.

est ecclesia ædificata vel constructa in honore sanctæ Ceciliæ. Puis il décrit ces propriétés consistant en bâtiments, prés, vignes ou terres, et il les lègue à Sainte-Cécile *de Avanis;* il signale, entre autres, celles qui sont attenantes à ladite église. Tous ces biens doivent servir aux besoins du culte; et les prêtres sont tenus de payer un sou par an pour le luminaire à la cathédrale d'Alby. Cependant l'archidiacre Benebert se réserve l'usufruit de ses propriétés durant sa vie; mais, après sa mort, il lègue la *chapelle* de Sainte-Cécile avec tous les biens qui y sont attachés à *l'église cathédrale* de Sainte-Cécile, construite dans les murs de la ville d'Alby. *Dum ego vivo usumfructuarium subjaceat potestati meæ; post obitum vero meum, ipsa capella quæ est fundata in honore sanctæ Ceciliæ superius nominata, cum omnes res quas ego ei concessi ex bona voluntate, Christo propitio, confirmo et cedo ad ecclesiam sanctæ Ceciliæ matris ecclesiæ quæ est fundata infra muros Albiæ civitatis, ubi Godalricus rector esse videtur, suisque canonicis, volo esse concessum ad stipendia fratrum et in alimonia pauperum.....*

D'après les passages que nous venons de citer, il est bien évident à tous les yeux qu'il est question dans la donation de Benebert de deux églises de Sainte-Cécile parfaitement distinctes; l'une appelée tantôt *ecclesia*, tantôt *capella*, située *in villa quæ dicitur Avanis* ou Avanes, *in pago Albiensi, in ministerio Montaniense;* l'autre nommée cathédrale, *mater ecclesia*, construite dans les murs de la ville d'Alby, *infra muros Albiæ civitatis*. Il suffirait d'insister sur la différence qui existe entre le *pagus* et la *civitas*, pour qu'il ne restât aucun doute sur l'existence d'une église de

Sainte-Cécile, autre que la cathédrale, à cette époque. Cependant nous avons cru devoir pousser plus loin nos investigations et apporter, s'il était possible, une dernière preuve matérielle établissant l'existence simultanée des deux Sainte-Cécile.

Toutes nos recherches pour découvrir un district du nom de Montagnac, dans l'ancien pays albigeois, ont été infructueuses; mais nous pensons qu'on peut, sans se tromper, appliquer les mots *ministerium Montaniense* à la commune de Montans, sur le territoire de laquelle on trouve un grand nombre d'antiquités qui semblent prouver qu'il exista jadis en cet endroit une ville assez puissante. Constatons également que, non loin de Montans et sur la rive droite du Tarn, il existe encore un bourg appelé, du nom de sa chapelle, Sainte-Cécile d'Avas ou d'Arès.

Nous devons avouer ici que notre première pensée avait été de placer la chapelle que nous signalons à Arcins, maison royale, située sur la rivière du Tarn, entre Gaillac et Lille, où Charles le Chauve s'arrêta, vers l'an 843, et où il signa une charte en faveur de l'église de Toulouse[1]. Mais une visite faite sur les lieux a complétement changé cette opinion. L'église que l'on remarque dans cette commune ne paraît pas remonter au delà du XIVe siècle, et le château de Las Tours, bâti sur l'emplacement de l'ancienne résidence royale, est tout ce qui rappelle aujourd'hui le souvenir de cette demeure.

S'il nous était encore resté quelques doutes après cet

[1] *Hist. gén. de Languedoc*, t. I. p. 536; pr. p. 82.

examen, il nous aurait suffi de relire avec plus de soin et d'attention l'acte rapporté par D. Vaissette, et dont nous avons encore la copie de Doat. On y voit en effet que les donations faites par Benebert consistaient, non-seulement en biens immeubles ou en constructions situées à Avanes, mais encore en terres ou vignes placées *in Cilicio vel in ejus aro* et *in Pomperiago vel in ejus aro*. Or, ces indications nous ayant paru se rapporter entièrement aux villages connus sous les noms de Celz et de Pompirac, voisins de Sainte-Cécile d'Avès, nous avons conclu de notre double examen que l'église mentionnée dans l'acte de Benebert devait être celle qui existait dans ce dernier lieu, et non celle d'Aveins qui paraît avoir été de tout temps dédiée à saint Vincent.

Cette opinion se trouve confirmée dans notre esprit par deux titres de l'an 1266, rapportés dans l'*Inventaire des archives de la commune de Gaillac*, et sur lesquels nous avons lu, à côté des noms de Saint-Laurent de Pompirac et de Saint-Jean de Celz, celui de Sainte-Cécile d'Avas. Le premier de ces titres, fait à la suite d'une requête des consuls de Gaillac qui désiraient savoir quelles étaient les églises sujettes aux tailles et autres contributions, est un « instrument portant la déclaration faite par le juge d'Al« bigeois comme il a vu un instrument ou lettre certifica« toire faite par le seigneur abbé de Gailhac, par laquelle, « ayant égard à la requête à lui présentée par les consuls « de Gailhac, il leur déclare qu'il n'y a que deux églises « parrochielles dans ledit Gailhac : son monastère et Saint« Pierre, et les annexes à sondit monastère ou à l'église

« Saint-Michel, régies par les prêtres de son couvent, « sçavoir : les églises de Biscarnene, de Longueville, d'A- « vas, de *Pompirac*, de Grezes et de Villecortez, lesquelles « églises ont été de tout temps de l'université dudit Gail- « hac et contribuent aux tailles, questes et autres contri- « butions, comme les habitans de ladite ville et du district « d'ycelle, et qu'il y avoit encore une autre église d'Avenx, « non régie au nom dudit abbé, laquelle néanmoins est « du district et du territoire dudit Gailhac; ladite déclara- « tion faite par le dit sieur abbé, l'an 1266, retenue par « Sicardy, notaire. »

Le second acte mentionné dans l'inventaire des archives de Gaillac est un « instrument contenant l'enquête faite « par monseigneur le sénéchal de Toulouse, par laquelle « il appert que la juridiction de Gailhac s'étend jusqu'au « ruisseau de la Pisse et que les paroisses de Biscarnene, « Longueville, Avenx, d'Avas, de Saint-Laurent de Pom- « pirac, de Celz et de Candastre sont dépendantes de la « juridiction de ladite ville de Gailhac et du dixmaire du « s[r] abbé de Gailhac. Ladite enquête faite l'an 1266. »

A ces titres, dont nous nous servons comme de preuves, faute d'autres documents, on nous permettra d'ajouter une sentence rendue le 21 novembre 1322, par le cardinal Pilefort, sur les contestations qui s'étaient élevées entre Béraud, évêque d'Alby, et les religieux du monastère de Gaillac, dans laquelle on remarque encore à côté de l'église Saint-Laurent celle de Sainte-Cécile d'Avas[1].

[1] Archives de l'abbaye de Gaillac, fonds Doat, ms. 116.

Si maintenant on admet avec nous que Sainte-Cécile d'Avès, d'Avas ou d'Avanes faisait jadis partie du territoire de Montans, enclavé aujourd'hui dans l'arrondissement de Gaillac, il faudra traduire ainsi le passage que nous avons rapporté plus haut : ..... *Dans le pays d'Albigeois, au district de Montans, dans le bourg nommé Avanes, où est élevée une église en l'honneur de sainte Cécile*[1].

A nos yeux, Sainte-Cécile d'Avas, située à trois kilomètres de Gaillac, et à cinq kilomètres environ de Montans, devait être bien certainement, au commencement du xe siècle, du ressort de cette dernière ville, et non de la dépendance de Gaillac comme elle l'a été plus tard. Il est évident que cette affirmation va tout d'abord paraître étonnante, invraisemblable, absurde même à quelques esprits qui ne voient des choses que ce qui frappe leurs yeux. Toutefois, si on veut examiner les motifs sur lesquels repose notre opinion, on reconnaîtra peut-être que nous sommes dans le vrai, et que nous n'avons pas émis cette pensée dans le seul but de rechercher des contradicteurs.

Il serait inutile de nous appuyer sur la méprise de D. Vaissette qui place un monastère de Saint-Quentin à Gaillac[2], et nous nous hâtons de dire que cette ville n'était pas connue avant le xe siècle. Sans doute le premier acte où il soit fait mention de ce lieu remonte au viie siècle. C'est le testament de S. Didier, évêque de Cahors et ori-

[1] M. Compayré, dans ses *Études historiques sur l'Albigeois*, a également cru (p. 3) que l'ancienne cathédrale d'Alby était située en un lieu appelé Montans ou Montagnac, au nord de l'église actuelle.

[2] *Hist. gén. de Languedoc*. t. I, p. 584 et 750.

ginaire de l'Albigeois, qui le légua en 654 à son église cathédrale[1]; mais alors ce n'était qu'un bourg ou un village sans intérêt historique. Malgré ce que disent certains historiens, et peut-être avec l'aide des preuves qu'ils donnent, on peut affirmer que Gaillac ne commença à prendre une certaine importance que vers le milieu du xe siècle par la fondation de l'abbaye de Saint-Michel.

Cette abbaye est citée en 961 dans le testament de Raymond Ier, comte de Rouergue, et on la retrouve cinq ans après, en 966, dans celui de Matfred, vicomte de Narbonne, et de sa femme Adélaïde[2]. Nous avons déjà parlé de ces deux titres rapportés dans l'*Histoire générale de Languedoc*. On connaît aussi l'acte de consécration d'un autel que fit, en 972, Frotaire, évêque d'Alby, dans le monastère de Gaillac; et l'on sait qu'à cette occasion le prélat donna plusieurs terres à l'abbaye. Le comte Raymond de Rouergue confirma cette donation, qu'il accompagna de divers bienfaits; et l'on remarque qu'il mentionne particulièrement alors Gaillac comme un lieu qui commençait à avoir quelque importance et semblait devoir en acquérir davantage encore. Il y désigne enfin la ville dont nous parlons en ces termes : .... *et ipsam villam quæ magna nunc est vel futura est... dono et concedo et confirmo huic monasterio*[3].

D'après les termes de cet acte, il est évident que le rôle de Gaillac avait jusque-là été bien pauvre, et l'on peut en conclure que cette ville ne commença à se révéler véritablement

[1] *Hist. gén. de Languedoc*, t. I, p. 356.
[2] *Ibid.* t. II: pr. p. 107 et 116.
[3] *Ibid.* t. II: pr. p. 123.

qu'après plusieurs siècles d'une bien modeste existence. C'est donc de la fondation de l'abbaye que date seulement la splendeur de Gaillac : le monastère créa la ville, et l'on ne doit pas s'étonner si elle passait encore inaperçue dans les premières années du xe siècle.

Montans au contraire était encore puissant alors. A en juger par les restes d'antiquité que l'on trouve chaque jour dans le village de ce nom, on ne peut douter qu'il y ait eu là une grande ville. D'abord ce sont des médailles d'or, d'argent ou de cuivre; puis des vases, des urnes, des lampes et des fragments de toutes sortes; quelquefois même d'anciens fondements d'habitations et des rues pavées; enfin on ne peut fouiller le sol dans les environs de ce village, sans découvrir une immense quantité de vases d'une terre légère recouverts d'un vernis qui n'a rien perdu de son éclat et souvent ornés de reliefs admirables[1].

Tant de vestiges prouvent aux plus incrédules que

[1] M. Compayré, que l'on devra toujours consulter toutes les fois qu'on s'occupera de l'histoire ou de l'archéologie du département du Tarn, pense, d'après d'anciennes chroniques, que Montans se nommait autrefois *Alba Julia*. Puis il ajoute, dans son *Guide du voyageur* (p. 157) : « Dans les champs « environnants on a retrouvé des objets qui prouvent que le culte des divi- « nités égyptiennes fut porté dans ces lieux. Une de ces figures représente « une chienne élevant en l'air un petit animal de son espèce, Osiris et Anu- « bis; une autre est la statue d'Horus d'une belle conservation. On y a découvert « aussi en grand nombre des médailles grecques, des médailles romaines, des « dieux pénates d'un métal précieux, une tête de marbre blanc dans un tu- « mulus, des urnes et des lampes funéraires, des vases, des moules de pote- « rie curieux, des fondements de maisons bâties avec le ciment le plus « dur. »

Montans fut du temps des Romains une ville assez considérable. Ses débris portent les traces de la grandeur et de la supériorité de ce peuple; et ils sont en outre tellement nombreux qu'on ne peut se refuser à admettre qu'il y eut jadis dans ce lieu un grand centre de population. Outre les monuments antiques qu'on y a découverts, on voit encore quelques restes de retranchements et de fortifications. Les fossés servant de circonvallation au fort qui commandait la place sont encore apparents, et à cinq cents pas environ, on retrouve un endroit appelé encore aujourd'hui le Vieux-Fort. Nous ne craignons donc pas de le répéter, tout démontre l'existence d'une ville ou tout au moins celle d'un camp longtemps occupé par les Romains.

Du reste, le lieu avait été parfaitement choisi pour l'établissement d'une forteresse ou d'une cité. La position de Montans est des plus heureuses. Non-seulement on peut y découvrir dans toute son étendue cette belle plaine qui d'Alby se prolonge jusqu'à la pointe Saint-Sulpice, mais encore on domine de ce point toute la rivière du Tarn depuis Lisle jusqu'à Gaillac. Comme dernière preuve à l'appui de cette opinion qu'il y eut jadis dans ce lieu un vaste centre de population, nous citerons enfin une voie romaine, connue de nos jours sous le nom de *chemin ferré*, qui se dirige vers Alby, en passant par les territoires de Brens et de Lagrave.

Notre conviction de l'existence d'une ancienne ville au lieu où est actuellement Montans nous porte à conjecturer que cette ville ne dut pas tomber et s'effacer tout à coup. Peut-être fut-elle dévastée par les barbares qui inondèrent les Gaules dès le ve siècle, mais à coup sûr elle ne fut pas alors ruinée entièrement, puisque au commencement du xe siècle son territoire s'étendait encore assez loin.

La charte de donation de l'archidiacre Benebert nous paraît être la dernière lueur de la ville de Montans. Jusque-là elle avait été souveraine; mais plus tard elle fut sujette; elle devint la vassale du territoire qu'elle avait gouverné. En effet, quand les moines vinrent s'établir à une lieue de là, de l'autre côté de la rivière, ils durent naturellement attirer auprès d'eux les habitants, qui s'empressèrent de rechercher la protection des religieux. Dès lors, Montans fut abandonné pour ce monastère, autour duquel se forma en peu de temps une ville considérable. L'abbaye de Saint-Michel venait de faire grandir Gaillac; mais du même coup elle avait tué Montans.

Terminons enfin cette trop longue dissertation, en faisant remarquer que la donation de l'archidiacre Benebert, que nous avons expliquée dans ce chapitre, fut faite pendant la vingt-quatrième année du règne de Charles le Simple, *sub die Jovis, IV idus octobris anno vigesimo quarto, regnante Karolo rege*. Or, ce prince ayant été couronné en 893, il ne semble pas qu'il puisse y avoir la moindre incertitude sur la date que l'on devrait fixer à l'année 917, comme l'ont fait les auteurs du *Gallia Christiana*. Mais D. Vaissette, qui a longuement étudié la question, croit devoir reporter cette date à l'an 920, en ne comptant le règne de Charles le Simple que de la mort du roi Eudes, et en admettant qu'il faut lire dans la charte la XXIIIe au lieu de la XXIVe année du règne de Charles[1]. S'il nous est permis d'émettre une opinion après d'aussi célèbres autorités, nous ajouterons que, d'après nos calculs et nos observations, le jeudi 12 octobre de la vingt-quatrième année du règne de Charles le Simple se rapporte, soit à l'année 915, soit à l'année 920. Dans le premier cas, il faudrait compter depuis l'an 892, époque à laquelle Charles fit la guerre à son compétiteur et recouvra une partie du patrimoine de ses ancêtres; et dans le second, on devrait se conformer à l'ancienne manière de compter les années du règne de ce prince en Aquitaine. Mais alors la correction proposée par D. Vaissette ne pourrait être admise, et l'on ferait remonter la reconnaissance de Charles le Simple par les seigneurs et les prélats de l'Aquitaine à l'an 897.

Quoi qu'il en soit de sa date précise, cette charte du commencement du Xe siècle, la première du cartulaire de la cathédrale d'Alby, est bien précieuse à nos yeux, car elle vient corroborer notre opinion sur le nom de cette ancienne église et prouver encore une fois qu'elle se nomma de tout temps Sainte-Cécile.

[1] *Hist. gén. de Languedoc*, t. II, p. 557.

CHAPITRE III.

Saint-Salvi. — Sainte-Martianne. — Saint-Eugène de Vioux. — Élection des évêques. — Droits des comtes d'Albigeois sur le siége d'Alby. — Vente de l'évêché. — Construction d'un pont sur le Tarn. — Désordres et conduite scandaleuse des chanoines. — Ancienne coutume des seigneurs de s'emparer du bien des évêques décédés.

On a vu dans le chapitre précédent quel était le véritable nom de l'ancienne cathédrale d'Alby, et on a pu s'assurer que cette église n'avait jamais été située dans un lieu appelé Montagnac. Jetons maintenant un coup d'œil rapide sur quelques points de l'histoire épiscopale d'Alby, et nous recueillerons ainsi certains faits inconnus ou que l'on a trop négligé de consigner jusqu'à ce jour.

Sans remonter aux temps incertains, nous pouvons signaler d'abord la donation d'un alleu faite, vers l'an 942, à Gausbert, abbé, et aux clercs de Saint-Salvi, entre les mains de l'évêque Miron, successeur d'Angelvin, pour y construire une église. C'est le plus ancien monument que nous ayons de l'abbaye de Saint-Salvi [1]. A cette époque, elle était desservie par des clercs qui vivaient en commun,

[1] Cartol. de Saint-Salvi. — *Gallia Christ.* t. I, col. 8 ; instrum. p. 3. — C'est, en effet, au milieu du xe siècle que dut être construite cette abbaye. La première église avait été fondée, suivant D. Vaissette, vers la fin du vi[e] siècle. M. Du Mège pense que l'architecture de ce temple annonce une construction du xiiie siècle ; cependant, il remarque au dos de l'église quelques chapelles qui appartiennent à une époque bien antérieure.

et elle fut gouvernée par des abbés, sous l'autorité des évêques d'Alby, jusqu'au commencement du XIe siècle, où elle n'eut plus que des prévôts[1]. Cet acte nous signale en outre, pour la première fois, l'existence de la paroisse de Sainte-Martianne qui fut condamnée, en 1167, par Raymond-Trencavel, à donner, le jour de la fête de sa sainte patronne, le repas ordinaire aux clercs de Saint-Salvi, et qui, en 1202, fut réunie à la cathédrale par l'évêque Guillaume Petri[2].

Vers le milieu du Xe siècle, l'ancien monastère de Saint-Eugène de Vioux était également habité par une communauté de clercs ou de chanoines, sous l'autorité d'un abbé nommé Adalard. C'est ce qui résulte d'un échange daté de la sixième année du règne de Louis, c'est-à-dire de la même année que l'acte précédent (942), fait avec le consentement de l'évêque Miron. Adalard était déjà abbé de Vioux, la deuxième année du règne du roi Raoul en 925[3]. Cette abbaye est encore signalée dans le testament de Raymond, comte de Rouergue; mais en 987 elle fut donnée par Pons, comte d'Albigeois, à l'évêque Amelius Ier, ainsi qu'aux chanoines de la cathédrale d'Alby, et

[1] *Hist. gén. de Languedoc*, t. II, p. 72. — Les religieux de Saint-Salvi, de l'ordre de Saint-Augustin, furent sécularisés par le pape Clément VII, le 23 mars 1523. Au milieu du siècle dernier, le chapitre de cette église était composé d'un prévôt, de douze chanoines, quatre hebdomadiers et vingt prébendés.

[2] *Hist. gén. de Languedoc*, t. III, p. 17. — Cartulaire de Saint-Salvi. — Archives du chapitre, fol. 136, ms. 105.

[3] Archives du chapitre, fol. 35, ms. 105. — *Gallia Christ.* t. I, col. 67; instrum. p. 3.

le titre abbatial fut dès lors supprimé. Plus tard, cette donation fut confirmée par Raymond V, comte de Toulouse, en présence de Robert II, abbé de Gaillac[1].

Le testament de Garsinde, comtesse de Toulouse, que nous avons déjà mentionné, nous fait encore connaître, en l'an 974, outre les églises citées plus haut, celles de Saint-Pierre et de Saint-Afrique d'Alby[2]. A cette époque le siége épiscopal était occupé par Frolerius[3]. Il avait succédé à Bernard et consacra, en 972, l'abbaye de Saint-Michel de Gaillac, à laquelle il donna à cette occasion plusieurs terres ou villages dans l'Albigeois, avec leurs églises[4].

Jusqu'à ce prélat les évêques paraissent avoir été nommés par le concours du clergé et du peuple, *clero et populo,* selon la coutume des premiers temps de l'Église; mais, au xe siècle, les seigneurs cherchèrent à s'agrandir aux dépens des biens ecclésiastiques, sous prétexte du droit de patronat qu'ils prétendaient sur eux, et l'on en vit plusieurs s'ériger en abbés-laïques. Divers monastères eurent ainsi en même temps deux abbés, l'un séculier, l'autre régulier.

Du reste, il y avait peu de seigneurs alors qui ne pos-

[1] *Hist. gén. de Languedoc*, t. II, p. 73 et 120. — Archives du chapitre, fol. 352, fonds Doat, ms. 106.

[2] *Hist. gén. de Languedoc*, t. II; pr. p. 126.

[3] Ce nom, fort commun dans l'histoire d'Alby, et que l'on écrit tantôt Frotérius, Frotard, Frotier ou Frotaire, appartenait alors à une riche et puissante famille dite des *Frotiers*, qui possédait la plus grande partie du territoire d'Alby.

[4] *Hist. gén. de Languedoc*, t. II, p. 102; pr. p. 123.

sédassent plusieurs églises ou paroisses avec les dîmes, les prémices, les oblations et même le droit de sépulture dont ils disposaient comme de leur patrimoine. Quelques-uns restituèrent plus tard, à la vérité, aux cathédrales et aux abbayes les églises dont ils les avaient dépouillées; mais le plus grand nombre les conserva longtemps encore, sans s'inquiéter des décrets des conciles ou des excommunications des papes et des évêques qui voulaient les forcer à les rendre. Les ducs, les comtes et les vicomtes se mêlèrent en outre de l'élection des évêques et des abbés dans l'étendue de leurs domaines, et il ne leur fut pas difficile de faire tomber souvent le choix sur leurs proches : c'est ce qui arriva pour Frotaire, fils d'Aton II, vicomte d'Alby et de Nîmes, qui fut successivement évêque de ces deux diocèses. Les grands vassaux firent bien plus dans la suite: ils ne craignirent pas de trafiquer publiquement des dignités ecclésiastiques, ils en disposèrent par leurs testaments, et nous savons aussi qu'ils s'attribuèrent longtemps la dépouille des évêques de leur diocèse, lorsque ceux-ci venaient à décéder.

On reconnaissait là un désordre, un vice d'organisation qui ne pouvaient, qui ne devaient pas exister, et cependant cet état de choses dura en quelques points jusqu'au milieu du XIIe siècle. L'histoire du diocèse d'Alby, pendant cette époque, va nous en fournir la preuve.

En l'an 1037, Pons, comte de Toulouse et d'Albigeois, donne pour douaire à sa femme Majore quelques châteaux, plusieurs églises et abbayes, la moitié de l'évêché de Nîmes, et, avant tout, la moitié de l'évêché d'Alby avec la cité, la monnaie [1] et le marché, *episcopatum Albiensem et civitatem et moneta et mercatum* [2]. Il est vraisemblable que Majore mourut peu de temps après ce mariage ou qu'elle fut répudiée, puisque Pons se remaria environ trois ans plus tard, et l'on doit croire que ce prince assigna pour le douaire d'Almodis de la Marche les mêmes domaines qu'il avait constitués pour celui de Majore.

A l'aide de ce document, nous savons quels étaient les droits de Pons sur le siége d'Alby. Nous apprenons qu'il prélevait en outre une grande partie des émoluments de l'élection de l'évêque, par une convention faite, vers l'an 1038, entre Bernard, vicomte d'Alby, son frère Frotaire, évêque de Nîmes, d'une part, et un seigneur nommé Bernard Aimar avec son fils Guillaume, d'autre part. Par cet acte, les deux premiers s'engagent à donner, ou plutôt à vendre au dernier le siége épiscopal de l'Albigeois, après la mort de l'évêque Amelius. Le jeune Guillaume devait recevoir l'évêché en engagement pendant sa vie, « soit qu'il se fît sacrer, soit qu'il fît sacrer un autre à sa « place, » mais seulement pour la moitié du domaine qui en dépendait. Il s'engageait, en outre, pour prix de ce marché scandaleux, à payer deux mille cinq cents sous au vicomte Bernard, et pareille somme à l'évêque, son frère:

[1] Cet acte est le premier dans lequel il soit question de la monnaie d'Alby. Plus tard, au milieu du XIIIe siècle, les bénéfices de cette fabrication furent partagés entre trois personnes. Les *raymondins d'Albigeois* se frappaient alors à Castelnau de Bonafous; mais cette monnaie ne sortit pas longtemps de ce château. On verra plus tard qu'en 1278 on la fabriquait de nouveau à Alby.

[2] Archives du château de Foix. — *Gallia Christ.* t. I; instrum. p. 4. — *Hist. gén. de Languedoc*, t. II, p. 172.

enfin, aussitôt après son sacre, il devait payer six mille sous en différents termes au comte Pons. On stipula aussi, à la fin de cet acte, qu'en cas de décès du futur évêque ses droits seraient réservés à son frère Pierre[1].

Ce curieux exemple de simonie, qui nous permet de déterminer les droits respectifs du comte, du vicomte et de l'évêque, nous montre aussi que les pouvoirs les plus inconciliables étaient souvent réunis dans la même main. Le comte de Toulouse avait la toute-puissance dans ses domaines; en outre, ses empiétements successifs avaient mis sous sa dépendance le chef spirituel du diocèse, sans toutefois porter atteinte à l'autorité temporelle du prélat, et il en était arrivé à regarder les évêchés comme des fiefs mouvants dont il pouvait disposer à son gré.

Sous l'épiscopat de l'évêque Amelius dont nous venons de parler, il fut résolu, de l'avis des seigneurs du pays et à la prière des *citoyens et bourgeois* d'Alby, que l'on s'occuperait sans retard de la construction d'un pont sur la rivière, afin de faciliter les communications de la ville avec la rive droite du Tarn, et l'on choisit à cet effet le lieu où était établi le port appartenant aux chanoines de Saint-Salvi[2]. Les historiens du Languedoc s'accordent pour assigner comme date l'an 1034 ou 1035 à cet acte

[1] Archives du château de Foix, fol. 11, ms. 105. — *Gallia Christ.* t. I; instrum. p. 6. — *Hist. gén. de Languedoc*, t. II, p. 180; pr. p. 202.

[2] Anselme, abbé de Saint-Salvi, Adalbert prévôt, et les chanoines abandonnèrent alors tous leurs droits sur cette propriété; mais il fut stipulé dans la charte de donation que si, après la construction du pont, il était perçu quelque salaire des passants, ce droit de passage appartiendrait sans contredit aux chanoines de Saint-Salvi et resterait toujours leur propriété.

fait par les deux fils d'Aton II : Frotaire, évêque de Nîmes, et son frère Bernard-Aton, qui s'intitulait *proconsul de Nîmes et prince d'Alby*[1]. Ces citoyens, bourgeois ou hommes notables demandant alors la construction d'un pont qui devait souder les deux bords du Tarn et faire bientôt couvrir d'habitations la rive droite, étaient certainement alors les représentants de la cité, et l'on doit voir ici les premières traces de la commune d'Alby. Mais nous ignorons complétement comment était constituée cette commune. Cependant nous croyons devoir dire que, d'après notre pensée, les consuls tenaient probablement déjà à cette époque leurs charges de l'élection, à laquelle participaient les *bourgeois* ou principaux habitants. Faisons remarquer aussi qu'à dater de ce moment il est souvent question des bourgeois et prud'hommes dans les actes de la ville d'Alby, en avouant toutefois que la première mention authentique des *consuls* ne porte pas une date antérieure à l'année 1220.

L'évêque Amelius, dont il est question dans les actes qui précèdent, avait succédé à Amblard au commencement du XIe siècle. Vers l'an 1028, il assista avec dix autres évêques à la dédicace de l'église Saint-Sauveur de Limoges, et, en 1031, il se trouvait au concile de Bourges, présidé par Aymon, archevêque de Bourges, et au concile de Limoges, qui se tint dans l'église Saint-Étienne de cette ville[2]. Dans les actes de ce dernier con-

[1] Cartul. de Saint-Salvi. — *Gallia Christ.* t. I; instrum. p. 4. — *Hist. gén. de Languedoc*, t. II, p. 165; pr. p. 194.

[2] *Sacrosancta concilia ad regiam editionem exacta* stud. Ph. Labbe, t. IX, col. 865, 868, 886 et 891.

cile, Amelius est qualifié *prélat respectable par ses mœurs et par son âge.*

Il est certain que ce prélat possédait encore l'évêché d'Alby en l'an 1040, puisqu'il assista à cette époque à la dédicace de l'église de Vendôme[1]; mais on doit supposer qu'il mourut peu de temps après. En effet, Guillaume son successeur est mentionné comme évêque dans deux titres écrits vers l'an 1041, et ces actes nous prouvent que l'évêque de Nîmes, Frotaire, et son frère le vicomte Bernard-Aton III, avaient conservé une certaine domination sur lui, depuis le jour où ils lui avaient vendu le siége épiscopal[2]. Guillaume assista aux conciles de Saint-Giles en 1042, et de Narbonne, en 1054; il était, au mois de janvier 1053, avec les évêques de la province de Bourges présents à l'élection d'Icterius, évêque de Limoges[3]; enfin on est certain qu'il avait cessé de vivre avant l'année 1062, puisque, à cette époque, Frotard était en possession de l'évêché d'Alby, qu'il avait acheté moyennant quinze chevaux de grand prix donnés à Frotaire, évêque de Nîmes, et à Bernard son frère, qui avaient, comme on le voit, coutume de recevoir des sommes ou des présents considérables pour l'intronisation des évêques d'Alby[4].

[1] *Sacrosancta concilia ad regiam editionem exacta* stud. Ph. Labbe, t. IX, col. 938.

[2] Archives du château de Foix, fonds Doat, ms. 105, fol. 29. — *Gallia Christ.* t. I; instr. p. 5. — *Hist. gén. de Languedoc*, t. II, p. 181; pr. p. 212.

[3] *Sacros. concil.* t. IX, col. 1068, 1072 et 1082. — *Hist. gén. de Languedoc*, t. II, p. 183, 611.

[4] *Hist. gén. de Languedoc*, t. II, p. 205. — Steph. Baluzii *Miscellanea*, t. VI, p. 432.

Ainsi Frotard succéda à Guillaume d'une manière également contraire aux lois de l'église, et nous avons dans ce fait une preuve de plus du trafic des évêchés et des abbayes dont on trouve de si nombreux exemples dans l'histoire du Languedoc.

Cette société féodale si avide de richesses, cette église jadis si pure et si noble et alors si dégradée, offrent un spectacle bien affligeant. En dépit des traités de paix, de la trêve de Dieu, l'anarchie, la guerre et le pillage étaient partout. Princes, chevaliers, moines ou prêtres se déshonoraient tous pour satisfaire leur ambition ou pour la soif de l'or. L'absence des meilleurs sentiments humains avait enfin amené la corruption des mœurs, et les conciles étaient impuissants à arrêter les désordres qui se manifestaient de toutes parts. Comment pouvait-il en être autrement quand les exemples de simonie et de dépravation partaient de la cour de Rome; quand le saint-siége était occupé par un enfant, et que l'on voyait presque constamment deux papes se disputer la chaire de saint Pierre? En songeant à cette époque de désordre, on ne doit plus être surpris que l'ignorance ait si longtemps accompagné la corruption des mœurs parmi le clergé, et l'on comprend que le philosophe déplore les erreurs ou les crimes qui furent la suite inévitable d'un pareil état de choses.

Nous venons de voir que les seigneurs d'Albigeois avaient érigé l'évêché en fief mouvant de leur domaine, de telle sorte que personne ne pouvait l'obtenir qu'en le recevant de leurs mains. Hâtons-nous d'ajouter que cette désorganisation s'étendait à tous les degrés de la hiérarchie nobiliaire et cléricale. Ainsi les chanoines de Saint-Salvi avaient renoncé à la vie canoniale, et chacun d'eux, vivant en particulier des biens de sa prébende, les possédait soit par obédience, soit en fief ou en commende[1]. L'église cathédrale de Sainte-Cécile était dans un état également déplorable. Les chanoines avaient aussi abandonné l'existence en communauté et vivaient, en véritables séculiers, des biens dont ils s'étaient emparés. « Ils s'occu-« paient bien moins, dit D. Vaissette, du service divin « que du plaisir et de la débauche[2]. » La conduite de l'évêque d'Alby enfin n'était pas meilleure que celle de son clergé. Comme il avait acquis l'évêché à prix d'argent, à l'exemple de ses prédécesseurs, il se croyait en droit de dissiper les biens de son église et en usait largement.

On se lassa bien, il est vrai, de tant de scandales, et l'évêque Guillaume avait déjà contraint les chanoines de Saint-Salvi, sinon à vivre de la vie canoniale, du moins à rentrer dans la possession commune de leurs biens; mais, à la fin du XIe siècle, le clergé de Sainte-Cécile continuait à vivre dans la dépravation. Le document qui signale cette conduite du chapitre est extrait des archives de la cathédrale. Il assure que certains chanoines, poussés par l'avarice, se livraient ouvertement au commerce, tandis que d'autres ne songeaient qu'à satisfaire leur passion pour le libertinage. Aucun d'eux ne donnait au peuple l'exemple de la charité. Jamais ils ne s'approchaient du saint autel pour y adresser leurs prières à Dieu, et,

[1] *Gallia Christ.* t. I; instrum. p. 5.
[2] *Hist. gén. de Languedoc*, t. II, p. 2[illegible]8.

comme des loups dévorants, *sicut quibusdam lupis rapacibus*, ils s'étaient jetés sur les biens de l'église pour se les partager et les donner, soit à leurs fils, soit à leurs parents.

L'évêque Frotard fut enfin ému de ces désordres et voulut y remédier. En conséquence, il convoqua les principaux seigneurs du pays et des cités voisines, qui s'assemblèrent, en l'an 1072, dans la cathédrale[1]. Il leur exposa verbalement ses plaintes, fit connaître l'état déplorable où se trouvait l'église, dépouillée de ses richesses et abandonnée de ses prêtres, et termina son rapport en priant les personnes qui l'écoutaient de l'aider de leurs conseils pour sortir de cette malheureuse position. Le cardinal Guiraud, évêque d'Ostie et légat en France, Richard, archevêque de Bourges, Frotaire, évêque de Nîmes et l'évêque de Poitiers assistaient à cette assemblée. Tous furent frappés de ce relâchement de la discipline ecclésiastique. Ils en témoignèrent leur affliction à Frotard et exhortèrent vivement les chanoines à rentrer dans le cloître. On vit alors l'évêque d'Alby, touché des remontrances de ces prélats, promettre de se réformer lui-même; puis, pour engager les chanoines à restituer les biens de la cathédrale et à reprendre la vie en communauté, il se dessaisit de l'archidiaconé qui s'étendait à la droite du Tarn et l'unit à la manse de l'église. Bientôt les deux sacristains, le cabiscol (chantre), le trésorier et le doyen suivirent l'exemple de l'évêque, et ils restituèrent enfin à l'église

[1] *Hist. gén. de Languedoc*, t. II, p. 228.

d'Alby les biens des bénéfices qu'ils s'étaient appropriés ou qu'ils avaient fait passer sur la tête de leurs enfants[1].

Toutefois les tardives réformes de Frotard ne purent détourner de sa tête un châtiment mérité : le concile réuni à Toulouse, vers l'an 1079, par Hugues, évêque de Die et légat du saint-siége[2], l'excommunia et le déposa comme simoniaque[3]. Hâtons-nous d'ajouter cependant qu'il est encore fait mention de Frotard, comme *évêque d'Alby*, dans une charte de l'an 1083, d'où l'on peut inférer que, quoique déposé depuis quatre ans, ce prélat se maintint sur son siége. On peut donc admettre avec D. Vaissette que Guillaume Pictavin ou Poitevin[4] aura été nommé pour lui succéder en 1079, mais que Frotard lui aura disputé l'évêché, se sera maintenu, malgré son excommunication, soit par le crédit et l'autorité de la famille de Lautrec, soit en se déclarant en faveur de l'anti-pape Clément III, et sera enfin décédé vers l'an 1084[5].

Le désordre dans la hiérarchie ecclésiastique, la désobéissance à l'autorité dominaient puissamment alors. Or, il

[1] Archives de la cathédrale, fol. 23, ms. 105. — *Gallia Christ.* t. I; instrum. p. 5.

[2] L'auteur des *Études historiques sur l'Albigeois* donne (p. 71) à ce prélat le titre d'archevêque de Lyon; mais il y a ici une erreur de date qu'on doit rectifier. Hugues ne parvint à l'archevêché de Lyon qu'en 1082 ou 1083. (Voy. *Gallia Christ.* t. IV, et *Hist. gén. de Languedoc*, t. II, note xxxii.)

[3] *Hist. gén. de Languedoc*, t. II, p. 253, 619 et seq. — *Sacros. concil.* t. X, p. 411.

[4] On lit sur le nécrologe manuscrit de la bibliothèque d'Alby cette mention malheureusement incomplète de la mort de cet évêque : *11 kal. Aug. obiit Dns Guillelmus episcopus qui cognominatus est Pictarinus.*

[5] *Gallia Christ.* t. I, p. 11. — *Hist. gén. de Languedoc*, t. II, p. 621.

arriva que cette société, si profondément corrompue, n'eut plus de foi dans les croyances établies. Les âmes honnêtes et indépendantes perdirent leur respect pour les représentants de la religion qui ne craignaient pas d'étaler ainsi leurs vices au grand jour. On se refusa également à obéir à des prêtres ignorants. Puis, par une réaction naturelle et pour éviter l'excès du mal, quelques hommes de talent, pleins de vivacité et d'éloquence, voulurent tenter des voies nouvelles; ils se mirent à la recherche de quelque chose de mieux que ce qui existait et ils tombèrent dans l'erreur. Les réformateurs avaient dépassé leur but, et ils furent les premières victimes de leur zèle ou de leur ambition. Ce n'est pas ici le lieu de raconter les haines, les persécutions ou les vengeances qui désolèrent trop longtemps les provinces méridionales de la France au nom de la religion. Nous nous bornons à constater en passant un fait dont on ne veut pas toujours reconnaître la vérité et qui est malheureusement trop certain : la haine pour le clergé fit un plus grand nombre d'hérétiques que la croyance aux doctrines des Henriciens ou des autres sectes qui les suivirent.

Cependant, dès les premières années du XIIe siècle, l'église commence à secouer le joug des seigneurs séculiers : les abbayes, les cathédrales sont dotées de revenus considérables, et l'on voit le pouvoir temporel des évêques d'Alby recueillir alors le fruit des profondes atteintes portées à l'omnipotence féodale par Grégoire VII[1]; enfin le

[1] L'origine du pouvoir temporel des évêques d'Alby, que l'on a voulu faire remonter au commencement du IXe siècle, sur la foi d'un manuscrit très-

clergé se félicite généralement des excellents résultats de la mesure prise par la papauté quand elle a placé ceux qui gouvernaient les églises dans l'indépendance du pouvoir séculier.

Pour en arriver là, le saint-siége dut quelquefois pourvoir lui-même aux évêchés vacants, et c'est ainsi qu'on voit, pour l'église qui nous occupe, Arnaud, chanoine de Béziers, de la famille des seigneurs de Cessenon, appelé par le pape au siége d'Alby en l'an 1103[1]. Sans doute certains hommes continuaient encore à cette époque à s'arroger le droit de disposer des évêchés et de nommer aux abbayes; mais la suprématie de l'église se faisait généralement sentir de jour en jour, et les seigneurs s'inclinaient peu à peu devant cette nouvelle puissance.

Vers le milieu du XIIe siècle, Alby vit tomber l'une des prérogatives féodales contre lesquelles le clergé s'était le plus vivement élevé. Un jour de l'an 1144, le vicomte Roger vint dans la cathédrale demander pardon à Dieu de ses péchés et déclarer qu'il renonçait volontairement à l'usage dont avaient joui jusqu'alors ses prédécesseurs, de s'emparer de la dépouille des évêques qui venaient à mou-

répandu à Alby et dont l'autorité nous paraît fort contestable, nous semble pouvoir être certainement placée à l'an 985, au temps d'Amelius Ier, qui transigea avec Pons, comte de Toulouse, au sujet de divers droits sur la justice et sur le temporel. Des actes authentiques rapportés par D. Vaissette prouvent effectivement que la justice criminelle appartenait alors à l'évêque. Plus tard, les vicomtes d'Alby élevèrent sur ce sujet des prétentions qui furent combattues par les évêques et amenèrent des transactions dont nous aurons occasion de parler plus loin.

[1] *Hist. gén. de Languedoc*, t. II, p. 357.

rir, et il prêta serment de cette renonciation entre les mains de l'évêque Rigaud devant le grand autel de Sainte-Cécile. Le prélat s'empressa aussitôt de faire dresser acte de cette déclaration, et Roger I eut soin d'y faire mentionner, non-seulement qu'il serait toujours prêt à défendre l'église d'Alby, mais encore qu'il poursuivrait quiconque s'arrogerait le droit dont il venait de se dépouiller en sa faveur[1]. Dès qu'il en fut informé, Pierre, archevêque de Bourges, se hâta de confirmer l'acte d'abolition fait par le vicomte de Béziers, et il déclara excommuniés tous ceux qui y contreviendraient à l'avenir[2].

Que l'on ne pense pas que cette prérogative fut particulière au seigneur d'Alby. Elle était au contraire assez commune, dans diverses contrées, depuis plusieurs siècles, et nous savons que bon nombre de seigneurs s'attribuèrent longtemps le droit de s'emparer des biens des évêques après leur décès. Ils suivaient ainsi un ancien usage, une vieille coutume établie par l'avidité de leurs prédécesseurs, et il était extraordinaire qu'un seigneur renonçât ainsi volontairement, malgré de justes et nombreuses réclamations, à une prérogative si profitable. Il fallut même que plusieurs conciles la défendissent pour qu'elle fût entièrement abolie. C'est ce qui résulte des actes des conciles de Lerida (can. 16) et de Valence, en Espagne (can. 2), l'an 524; de Pontigon (can. 14) en 876; de Troisly, près de

[1] Trésor des chartes du château de Foix, fol. 54, ms. 105. — *Hist. gén. de Languedoc*, t. II, p. 439; pr. p. 504.

[2] Archives de la cathédrale, fol. 57, ms. 105. — Compayré, *Études historiques sur l'Albigeois*, p. 143.

Soissons (can. 14), en 909; de Rome (can. 2) en 1059; de Clermont (can. 31) en 1095; et de Latran (can. 5) sous Innocent II.

C'est à cette déplorable coutume que l'on doit certainement attribuer la perte d'une foule de documents précieux pour l'histoire. En dilapidant les biens des évêques, elle dispersait, anéantissait même des titres d'une utilité incontestable, et l'on peut raisonnablement admettre aujourd'hui que l'absence des pièces détruites dans des circonstances semblables est la seule cause des lacunes que l'on trouve dans l'histoire des premiers siècles de notre monarchie

CHAPITRE IV.

Lutte des chanoines de la cathédrale contre leur évêque, par suite du schisme de l'église. — Mission de saint Bernard à Alby et conversion des habitants dans l'église de Sainte-Cécile. — Emprisonnement d'un évêque d'Alby par le vicomte Roger. — Le Castel-Viel. — Construction d'un oratoire pour l'hôpital du Vigan. — Conventions entre l'évêque et le vicomte d'Alby.

Quelques années avant les derniers faits que nous venons de rapporter, la ville d'Alby avait été troublée par des événements qui eurent une certaine gravité. Ce fut à l'occasion du schisme d'Anaclet. Grégoire, cardinal de Saint-Ange, ayant été élu pape, le 15 février 1130, sous le nom d'Innocent II, certains cardinaux, qui n'avaient point pris part à cette nomination, se réunirent le même jour, avec d'autres membres du clergé romain, dans la basilique de Saint-Marc. Après avoir annulé l'acte qui plaçait Innocent sur le siége pontifical, ils procédèrent à une nouvelle élection et choisirent d'un commun accord Pierre de Léon, qui prit le nom d'Anaclet[1]. Rome se partagea alors en deux camps, et le parti d'Anaclet devint bientôt si puissant, qu'avant la fin de l'année Innocent fut forcé de sortir secrètement de la ville[2].

[1] Lucæ d'Achery *Spicilegium*, t. I, p. 157. — Baronii *Annales ecclesiast.* t. XII, p. 186.

[2] Baronii *Annales ecclesiast.* t. XII, p. 188. — Muratori, *Annali d'Italia* an. 1130, t. VI, p. 362.

Par suite de ces faits, la France fut, comme les autres États, divisée entre les deux pontifes. Louis VI voulut que les prélats du royaume se réunissent à Étampes pour s'entendre dans de telles circonstances, et S. Bernard vint porter la lumière au milieu de cette illustre assemblée, en désignant celui auquel l'Église devait se soumettre. Cependant, malgré la décision du concile d'Étampes, qui avait reconnu Innocent II comme pape légitime, l'Aquitaine resta attachée en grande partie à la cause d'Anaclet. L'abbé de Clairvaux, désirant achever son œuvre, écrivit alors aux prélats de l'Aquitaine cette lettre si connue dans laquelle il appréciait la vie et les actes des deux prétendants, et il s'attacha surtout à expliquer les motifs qui l'avaient déterminé à se prononcer pour Innocent II[1].

Toutefois la missive du saint abbé détacha peu de prélats du parti d'Anaclet, et l'évêque d'Alby, Humbert-Géraud fut du nombre de ceux qui restèrent fidèles à Anaclet. On doit croire, d'après le seul acte qui nous reste de cette époque, que, non content de s'éloigner ainsi de la plus grande partie de l'épiscopat français, il voulut entraîner après lui les chanoines de sa cathédrale. Il ne négligea à cet effet ni les exhortations, ni les ordres, ni les menaces; mais le chapitre de Sainte-Cécile, qui avait sans doute eu connaissance de la lettre de S. Bernard, demeura inébranlable dans ses convictions et se plut au contraire à répandre dans le diocèse la vérité qui lui avait été transmise par l'abbé de Clairvaux.

[1] Sancti Bernardi *Opera*, cur. Joh. Mabillon, Paris, 1690. — Ernaldus, *De vita sancti Bernardi*, col. 1093.

Alors s'établit entre les chanoines et l'évêque une lutte incroyable. Ce dernier, soutenu par l'évêque d'Angoulême, Gérard, légat d'Anaclet, lança les foudres de l'excommunication contre son chapitre, qui crut pouvoir répondre en refusant l'entrée de l'église au prélat. Humbert tenta alors de forcer ouvertement les portes de la cathédrale; mais les chanoines se fortifièrent dans l'enceinte de Sainte-Cécile, et l'église fut garnie de troupes comme une forteresse. En outre, le peuple, qui avait pris fait et cause pour le chapitre, alla saccager le palais épiscopal, et Humbert, repoussé de toutes parts, se vit dans la nécessité d'implorer l'assistance du légat d'Anaclet.

Ce fut dans ces circonstances que Gérard écrivit, vers l'an 1133, aux abbés de Castres et de Gaillac, non-seulement pour les exhorter à obéir, mais encore à prêter au besoin leur concours à l'évêque d'Alby. L'évêque d'Angoulême espérait ainsi faire rentrer dans le devoir le chapitre de la cathédrale « *qui se plaisait à répandre des doc-* « *trines perverses parmi la population, et qui avait bravé son* « *excommunication pendant plus d'un an*[1]. » Mais il est à croire que sa lettre n'eut aucun effet sur les chanoines restés fidèles à leurs convictions et ayant pour eux le droit et la force. Cependant on doit remarquer ici que la puissance de l'antipape fut encore grande dans l'Aquitaine pendant plusieurs années, et ce ne fut que peu de temps avant la mort d'Anaclet, et après celle de son légat, qu'Innocent II, par une bulle datée de Pise, le 12 juin 1136,

[1] Archives du chapitre de Saint-Salvi, fonds Doat, ms. 110, fol. 70.

et la sixième année de son pontificat[1], put prendre sous sa protection le clergé de la cathédrale d'Alby, auquel il laissa la faculté d'élire l'évêque ainsi que le prévôt.

Les faits que nous venons de rapporter, d'après une pièce que nous avons expliquée autre part[2], se passèrent sous Humbert, et non sous un certain Guillaume, comme pourrait le faire supposer la chronologie du *Gallia Christiana*, qui place un évêque de ce nom dès l'an 1128. Humbert avait succédé à Bertrand, dont il nous reste deux actes[3], et nous avons maintenant une preuve de plus que ce prélat existait encore au temps dont nous venons de parler. On sait aussi que sous l'épiscopat d'Humbert l'élection de l'évêque était au pouvoir du seigneur suzerain; car nous connaissons un accord, fait l'an 1132, par lequel Alphonse Jourdain, comte de Toulouse, donne en

[1] La copie de cette bulle que l'on trouve à la fin d'un manuscrit de la bibliothèque d'Alby est incomplète et fort inexacte. Pour ne citer qu'un point, je ferai remarquer qu'elle est datée de *Rome*, l'an de l'Incarnation *1136*, tandis que la copie de Doat, prise sur l'original en parchemin trouvé aux archives du chapitre de l'église cathédrale Sainte-Cécile d'Alby, porte la date que j'indique. Je donne aux preuves (n° IV) cette pièce intéressante, afin qu'on puisse corriger le texte publié par M. Compayré.

[2] On trouvera aux preuves (n° IV) le texte de ce document curieux dont aucun historien n'avait jamais eu connaissance avant nous, et dont j'ai donné l'explication dans le *Bulletin de la société archéologique et historique de la Charente* (t. IV, année 1850). J'ai cru devoir aussi faire suivre cet acte de quelques passages de mon mémoire qui jette un certain jour sur un point ignoré jusqu'ici de l'histoire ecclésiastique d'Alby, rectifie la liste des abbés de Castres et inscrit un nouveau nom dans la chronologie des abbés de Gaillac.

[3] Archives du chapitre, fonds Doat, ms. 105, fol. 37, et ms. 106, fol. 298.

fief à Roger I, vicomte de Carcassonne, de Rasez et d'Alby, *l'évêché d'Alby ainsi que l'élection de l'évêque*[1]. Cet acte est souscrit, entre autres, par Humbert, évêque d'Alby, et il résulte de son examen que les seigneurs de ce pays ne se courbaient pas facilement à cette époque sous l'autorité du saint-siége.

En effet, les doctrines de Pierre de Brueys et de Henri ne cessaient de se répandre dans la Septimanie. Elles avaient même fait tant de progrès dans l'Albigeois et le Toulousain, en l'an 1145, que le pape Eugène III en fut alarmé et qu'il ordonna au cardinal Albéric, évêque d'Ostie, de se rendre sur les lieux[2].

Le cardinal, pour mieux combattre l'hérésie, pria Geoffroy, évêque de Chartres, quelques autres prélats et S. Bernard, dont il connaissait le zèle et les lumières, de l'accompagner dans cette mission. L'illustre abbé de Clairvaux, auquel les fatigues et les infirmités de la vieillesse commandaient le repos, n'hésita pas cependant à se rendre à l'invitation du légat, et il partit aussitôt pour le Midi, en prenant sa route par Bordeaux où il avait également promis de se rendre.

A son arrivée à Poitiers, S. Bernard tomba malade[3]; mais bientôt il reprit assez de force pour se remettre en route et il arriva à Bordeaux, où il eut le bonheur de faire cesser la désunion qui existait entre l'archevêque de

[1] *Hist. gén. de Languedoc*, t. II, p. 410; pr. p. 462.
[2] *Vita sancti Bernardi*, col. 1123.
[3] *Epistola Gaufridi monachi Claræ-Vallensis in vita sancti Bernardi*, lib. V, cap. XVII, col. 1192 et seq.

cette ville et le chapitre de la cathédrale[1]. Il se dirigea ensuite vers Bergerac, passa à Périgueux, à Cahors et arriva enfin à Toulouse.

Avant son départ, l'abbé de Clairvaux avait cru devoir annoncer son voyage à Alphonse, comte de Toulouse et de Saint-Giles, par une lettre dans laquelle il exprimait à ce prince son étonnement de voir *les églises sans peuple, le peuple sans prêtres et les prêtres sans ministère*[2]. Cependant sa joie fut extrême quand il vit l'empressement de la foule dans tous les lieux où il passait. Sa voix était assez puissante pour confondre les hérétiques partout où sa parole se faisait entendre, et, jour et nuit, il était entouré d'hommes et de femmes qui venaient lui demander sa bénédiction. Accueilli avec respect, écouté avec avidité, le saint abbé eut donc la consolation de faire entrer la conviction dans tous les esprits et de voir abjurer l'erreur dans tout le Toulousain, excepté pourtant au château de Verfeil, où personne ne voulut l'entendre[3].

Du Toulousain le légat passa dans l'Albigeois, où les doctrines de Henri avaient été accueillies avec enthousiasme. Le plus grand nombre des habitants d'Alby les professaient ou les favorisaient ouvertement, et il fut facile de s'en convaincre à la manière dont ils reçurent le cardinal Albéric. Quand ce légat se présenta, le peuple courut par dérision au-devant de lui monté sur des ânes, et

[1] *Gallia Christ.* t. II, col. 814, 815.

[2] Sancti Bernardi *Opera*, epist. CCXLI.

[3] Guill. de Podio-Laurentii *Chronicon*, col. 1. — *Epistola Gaufridi*, col. 1195.

il l'accompagna au bruit des tambours jusqu'au palais qu'il devait occuper[1].

Trois jours après, la veille de S. Pierre, cette même foule recevait l'abbé de Clairvaux avec de vives démonstrations de joie, tant il est vrai qu'on en voulait moins alors au clergé qu'à ses vices; mais S. Bernard était lui-même tellement prévenu contre les Albigeois, qu'il fut sur le point de se soustraire à l'accueil qu'ils lui firent[2].

Voici ce que nous apprend encore le moine Geoffroy, plus tard abbé de Clairvaux, et qui était alors le compagnon de S. Bernard : le jour où le légat voulut dire sa première messe à Sainte-Cécile, il fit sonner à grand bruit les cloches de la cathédrale; mais le peuple resta insensible à cet appel, et c'est à peine si trente personnes se présentèrent à l'église. Dès qu'on sut, au contraire, que S. Bernard devait monter en chaire pour prêcher, l'affluence des habitants fut si considérable que la cathédrale ne pouvait contenir une telle multitude : la foule débordait au dehors.

L'abbé de Clairvaux exposa d'abord les doctrines des Henriciens, il rappela ensuite ce que la foi catholique exige des fidèles; enfin il demanda à ses auditeurs laquelle des deux croyances ils voulaient suivre. Tous répondirent qu'ils détestaient l'erreur et reconnaissaient la parole de Dieu. « Faites donc pénitence, s'écria S. Bernard, vous « tous qui avez été infectés d'hérésie, et soumettez-vous à « l'église. » Puis, comme les assistants promettaient de

[1] *Vita sancti Bernardi*, col. 1196.

[2] *Ibid.* col. 1210. — *Hist. gén. de Languedoc*, t. II, p. 446.

s'humilier, il ajouta par une de ces inspirations dignes de son génie : « C'est à Dieu seul que vous devez adresser vos « serments! Levez donc la main au ciel en témoignage de « votre retour à la vérité catholique. » Et au même instant, tous ceux qui étaient dans la cathédrale levèrent la main [1].

Ce détail qui nous est rapporté par un témoin oculaire nous paraît entièrement digne de confiance. Qui ne sait en effet que la foule est accessible à toutes les surprises, et que ses impressions cèdent souvent à des entraînements dont elle ne se rend pas compte? Sans doute on doit croire que la conversion des habitants d'Alby fut très-sincère en ce moment; mais elle ne fut pas de longue durée, et les doctrines hérétiques s'y répandirent de nouveau, car dans la suite les bûchers de l'inquisition éclairèrent cette petite cité de leurs lueurs sanglantes.

Le passage de S. Bernard à Alby eut lieu en 1145, et non en 1147, ainsi que l'affirment tous les historiens. La date que nous assignons est fondée, d'après les auteurs de l'*Histoire littéraire de la France*, sur une charte de Pierre, abbé de Saint-Romain de Blaye, transcrite dans le nouveau *Gallia Christiana*, et datée du 2 juillet, épacte 25 [2], charte dans laquelle est rapporté l'accommodement que le cardinal Albéric et l'abbé de Clairvaux firent entre l'archevêque de Bordeaux et son chapitre. D. Vaissette a écrit à la vérité une note détaillée afin de prouver que l'on devait reculer le voyage du légat jusqu'à l'année

[1] *Epistola Gaufridi*, col. 1196. — *Vita sancti Bernardi*, col. 1211.
[2] *Gallia Christ.* t. II, col. 814.

1147[1]. Il s'appuie à cet effet sur l'autorité de Geoffroy de Clairvaux, lequel, dit-il, écrivant des environs d'Alby, où il était avec Bernard, aux religieux de sa maison, leur dit que leur abbé se trouvait dans cette ville vers la fin du mois de juin 1147 et comptait être de retour à la fin d'août. Or, il est certain que Geoffroy ne parle ni de l'année 1147 ni d'aucune autre dans sa lettre, ainsi que nous avons pu nous en convaincre en la lisant. Ce qui a trompé D. Vaissette et les historiens qui l'ont suivi, sur l'époque de la mission de l'abbé, c'est que Geoffroy la rapporte dans la Vie de S. Bernard, après avoir parlé des erreurs de Gilbert de la Porrée qui éclatèrent sur la fin de l'an 1146. Mais on doit remarquer que Geoffroy suit beaucoup plus l'ordre des matières que celui des temps dans son récit[2].

Cette mission du légat du saint-siége et de S. Bernard pour la conversion des Albigeois fut accomplie sous l'épiscopat de Rigaud. Ce prélat avait succédé à Hugues, mentionné dans les archives du Puy en 1135, et qui, au mois de février de l'an 1138, procéda à la cérémonie d'exhumation de S. Guillaume, fondateur de l'abbaye de Gellone[3]. Rigaud existait en 1149, car nous savons qu'il assista avec plusieurs autres évêques et seigneurs à une assemblée qui se tint en l'église de Sainte-Marie-Madeleine à Béziers, le lundi 2 mai de cette année. Raymond V y jura solennellement à Roger I, fils de Bernard-Aton et de

[1] *Hist. gén. de Languedoc*, t. II, p. 639.
[2] *Hist. littér. de la France*, t. XII, avert. p. 4.
[3] Archiv. du Puy. — *Gallia Christ.* t. I. col. 14.

Cécile de Provence de n'attenter ni à sa vie ni à ses domaines[1]. L'évêque Rigaud fut encore témoin, en 1150, de l'hommage que fit Isarn de Jourdain pour le château de Saissac au vicomte Roger I, et nous le trouvons, la même année, mentionné comme ayant présidé aux premiers actes de la fondation de l'abbaye de Candeil[2].

Il est également certain que Guillaume, frère de Begon, seigneur de Dourgne, avait remplacé Rigaud sur le siége d'Alby, à la fin de l'an 1156. Au mois d'août 1157 ce prélat fut présent à un accord entre le comte de Toulouse et Raymond-Trencavel[3]; mais comme ces deux princes continuèrent à se faire la guerre, la paix définitive ne fut enfin conclue entre eux qu'au mois de juin 1163, et l'évêque d'Alby y signa encore comme témoin[4]. Ce fut sous l'épiscopat et par les soins de ce Guillaume IVe du nom que fut tenu à Lombers, au mois de mai 1165, le célèbre concile qui devait condamner les doctrines des hérétiques, alors appelés *bons-hommes*, et que l'on nomma dans la suite Albigeois[5]. Il nous reste aussi de cet évêque un accord conclu, à la fin de l'année 1172, avec les chanoines de la cathédrale, au sujet d'un moulin dont il est question dans la convention signée entre S. Louis et Bernard de Combret en 1264[6].

[1] *Hist. gén. de Languedoc*, t. II, p. 463; pr. p. 522.

[2] Cartul. de l'abbaye de Grandselve. — *Hist. gén. de Languedoc*, t. II; pr. p. 524 et 528.

[3] *Hist. gén. de Languedoc*, t. II, p. 481; pr. p. 565.

[4] *Ibid.* t. II, p. 499; pr. p. 595.

[5] *Ibid.* t. III, note 1, p. 535.

[6] Archiv. du chap. fol. 79, ms. 105.

Le vicomte Raymond-Trencavel, qui assista à ce concile et dont il existe une donation de l'église et de l'hôpital de Carmen, faite à la cathédrale d'Alby au mois de février 1161, tint encore un plaid à Alby au commencement de l'an 1167[1]; mais le 15 octobre de cette même année il fut assassiné dans l'église de la Madeleine de Béziers par les habitants de cette ville, à la suite de circonstances rapportées par un auteur contemporain, et tous ses domaines passèrent alors sous l'autorité de son fils aîné Roger, alors âgé de dix-huit ans[2].

Roger II passa une partie de sa vie à faire la guerre à Raymond V, comte de Toulouse, son beau-père et son seigneur, de concert avec le roi d'Aragon, sous le vasselage duquel il se plaça plusieurs fois. Aussitôt après la mort de son père, il eut une contestation avec l'abbé de S. Pons de Tomières qui fut terminée, en 1171, par plusieurs prélats au nombre desquels se trouvait Guillaume, évêque d'Alby[3]. Quelques années plus tard, le vicomte Roger embrassa, dit-on, l'hérésie, ou du moins favorisa les erreurs des hérétiques. C'est en effet ce qu'on doit supposer, puisqu'on sait qu'il avait fait enfermer, en 1178, l'évêque d'Alby, qui fut placé par son ordre sous la garde des hérétiques. Le cardinal de Saint-Chrysogone, légat en France, envoya alors dans l'Albigeois Reginald, évêque de Bath, et Henri, abbé de Clairvaux, pour exhorter Roger de Béziers, prince du pays, à rendre la liberté à l'évêque

[1] Archives de Saint-Salvi. — Archives du chapitre, fol. 66, ms. 105.
[2] *Hist. gén. de Languedoc*, t. III, p. 17 et seq.
[3] *Gallia Christ.* t. VI, p. 84.

d'Alby. Ces délégués se firent suivre d'un corps de troupes; mais Roger, informé de leur approche, se hâta de se retirer à l'extrémité du pays, dans des lieux inaccessibles. Les deux prélats, désespérés de ne pouvoir l'atteindre, s'arrêtèrent à Castres, où ils déclarèrent Roger traître, hérétique et parjure, pour avoir violé la sûreté qu'il avait promise à l'évêque; puis ils l'excommunièrent et le défièrent en présence de sa femme et de ses chevaliers[1].

Cet épisode de l'hérésie albigeoise ne fut terminé qu'en 1181. A cette époque, Henri, ancien abbé de Clairvaux, qui était devenu cardinal-évêque d'Albano, et qui avait remplacé le cardinal de Saint-Chrysogone dans sa légation en France, vint mettre le siége devant le château de Lavaur. Les hérétiques de la province s'y étaient réfugiés sous la protection du vicomte Roger. Le cardinal Henri, après avoir investi la place, l'attaqua vivement. D'abord il rencontra une résistance vigoureuse de la part des assiégés, mais enfin le château se rendit, et bientôt après Roger II se soumit à l'église et promit d'abandonner l'hérésie[2].

Quel était l'évêque qui fut ainsi fait prisonnier par le vicomte Roger? Aucun acte ne nous le dit. Un seul écrivain le nomme Guillaume Solemne[3], mais il ne donne aucune preuve à l'appui de cette assertion. Comme nous ne trouvons rien de Guillaume IV, après l'an 1176, ni de Claude d'Andrie son successeur, avant l'an 1183, il

[1] *Hist. gén. de Languedoc*, t. III, p. 49.
[2] Manriquez, *Annales Cisterc.* an. 1182.
[3] Langlois, *Hist. des Albigeois*, p. 66.

semble difficile de déterminer au premier abord lequel des deux siégeait à Alby en 1178[1]. Cependant nous devons signaler à ce sujet un fait qui n'a pas été rapporté par D. Vaissette, et qui ne manque pourtant pas d'importance. Dès l'an 1177, Pierre Raymond d'Hautpoul et Guillaume Petri[2], plus tard évêque d'Alby (1185), administraient déjà le diocèse, le premier en qualité de vicaire et le second comme prévôt. C'est ce qui résulte d'un acte par lequel Guillaume Jordas abandonne aux chanoines de Sainte-Cécile tous les droits qu'il avait sur la leude de la viande de la ville d'Alby[3], ainsi que de la charte qui confie la garde du Castel-Viel d'Alby et des forteresses de Tersac, Abirac et Marsac à Guillaume Frotier et à Paganus, fils de Bérengère[4]. On pourrait donc faire remonter à cette époque l'emprisonnement de l'évêque et admettre que ce fut Guillaume IV.

Or ce prélat, qui dut être, dès l'an 1177 au moins, renfermé dans une étroite prison par Roger II, avait vécu au contraire en bonne intelligence avec le père de ce seigneur, ainsi que le témoignent toutes les pièces de ce temps. Un manuscrit du XVIIe siècle, dans lequel on trouve

[1] *Hist. gén. de Languedoc*, t. III, p. 541.

[2] Ce prélat, dont il est souvent question dans l'histoire d'Alby, était fils de Raymond *de Pierre*, baron de Ganges, un des principaux barons et chapelains de l'église de Maguelone, et de Vierne d'Anduze. Tous les actes le nomment Guillaume Petri, et j'ai cru devoir également adopter cette dénomination. (Voy. sur la famille de Pierre : *Documents historiques sur la province de Gévaudan*, par Gustave de Burdin, t. II, p. 330.)

[3] Archives du chapitre, fol. 87, ms. 105.

[4] Compayré, *Études histor. sur l'Albigeois*, p. 140.

quelques renseignements précieux au milieu d'un grand nombre d'erreurs, nous assure, en outre, que *Guillaume*, évêque d'Alby, et Raymond-Trencavel firent dresser d'un commun accord un pilori de pierre dans l'endroit « où « sont à présent les fondations de la muraille, proche de « Sainte-Cécile, sur lequel furent mises les armes de Tou- « louse comme celles du prince souverain, avec les leurs « comme seigneurs justiciers, l'un de la ville et cité d'Alby, « et l'autre du faubourg du Château-Vieux[1]. » Dans la suite, Guillaume Petri, « *faisant bâtir les fondements du clocher*, fit « mettre les armes de Tholose et la croix d'Alby en deux « endroits séparés sur la muraille de la ville, » et elles servirent ainsi à marquer la limite des deux juridictions d'Alby et du Castel-Viel.

Castel-Viel ou Château-Vieux, ainsi appelé d'une antique forteresse dont les tours dominaient le cours du Tarn, a joué un grand rôle dans l'histoire d'Alby. C'eût été un faubourg de la ville, si celle-ci, assise principalement sur un tertre, n'en avait été séparée par une distance assez considérable et qui formait comme une lacune que peu à peu des constructions intermédiaires devaient combler et faire entièrement disparaître. Dans quelques années peut-être, il sera difficile de se rendre compte de l'ancienne

[1] M. Compayré, d'après l'autorité du manuscrit que nous citons en le rectifiant, dit (p. 29) que ce pilier fut dressé *en 1176* par l'évêque *Géraud* et Raymond-Trencavel. Or, je ferai remarquer, d'après D. Vaissette, que l'épiscopat de Géraud ou Gérard n'est nullement prouvé ; on a vu, en outre, que Raymond-Trencavel était mort assassiné le 15 octobre 1167. Si donc on doit admettre le fait de l'érection du pilori, il faudrait le placer avant cette dernière date et sous l'épiscopat de Guillaume.

position de Castel-Viel; aussi tenons-nous à rappeler que ce château, dont nous avons vû enlever les derniers vestiges au commencement de l'année 1851, fut pendant plusieurs siècles situé sur un plateau formant un triangle et placé en face des tours de la cathédrale. C'était une citadelle servant à protéger et quelquefois à combattre la ville. Ce château était défendu, d'un côté, par le Tarn, de l'autre, par un ravin profond; enfin un large fossé séparait cette forteresse du terrain sur lequel se trouve maintenant l'église métropolitaine. Au moyen âge, le Castel-Viel et Sainte-Cécile semblaient deux ennemis constamment en présence; et l'examen du dernier monument prouve jusqu'à l'évidence qu'il fut en effet construit de manière à contenir les seigneurs du vieux château.

Aucun document ne peut préciser l'époque de la construction du Castel-Viel; mais dès le XIe siècle cette forteresse avait une grande importance et son antiquité était bien connue, puisqu'on la nommait déjà le Château-Vieux, *Castrum Vetus*, d'où lui est venu le nom de Castel-Viel, qui lui est resté jusqu'à ce jour. Au commencement du XIIe siècle, ce château appartenait à la maison d'Alaman, ainsi que nous le prouve la donation faite par plusieurs membres de cette famille à Sainte-Cécile d'Alby de la chapelle Notre-Dame qu'ils avaient *dans leur Castel Viel*[1]. Nous croyons devoir ajouter que cette donation fut faite dans la chapelle même, devant les reliques de sainte Cécile placées sur le saint autel. Dans la suite, à l'occasion de la paix conclue entre Raymond V et Trencavel

[1] Preuves, n° V.

en 1163, ce dernier reçut en fief du comte de Toulouse le Château-Vieux, qui appartint longtemps aux vicomtes d'Alby[1]. Nous voyons encore, au mois de décembre 1167, le comte de Toulouse disposer en faveur de Roger-Bernard, comte de Foix, de tous les biens possédés dans l'Albigeois par Roger-Trencavel, vicomte de Béziers, de Carcassonne et d'Alby, excepté du Castel-Viel, que nous retrouvons dix ans après au pouvoir du vicomte. Ainsi au mois d'avril 1177 il reçoit l'hommage pour le Castel-Viel, de même que pour les forteresses de Tersac, Abirac et Marsac, dont il confie la garde à Guillaume Frotier et à Paganus, fils de Bérengère[2]; et dans la transaction qui fixe les droits seigneuriaux de Roger et de l'évêque en 1193, on voit enfin que le Castel-Viel est toujours reconnu appartenir au vicomte[3]. Plus tard, la seigneurie de Castel-Viel devint une dépendance de la seigneurie des Montfort, et elle fut organisée en commune vers le milieu du XIIIe siècle. Un acte, dont nous trouvons la copie dans un ouvrage que nous nous plaisons à citer souvent, nous montre que les limites de territoire et les divisions de juridiction entre la cité d'Alby et le Castel-Viel furent enfin établies définitivement en 1295 par le prévôt de la cathédrale et le sénéchal de Jean de Montfort, comte de Castres et coseigneur du Castel-Viel[4].

[1] *Hist. gén. de Languedoc*, t. II; pr. p. 593.
[2] *Ibid.* t. III, p. 43. — Compayré, *Études historiques sur l'Albigeois*, p. 140.
[3] Trésor des chartes de Carcassonne, fol. 117, fonds Doat, ms. 105.
[4] Compayré, *Études histor. sur l'Albigeois*, p. 189.

Après l'expédition du cardinal Henri, Roger II avait repris les armes contre le comte de Toulouse. Il se rendit d'abord, en août 1181, au château de Combret, où il reçut l'hommage des seigneurs de ce château; puis il passa à Alby, où les chevaliers de Castel-Viel lui jurèrent, le 31 du même mois, « de l'aider dans toutes les guerres qu'il avait « ou qu'il aurait dans la suite avec le comte de Toulouse et « ses enfants [1]. » Cette guerre dura longtemps, et nous savons qu'elle existait encore en 1190 par un acte de cette époque signé de l'évêque Guillaume Petri, qui permit au recteur et aux frères de l'hôpital du Vigan, situé hors de la ville, de faire construire un oratoire pour eux et les pauvres et d'avoir un prêtre pour célébrer la messe. Le prélat cédait en cela à la sollicitation des frères, qui se plaignaient des vexations auxquelles ils étaient exposés à cause des troupes qui depuis longtemps désolaient la contrée. En outre, les soldats chargés de la garde de la ville faisaient fermer très-sévèrement les portes depuis vêpres jusqu'au lendemain matin, après les messes, de telle sorte qu'on ne pouvait assister aux offices et que les pauvres malades souffraient souvent de cet état de choses [2].

Cependant la paix fut conclue l'année suivante (1191) entre les deux parties. Raymond V, comte de Toulouse, et l'évêque d'Alby dressèrent alors, *du conseil de Roger*, vicomte de Béziers, de Sicard, vicomte de Lautrec, et des barons et notables d'Albigeois, un règlement pour faire observer la paix dans le pays. Par cet acte, les églises, les

[1] *Hist. gén. de Languedoc*, t. III, p. 59.
[2] Archives du chapitre, fol. 109, ms. 105.

monastères, les clercs, les chevaliers, les bourgeois, les marchands et les paysans furent compris dans la paix et tenus de la garder entre eux. On devait payer au comte et à l'évêque un setier de grain par charrue[1], dix deniers, monnaie d'Alby; pour chaque bête de charge, six deniers pour chaque âne, etc.[2] enfin ces statuts donnèrent naissance au droit de *pezade*, dont les comtes de Toulouse et les évêques d'Alby partagèrent d'abord les émoluments et qui a continué d'être perçu en Albigeois jusqu'en 1789, quoique le motif qui l'avait fait établir eût cessé depuis longtemps[3].

[1] On trouve dans les manuscrits de l'église et du chapitre d'Alby, comme dans tous les cartulaires ou polyptiques, un grand nombre de pièces constatant tantôt la nature des revenus, tantôt le partage des biens entre les chanoines et l'évêque. Une des redevances les plus ordinaires citées dans ces actes est le blé que les tenanciers aimaient généralement mieux payer en nature qu'en espèces. Or, pour faciliter les recherches à faire au sujet de la valeur de ces grains à diverses époques, je donne à la fin des Preuves (XXXIV) une table du setier de blé depuis l'an 1202, avec la valeur du marc d'argent jusqu'à l'année 1786. L'intérêt de ce document frappera certainement tout le monde, et j'espère qu'on me pardonnera sa longueur en faveur de son immense utilité.

[2] *Gallia Christ.* t. I; instrum. p. 6. — Archives du chapitre de Saint-Salvi, fol. 113; ms. 105.

[3] Le droit de *pezade*, *patz*, *passada* ou *pazesia*, dont le nom vient du mot *pax*, parce qu'il devait rendre momentanément la paix et la sécurité aux campagnes, était perçu soit en argent, soit en céréales sur chaque habitant, à l'exception toutefois des ecclésiastiques et des nobles. Il se prélevait sur chaque paire de bœufs, vaches, mules, etc. Ainsi, pour cent brebis, on payait six sous huit deniers; pour trois brebis, le quart d'un denier; le bœuf même, qui ne pouvait travailler, était sujet à une redevance de deux deniers. Plusieurs localités cherchèrent souvent à s'affranchir de cet impôt ruineux; mais elles ne purent jamais s'y soustraire qu'en payant à leur seigneur une redevance déterminée comme rachat.

Ce document, dans lequel on remarque que le comte de Toulouse traite avec l'évêque *du conseil du vicomte*, n'est cependant pas le premier qui nous montre l'origine du pouvoir temporel des évêques[1]. Nous connaissons un acte qui fut fait en l'an 1188 pour pourvoir à la sûreté des habitants de la ville d'Alby, dans laquelle les meurtres étaient très-fréquents depuis le commencement de la guerre. C'est une convention faite entre Guillaume Petri et tous les *prud'hommes* de la cité, qui fixe les droits de chacun dans la justice et qui établit des peines contre les coupables. Cet acte est fort curieux; il est antérieur à tous les documents que l'on trouve dans les archives de l'hôtel de ville d'Alby, et, comme il contient une longue liste des bourgeois de cette ville, à la fin du XIIe siècle, nous avons cru devoir le conserver[2].

Cependant le vicomte Roger n'avait pu voir les empiétements de l'évêque sur la seigneurie d'Alby sans en être inquiété. Il voulut faire des réclamations; mais Guillaume Petri avait su mettre à profit l'absence et peut-être aussi la négligence du vicomte. Souvent il avait aidé de ses conseils les prud'hommes de la ville; quelquefois même il avait agi de sa propre autorité; enfin la plupart des habitants lui devaient la conservation de leurs biens pendant les longues guerres de Roger. L'évêque répondit donc au vicomte en maintenant *ses propres droits*. On en appela

[1] On connaît déjà la charte de transaction conclue l'an 987 entre Amelius Ier, évêque d'Alby, et Pons, comte de Toulouse. — *Hist. gén. de Languedoc*, t. II; pr. p. 141.

[2] Preuves, n° VI.

alors à un arbitrage, et de part et d'autre on choisit Sicard, vicomte de Lautrec, Frotard-Pierre de Berens, B. de Boissezon et Doat d'Alaman. Ces quatre arbitres examinèrent le différend, et, le 3 mars 1193, ils rendirent au château de Lombers une sentence qui réglait les droits de chacun. Les seigneuries de Castel-Viel y furent reconnues, entre autres, appartenir au vicomte, et il fut établi que les redevances prélevées sur les marchands de la ville seraient ainsi partagées : les deux tiers à l'évêque et la troisième partie au vicomte, qui garda en outre le péage du pont, sous la condition de l'entretenir en bon état, ainsi que le *Barri de Puech Amadeuc* formant la partie la plus considérable de la ville[1].

Roger II ne survécut pas longtemps à cette décision : il mourut au mois de mars 1194, laissant pour successeur Raymond-Roger encore enfant, qui devait finir ses jours par le poison de Montfort, et confiant l'administration de ses domaines, ainsi que l'exécution de son testament, à plusieurs personnages, parmi lesquels nous remarquons Guillaume Petri[2], qui occupa pendant près d'un demi-siècle le siége d'Alby.

[1] Trésor des chartes de la cité de Carcassonne, fonds Doat, ms. 105, fol. 117. — Compayré, *Études histor. sur l'Albigeois*, p. 161.

[2] *Hist. gén. de Languedoc*, t. III, p. 90.

CHAPITRE V.

Guillaume Petri, évêque et prévôt de la cathédrale. — Le Castel nau d'Alby. — Simon de Montfort célèbre la Pâque dans l'église de Sainte-Cécile. — L'évêque conduit l'armée des croisés. — Le pape veut forcer Guillaume à descendre de son siége. — Hommage des consuls au seigneur évêque. — Soumission de la ville d'Alby au roi de France. — Élection de Durand en remplacement de Guillaume, qui renonce à l'épiscopat. — L'évêque d'Alby reconnu seigneur temporel de la ville.

Le XIIIe siècle, ce siècle qui devait être si fatal au midi de la France, commença pour l'église d'Alby par une donation faite en sa faveur par Raymond-Roger, qui venait *de passer l'âge de quatorze ans*. Par lettres datées de l'an 1201, et signées à Burlats en présence de Bernard de Villeneuve, Sicard Aimeric, Sicard de Puylaurens, et quelques autres seigneurs, le jeune vicomte abandonna tous les droits qu'il avait sur les églises de l'Albigeois et les autorisa à construire tous les bâtiments qu'elles jugeraient nécessaires sur leurs domaines[1]. L'année suivante, le 2 août 1202, Guillaume Oalric, chevalier-abbé, ayant cédé, moyennant huit cents sous raymondins, à Sainte-Cécile, tous les droits qu'il avait dans l'église et le cimetière de Sainte-Martianne, Guillaume Petri confirma aussitôt cette concession faite sur les instances d'Adémar-Guillaume, prévôt ou archidiacre de la cathédrale, et le

[1] Archives de l'évêché d'Alby, fonds Doat, ms. 105, fol. 126. — *Hist. gén. de Languedoc*, t. III, p. 114.

même jour il réunit à Sainte-Cécile l'église de Sainte-Martianne, qui était depuis longtemps *sous le joug de la servitude et au pouvoir des laïques*[1].

Ce fut vers le même temps que l'évêque autorisa Albia, fille de Guiraud de la Taosca, à établir un moulin au-dessus du pont, devant la ville d'Alby, entre le moulin de Guillaume Oalric et le moulin Sotira[2]. Cet établissement était exempt de toutes redevances, et la propriétaire devait en partager les revenus avec l'évêque. Plus tard, en l'an 1205, Guillaume Petri donna encore aux clercs de Sainte-Cécile dix sous raymondins, qu'il prélevait annuellement, comme ses prédécesseurs, sur l'église de Sainte-Martianne. Cette donation eut lieu vers le temps de la mort d'Adémar-Guillaume, que nous venons de nommer. Dans ces circonstances, le chapitre de la cathédrale se réunit pour procéder au remplacement de son prévôt; mais il ne crut pas pouvoir confier l'administration de ses biens à des mains plus habiles et plus intelligentes que celles de l'évêque, et il vint prier Guillaume Petri d'accepter de nouveau les fonctions qu'il avait abandonnées depuis vingt ans[3]. Les chanoines se réservèrent, toutefois, le droit d'élire eux-mêmes leur prévôt après la mort de l'évêque. Nous verrons bientôt que celui-ci se démit plus tard de ces nouvelles fonctions.

Il serait inutile de rappeler ici les transactions, les sen-

[1] Archives du chapitre de l'église cathédrale de Sainte-Cécile d'Alby, fol. 132 et seq. ms. 105.

[2] Preuves, n° VII.

[3] Preuves, n° VIII.

tences, les conventions, tous les actes enfin qui furent accomplis par les soins du prévôt-évêque. Citons seulement, en passant, l'accord de l'an 1206, par lequel Jean Boiet, hospitalier de l'hôpital du Vigan, s'engage à donner tous les ans, aux chanoines de Sainte-Cécile, un agneau et un pourceau, en remplacement des dîmes de la laine et du carnelage que le chapitre percevait sur l'hôpital[1]; puis nous rappellerons un échange fait entre Guillaume Petri et les chanoines que nous avons déjà eu l'occasion de signaler[2]. Cet acte, qui mentionne le *château de l'évêque*, situé auprès des maisons ayant appartenu à Pons de Toulouse, nous paraît assez curieux pour qu'on s'y arrête un instant.

On a déjà vu, dans le chapitre précédent, qu'il existait, non loin de Sainte-Cécile, un *Castel viel* ou *château vieux*. Or, il y avait également à Alby, comme contre-partie, un *Castel nau* ou *château neuf*. Celui-ci fut commencé, dit un manuscrit qui ne mérite pas grande confiance, vers l'an 975, par le vicomte Aton II, fils de Bernard et de Gauciane, et continué par ses successeurs, qui en firent une de leurs résidences ordinaires. Ce ne fut d'abord qu'un vaste assemblage de bâtiments sans harmonie et d'architectures diverses appartenant, vers le milieu du XIe siècle, à Pons, comte de Toulouse et d'Albigeois; mais, dans la suite, cette construction prit des formes plus régulières et elle put être considérée comme une forteresse importante.

Il est question du Castel nau dans un acte de l'an 1140,

[1] Archives du chapitre, fol. 168, ms. 105.

[2] Preuves, n° II.

par lequel Frotard-Raymond constitue une dot à sa fille Bérengère, épouse de Raymond-Adémar[1]. On le retrouve cité deux ans plus tard, dans le traité de paix conclu entre Alphonse, comte de Toulouse, et Roger, vicomte de Carcassonne, d'*Ambialet*[2] et d'Alby. Le comte s'y désiste de toute prétention sur cette forteresse, qui était, dit-on, estimée mille livres tournois et plus, en l'an 1252[3].

Où était placé ce château dont on ne retrouve plus de traces? Était-il situé loin de la ville ou bien se trouvait-il à Alby même? C'est là un point que nous ne saurions résoudre avec certitude en présence des renseignements que nous possédons. Cependant, si nous en croyons un manuscrit de M. Combettes-Labourelie, il devait être sur le territoire même de la cité, puisqu'il y est nommé Châteauneuf-lès-Alby. Si nous examinons ensuite l'acte de 1140 que nous venons de citer, nous serons porté à croire que le Castel nau était situé du côté du village de Vigan, formant aujourd'hui le faubourg de ce nom. Puis enfin, marchant d'hypothèse en hypothèse, nous supposerons encore que ce Castel nau n'était autre que le château possédé par l'évêque au com-

[1] Archives de l'évêché d'Alby, fol. 50, ms. 105.

[2] Ambialet ou Ambilet appartenait alors aux vicomtes d'Alby, qui prenaient aussi le titre de *vicomtes d'Ambialet*. Ces seigneurs y avaient un château fort qui passait pour l'un des plus importants de la contrée, et qui leur servit souvent de résidence jusqu'au jour où Simon de Montfort le soumit à son obéissance. Nous connaissons la charte des coutumes d'Ambialet concédée en 1136 par le vicomte Roger Ier aux habitants. Cette pièce, dont on doit la conservation à M. le docteur Delbosc, a été publiée par M. Compayré, *Études histor. sur l'Albigeois*, p. 332.

[3] *Hist. gén. de Languedoc*, t. III; pr. p. 492. — Compayré, *Études historiques sur l'Albigeois*, p. 6.

mencement du XIIIe siècle, et placé auprès d'une ancienne habitation de Pons, comte de Toulouse, non loin des champs de *las Bacconas*, s'étendant jusqu'au ruisseau de *la Barrière*.

Quoi qu'il en soit de ces suppositions, que nous émettons sans pouvoir les expliquer et dans le seul but d'appeler l'attention des investigateurs, nous déclarons ici que nous serions heureux si des découvertes ultérieures pouvaient donner la clef des chartes que nous avons sous les yeux.

On ne devrait pas inférer cependant de ce que nous venons de dire que le *Castel nau* fut dans notre pensée le palais épiscopal. Tout au contraire nous croyons qu'il n'y eût point alors, ni longtemps après, de demeure spéciale pour les évêques. Cette opinion est basée dans notre esprit sur un acte du 7 des ides de janvier 1236 (7 janvier 1237), par lequel le prévôt et le chapitre de Sainte-Cécile accordent à Durand, évêque, les maisons situées sur le Tarn, où il habitait, pour en jouir durant sa vie seulement[1]. Il est évident, d'après ce titre, où l'évêque se reconnaît possesseur usufruitier desdites maisons, qu'il n'y avait point alors de palais épiscopal à Alby. Et ce qui nous confirme dans notre pensée, c'est un autre acte déjà cité[2], daté de l'an 1202, et dans lequel on voit que Guillaume Petri habitait alors une maison située le long du portail de l'église Saint-Salvi, *en la sala ou jats lo bisbes de long lo portàl de la gleisa de Sant-Salvi.* Nous verrons plus

[1] Preuves, n° IX.
[2] Preuves, n° VII.

loin à quelle époque on doit faire remonter la construction de la résidence particulière des évêques.

Arrivé à ce point de notre histoire, nous aurions à parler de cette déplorable guerre qui porta le ravage et la mort parmi les malheureux peuples de la Langue d'oc et de la Provence. On comprend que nous voulons parler des croisades contre les Albigeois; mais le récit de ce drame si effrayant et si digne de pitié nous éloignerait trop de notre sujet, et nous laissons à d'autres le soin de raconter ces horribles guerres, où l'on voit à chaque pas étinceler la flamme et ruisseler le sang. A l'aide des documents manuscrits que l'on possède aujourd'hui, il est permis d'espérer que l'on retracera un jour fidèlement à nos yeux ce terrible spectacle, et que l'on pourra tout à la fois faire ressortir les puissants intérêts qui amenèrent tant de calamités et signaler les hautes leçons que l'humanité peut en tirer.

Dès le commencement de cette guerre impie; après les massacres de Béziers et de Carcassonne, quand Simon de Montfort s'empara de Raymond-Roger, vicomte d'Alby, Béziers, Carcassonne et Rasez, qu'il fit mourir en prison, *a tort et sans causa et aysso per aver sa terra*, dit l'historien de la guerre des Albigeois, il ne lui fut pas difficile de se mettre en possession des domaines de ce prince. Dès qu'il se présenta, vers la fin de l'an 1209, l'évêque lui fit un excellent accueil, le reçut gracieusement, dit Pierre de Vaux-Sernai, et lui ouvrit les portes de la ville[1]. Non content d'avoir fait acte de soumission, aussitôt après que le

[1] Petri Vallis Sarnensis *Historia Albigensium*, cap. xxv.

pape eut confirmé Simon de Montfort dans la possession de cette cité (8 juin 1210), Guillaume se joignit à l'armée des croisés, et, par son entremise, en 1211, les châteaux de Montaigu, Gaillac, Cahusac, la Garde, Puy-Celse, Saint-Marcel, la Guépie et Saint-Antoine se soumirent à Simon de Montfort[1]. L'année suivante, Arnaud, abbé de Cîteaux, étant à Alby, ce légat engage Simon de Montfort à entreprendre le siége de Saint-Marcel, qui était retombé au pouvoir du comte de Toulouse; mais le chef des croisés est obligé de lever le siége de cette place le 24 mars, et il se retire à Alby, où il célèbre la fête de Pâques dans l'église de Sainte-Cécile, et où il donne en fief, le 3 avril 1212, à Guillaume Petri et à ses successeurs, les châteaux de Roffiac et de Marsac avec leurs dépendances[2].

Quelques jours après cette donation, l'évêque d'Alby conduisait l'avant-garde de l'armée des croisés, et il assistait à la prise et au pillage de Saint-Antonin[3]. Puis, au

[1] *Hist. gén. de Languedoc*, t. III, p. 213.

[2] Archives du chapitre de la cathédrale, fol. 183, ms. 105. — *Gallia Christ.* t. I; instr. p. 10. — Compayré, *Archives histor. de l'Albigeois*, p. 228. — Pour ne rien négliger de ce qui regarde la cathédrale et les évêques d'Alby, je dois dire ici, d'après notre manuscrit albigeois, que « Guillaume Petri « logea par trois fois saint Dominique à Alby et eut de grandes conférences « avec lui pendant son séjour. » Personne n'ignore aujourd'hui que ce saint personnage travailla seulement à prêcher la foi et à convertir les hérétiques par la parole. Pendant que Simon de Montfort les exterminait par le fer, Dominique les ramenait dans le sein de l'église par la persuasion, et jamais il ne prit aucune part à la guerre. On peut donc raisonnablement admettre qu'il dut aller à Alby vers cette époque; mais je dois déclarer que je n'ai trouvé nulle trace de son passage dans cette ville.

[3] *Hist. gén. de Languedoc*, t. III, p. 227.

mois d'août 1212, il se trouvait encore au siége de Moissac, où, pendant que les soldats montaient à l'assaut, l'archevêque de Reims, les évêques de Carcassonne, de Toul et d'Alby, l'abbé de Moissac avec une partie de ses religieux et le reste du clergé de l'armée, pieds nus et revêtus d'aubes, chantaient des hymnes et des cantiques pour appeler «les bénédictions du Ciel sur les saintes armes des «croisés[1].»

Devenu l'ennemi du comte de Toulouse, par suite de sa soumission à Montfort, Guillaume Petri assista au concile de Lavaur, et il fut du nombre de ceux qui refusèrent de recevoir le comte Raymond VI à se justifier[2]. Aussi Simon de Montfort crut-il devoir lui donner une nouvelle preuve de sa satisfaction en accordant au chapitre de Sainte-Cécile une dotation annuelle de *viginti libratas terræ* prises sur les châteaux de Saint-Georges et de Marcail. Cette donation fut faite à Lavaur, où se tenait le concile[3], le 9 des calendes de février 1212 (24 janvier 1213).

Le 26 juillet de la même année, l'évêque d'Alby était rentré dans sa ville épiscopale, et nous savons qu'à cette époque, de l'avis des prud'hommes, *ab cosseil et ab volontat dels pros homes de la vila d'Alby,* il céda l'hôpital du Vigan à Pierre Bertlam, qui devait le posséder durant sa vie[4]. Enfin, l'année suivante, il faisait partie des prélats qui

[1] Petri Vallis Sarn. *Hist. Albigens.* cap. LXIII.

[2] *Hist. gén. de Languedoc*, t. III, p. 237. — Petri Vallis Sarn. *Hist. Albigens.* cap. LXVI.

[3] Archives de l'évêché, fol. 185, ms. 105.

[4] Archives du chapitre, fol. 189, ms. 105

engagèrent Henri, comte de Rodez, à se soumettre à Simon[1]. Ce fut à peu près vers le même temps qu'Innocent III prit la cathédrale de Sainte-Cécile sous sa protection. Cédant aux prières du chapitre, le 21 mars 1215, le pape confirma les chanoines dans la possession de tous leurs biens, et défendit, sous les peines ecclésiastiques, de les troubler dans leurs propriétés[2].

Simon de Montfort ayant été frappé mortellement devant les murs de Toulouse, le 25 juin 1218, Amaury, son fils, lui succéda et se hâta de se faire reconnaître dans ses nouveaux domaines. Il alla, entre autres, à Alby, où il afferma pour trois ans, le 21 septembre 1218, à l'évêque, le Castel-Viel ainsi que toutes ses autres propriétés en la cité d'Alby et aux environs, pour la somme de cent trente livres melgoroises. Amaury de Montfort ne se réserva, pendant ce temps, que le droit de chevauchée et *tous les Français* qui avaient acquis quelque bien sur ce territoire[3].

Cet acte, qui mentionne encore le Castel-Viel dont nous avons déjà eu occasion de parler, nous rappelle que les anciens vicomtes y séjournèrent de temps en temps. En l'an 1163, Raymond V l'avait donné en gagement à Raymond-Trencavel, et le vicomte de Béziers, Raymond-Roger, en avait été dépossédé par Simon de Montfort à la fin de l'an 1209. Quoique le château d'Ambialet fût le chef-lieu politique de la vicomté, il est certain que les

[1] *Hist. gén. de Languedoc*, t. III, p. 265.
[2] Archives du chapitre, fol. 201, ms. 105.
[3] *Hist. gén. de Languedoc*, t. III, p. 307; pr. p. 258. — *Registrum curie Francie* du Trésor des chartes de Carcassonne.

seigneurs de l'Albigeois n'y faisaient pas toujours leur résidence, et l'on sait qu'ils affectionnaient tout particulièrement le Castel-Viel, qui était bien loin, à cette époque, de se confondre avec la cité et qui a longtemps conservé plus tard son existence indépendante, ses priviléges et sa communauté particulière.

Pendant que Raymond VI recouvrait une partie de ses domaines, après la mort de Simon de Montfort, il est probable que Guillaume Petri se hâta de remettre quelques forteresses au pouvoir du comte; car il existe une bulle du 26 novembre 1218 par laquelle Honorius III ordonne à l'évêque d'Alby de restituer sur-le-champ à Bertrand, cardinal légat, le château de Lescure qu'il avait livré aux perfides Toulousains[1]. Le pape se réserve en outre le droit de disposer de ce château, et il défend à l'évêque de s'opposer, de quelque manière que ce soit, à la prise de possession de celui auquel il l'aura donné. Ce document curieux, qui n'a pas été connu de D. Vaissette et dont on trouve la copie dans le *Bullarium* manuscrit de la bibliothèque publique d'Alby, est précédé de certaines lettres du pape Sergius, par lesquelles nous apprenons que le château de Lescure, anciennement donné au saint-siége par les rois de France, avait été concédé à perpétuité à Vedian de Lescure, le 30 mars 1018, moyennant un cens annuel de dix sols raymondins[2].

[1] *Bullarium sanctæ ecclesiæ Albiensis.* — Compayré, *Études historiques sur l'Albigeois*, p. 294.

[2] *Bullarium sanctæ ecclesiæ Albiensis.* — Compayré, *Études histor. sur l'Albigeois*, p. 293.

Deux jours après avoir signé sa lettre de commandement à Guillaume, Honorius III écrit à Bertrand, cardinal-prêtre du titre de Saint-Jean et Saint-Paul et légat apostolique en Provence. Dans cette nouvelle lettre, le pape conseille à son légat de persuader à l'évêque d'Alby de renoncer à son siége; et, dans ce cas, il l'autorise à recevoir sa démission. De plus, il l'engage à procéder à une enquête sur les crimes dont l'évêque est accusé; mais, quoi qu'il en soit, il faut que Guillaume Petri renonce à son épiscopat[1].

Quelles étaient alors les accusations portées contre l'évêque? Nous l'ignorons complétement. Nous voyons seulement, par un acte du mois de juin 1218, qu'en l'année 1213 Guillaume, ayant été outragé par Pons-Maria et Bérenger son frère, avait cru pouvoir se faire approprier leurs biens par une confiscation[2]; mais, à part cet acte, qui nous démontre parfaitement l'avidité du prélat, nous ne savons pas quels furent *les crimes de l'évêque* aux yeux de la cour de Rome. Cependant, il est certain qu'il conserva longtemps encore son siége; car, tout aussitôt après, il multiplia ses donations et ses transactions avec le chapitre de la cathédrale. Un peu plus tard, en 1220, on voit Pierre Éripème, qui prenait la qualité de bailli de l'évêque Guillaume, faire plusieurs libéralités au chapitre de la cathédrale pour l'entretien perpétuel d'une lampe dans le cloître de Sainte-Cécile[3]; enfin, il existe un accord signé

[1] *Bullarium sanctæ ecclesiæ Albiensis.*

[2] Archives de l'évêché, fol. 211, ms. 105.

[3] Archives du chapitre, fol. 234, ms. 105.

le 15 avril 1220, à la suite d'une longue contestation, entre l'évêque, les consuls[1] et les habitants d'Alby, qui semble indiquer que depuis longtemps les citoyens d'Alby luttaient contre les évêques pour le maintien de leurs droits. Dans cette transaction, conclue par l'entremise des chapitres de Sainte-Cécile et de Saint-Salvi, Guillaume permit aux habitants de disposer de leurs biens par testament, en se réservant seulement la succession de ceux qui viendraient à mourir *ab intestat* et sans héritiers. Il déclara en outre n'avoir point droit de quête, de toulte ni d'albergue dans la cité, et promit aux habitants de les maintenir en leurs priviléges, franchises et coutumes[2].

L'année suivante, en 1221, Amaury de Montfort perdant successivement tous les châteaux, villes et places fortes de la province qui étaient en son pouvoir, Guillaume Petri n'hésita pas à se tourner, selon sa coutume, du côté du plus fort, et il s'engagea à livrer la ville au jeune Raymond de Toulouse. Les habitants, heureux de reconnaître le fils de leur comte, n'hésitèrent pas à lui prêter serment de fidélité[3]; mais les consuls se félicitèrent surtout d'avoir pu échapper aux horreurs de la guerre, grâce à la politique habile de leur évêque et seigneur. Pour lui exprimer

[1] Ce titre est le premier dans lequel on voit figurer les consuls. Ils étaient au nombre de douze, c'est-à-dire deux par *gache* ou quartier. Je donne un peu plus loin un acte relatif à l'élection des consuls avec la forme du serment qu'ils devaient prêter à l'évêque.

[2] Archives de l'évêché, fol. 224, ms. 105. — Compayré, *Études histor. sur l'Albigeois*, p. 144. — *Hist. gén. de Languedoc*, édit. Du Mège, t. VI; additions et notes, p. 65.

[3] Massol, *Hist. de l'ancien pays d'Albigeois*, p. 341.

leur reconnaissance de ses bienfaits, dit un manuscrit déjà cité, ils se rendirent, en conséquence « le jour de Noël « 1221, à la maison épiscopale, suivis de la plus grande « partie des habitants et faisant jouer devant eux les flûtes « et les tambours. Arrivés là, ils remercièrent publique« ment le prélat, puis ils l'accompagnèrent au sermon à « Sainte-Cécile. » Depuis ce jour, les magistrats de la ville ont renouvelé tous les ans ce compliment, que les seigneurs-évêques ont constamment appelé *hommage*, et que les consuls se sont toujours obstinés à qualifier simplement du nom de *révérence*.

La nomination d'un chanoine étant devenue nécessaire en l'année 1223, Guillaume déclara, par lettres du 16 juin, que le chapitre de son église avait eu de tout temps le droit d'instituer et d'élire, conjointement avec lui, les archidiacres; mais qu'aucun ecclésiastique ne pouvait être élevé à cette dignité sans avoir été chanoine[1]. L'évêque, reconnaissant aussi que les revenus du chapitre de Sainte-Cécile étaient loin de pouvoir suffire à ses besoins, lui fit plusieurs donations d'églises ou chapelles avec leurs revenus, fiefs, censives, dîmes, prémices et autres droits[2]; puis, le 2 avril, il restitua aux chanoines de la cathédrale leur infirmerie, à la tête de laquelle il plaça Raymond de Alanis. En signant cette restitution, Guillaume s'opposa à ce qu'aucun clerc ou laïque pût se faire soigner hors de l'infirmerie, dont les revenus furent augmentés par la donation de l'église Saint-Victor de Virac, et l'infirmier fut

[1] Preuves, n° X.

[2] Archives du chapitre, fol. 205, 218, 220, 222 et 253, ms. 105.

tenu de leur procurer toutes les choses nécessaires au rétablissement de leur santé[1].

Ce fut peu de temps après l'accomplissement de ces faits que la ville d'Alby envoya une députation au camp d'Avignon pour faire sa soumission au roi de France, qui venait d'acheter d'Amaury de Montfort tous ses droits sur le Languedoc[2]. On ne peut douter que la crainte ne fût pour beaucoup dans cette démarche; mais nous ne savons si elle fut faite à l'instigation de l'évêque, car Guillaume Petri était à cette époque auprès du roi, et il fut l'un des envoyés désignés par Louis VIII pour recevoir en son nom le serment de fidélité des habitants[3]. Toutefois, on peut le supposer par le traité qui fut conclu le 21 août 1227 entre ce prélat, Gaillard de Rabastens, prévôt de Saint-Salvi, les habitants d'Alby et le vicomte de Lautrec. Cette alliance, par laquelle l'évêque et les autres personnages se jurèrent protection réciproque contre leurs ennemis et contre les *faidits* qui étaient sortis de la ville d'Alby et du Castel-Viel, fut faite et octroyée à Sainte-Cécile, à la maison où est le fourneau, *a Sancta Cecilia a la maio on es lo fornels*[4]. Quatre jours auparavant, le 17 août 1227, un échange avait été arrêté et signé entre Guillaume Petri, *évêque*, et Raymond Fraissenel, *prévôt* de la cathédrale, sous l'ormeau placé devant la porte de l'église Sainte-Cécile, *sots lolm davan la porta de la gleia de Sancta Cecilia*[5].

[1] Archives du chapitre, fol. 251.
[2] *Hist. gén. de Languedoc*, t. III, p. 356.
[3] *Ibid.* t. III; pr. p. 312.
[4] Archives de l'hôtel de ville d'Alby, fol. 277, ms. 105.
[5] Archives du chapitre, fol. 270, ms. 105.

Nous citons avec intention cet acte, afin de faire remarquer que Guillaume avait alors résigné les fonctions de prévôt dont il avait été investi, à la prière du chapitre, en 1205. Et ce n'est pas là le premier document qui nous confirme ce fait. On le trouve encore dans l'hommage rendu l'an 1226, en présence de l'évêque, par Ermengaud, seigneur de Combret, qui déclare tenir en fief le château de Combret du prévôt R(aymond) et du chapitre de Sainte-Cécile[1]. Ainsi, il est certain que Guillaume Petri, mis en possession du siége épiscopal d'Alby dès l'an 1185, joignit encore à son titre d'évêque celui de prévôt de la cathédrale pendant plus de vingt ans, c'est-à-dire depuis 1205 jusqu'à 1226 environ.

Cependant, l'évêque d'Alby ne tarda pas à descendre du siége épiscopal, peu de temps après avoir résigné les fonctions de prévôt. Il se démit de l'évêché, vers la fin de l'an 1227, entre les mains du cardinal Romain, légat du saint-siége. «Ce fut sans doute, dit D. Vaissette, à «cause de son grand âge[2];» mais nous sommes plus naturellement porté à voir dans cet acte l'accomplissement du désir d'Honorius III, qui, nous l'avons dit, voulait déjà en 1218 déposséder Guillaume de son siége. Or, depuis cette époque jusqu'à l'année 1227, aucun envoyé de la cour de Rome n'était entré dans l'Albigeois, alors retombé au pouvoir des comtes de Toulouse, et l'on peut raisonnablement supposer que, pendant ce temps, l'évêque d'Alby conserva son autorité malgré la volonté du saint-siége.

[1] Archives du chapitre, fol. 259.

[2] *Hist. gén. de Languedoc*, t. III, p. 367.

Quoi qu'il en soit, le pape Grégoire IX, ayant approuvé la démission de Guillaume Petri, ordonna, le 20 décembre 1227, au chapitre d'Alby, d'élire un évêque dans les quinze jours qui suivraient la réception de cet ordre; à cause du péril où était la foi dans le pays, après avoir toutefois pris conseil de l'archevêque de Bourges, métropolitain du diocèse; sinon il déclarait qu'il avait enjoint à ce prélat d'en nommer un de sa propre autorité. Le chapitre de la cathédrale ayant reçu les lettres du pape le lundi de Pâques 1228, s'empressa donc de désigner trois de ses membres, auxquels il adjoignit l'ancien évêque, pour aller trouver l'archevêque de Bourges, afin de convenir de l'élection; mais Guillaume ne put se rendre au lieu indiqué, à cause de ses infirmités. Les trois autres chanoines durent ainsi partir seuls pour leur destination, et bientôt ils se trouvèrent réunis à Roc-Amadour, chez l'abbé de Tulle; enfin, la veille de Saint-Marc l'évangéliste, le 24 avril, après avoir entendu la messe dans la chapelle de la Vierge de l'église de Roc-Amadour, ils élurent pour leur pasteur, à l'instigation de l'archevêque, Durand, archidiacre de Bourges, *virum litteratum, bonum et honestum et huic dignitati sufficientem*[1].

Environ trois mois après, le 19 juillet, le nouvel évêque fit son entrée dans la ville, où il fut reçu avec les honneurs dus à son rang, tant par le clergé que par les magistrats, qui allèrent le recevoir aux portes de la ville[2].

[1] Archives de l'évêché, fol. 283, ms. 105. — Baluzii *Historia Tutelensis*, p. 161, 529 et seq.

[2] On lit à la suite du procès-verbal de l'élection de Durand, qui se trouve

Dès le commencement de son épiscopat, le 17 février 1229, Durand se fit céder par Pierre, vicomte de Saint-Antonin, moyennant la somme de mille sous melgoriens, tout ce que ce seigneur possédait en la ville d'Alby au Castel viel, au Castel nau et en plusieurs autres lieux, ainsi que les droits qu'il avait sur la monnaie de la ville et la mutation de l'évêque[1]. Peu de mois après il traita de quelques arrangements avec les chanoines de sa cathédrale, et le 31 juillet, veille de Saint-Pierre-aux-liens, il reçut l'hommage de plusieurs seigneurs pour le château et la vallée de Monèstier, ainsi que pour les forteresses, villes ou bastides qui en dépendaient[2].

Il existait à cette époque une grande contestation entre l'évêque et les gens du roi, au sujet de la juridiction d'Alby, sur laquelle chacun prétendait avoir des droits incontestables, l'un en qualité d'évêque et seigneur temporel, et les baillis royaux, pour le roi de France, comme héritier de Philippe de Montfort, lequel, disait-on, avait succédé aux anciens droits des Frotier. L'affaire fut portée devant le vice-légat Pierre de Colmieu (de Collomedio), qui procéda à une enquête minutieuse[3], et, après avoir en-

parmi les manuscrits de la Bibliothèque impériale, cette simple indication de l'entrée de l'évêque : *Anno Domini millesimo ducentesimo vigesimo octavo, mense Julii, decimo quarto kalendas Augusti, feria quarta ante festum beatæ Praxedis, circa meridiem, idem dominus Durantus prædictus Albiensis episcopus, cum magno honore et reverentia facta, tam à clericis quam à laicis Albiensibus, ingressus est civitatem Albiensem.*

[1] Archives de l'évêché, fol. 293, ms. 105.

[2] *Ibid.* fol. 304.

[3] *Hist. gén. de Languedoc*, t. III; pr. p. 354.

tendu les divers témoignages contradictoires, il déclara que la justice haute, la confiscation et la garde des clefs de la ville revenaient de droit à l'évêque et aux prud'hommes d'Alby, et que la justice basse devait être commune entre l'évêque et le bailli royal. Cette sentence fut rendue à Lezignan, le mardi après la Saint-André 1229, en présence du légat romain, cardinal de Saint-Ange et d'Adam de Milly, chevalier, *vice-gérant* du roi de France dans le pays d'Albigeois. Elle fut confirmée dans la suite par Innocent IV, le 31 mars 1251, la huitième année de son pontificat[1].

L'évêque Durand, désormais rassuré sur ses droits comme seigneur temporel d'Alby, n'était cependant pas tranquille sur les biens que son prédécesseur lui avait concédés à titre d'évêque. En effet, pendant la cruelle persécution des Albigeois, pendant ces longues guerres qui avaient porté la ruine dans la province, Guillaume Petri avait acquis pour de très-modiques sommes, ou même s'était fait souvent donner des propriétés appartenant aux laïques. Il avait ainsi augmenté son domaine et celui de son église aux dépens des chevaliers, trop heureux d'obtenir quelques sous raymondins en échange d'un bien qui pouvait facilement devenir la proie du vainqueur; mais Durand ne croyait pas très-fermement à la légitimité de ces concessions, et il partit pour Rome, où le pape Grégoire IX calma ses inquiétudes en lui donnant, le 14 mai

[1] *Gallia Christ.* t. I; instr. p. 8. — Archives de l'évêché d'Alby, fol. 308, ms. 105.

1230, une bulle qui le confirmait dans la possession de toutes les acquisitions faites par son prédécesseur[1].

Deux jours avant le don de cette bulle, le 12 mai, l'évêque d'Alby avait confirmé l'élection d'Adémar à l'abbaye de Castres, en présence de l'archevêque d'Arles ainsi que des évêques de Béziers et de Carcassonne, et le nouvel abbé lui prêta serment dans la basilique de Saint-Nicolas-de-l'Hôpital, située près de la porte de Latran[2].

[1] Archives de l'évêché, fol. 316, ms. 105.
[2] *Ibid.* fol. 312.

CHAPITRE VI.

Mort de Guillaume Petri : contestations entre les chapitres de Sainte-Cécile et de Saint-Salvi au sujet de sa sépulture. — Conduite épouvantable des inquisiteurs à Alby. — Castelnau de Bonafous et les Raymondins d'Albigeois. — L'évêque Durand au siége de Montségur. — Prétentions des officiers du roi contre les droits de l'évêque. — Serment des habitants. — Mort de Durand. — Élection immédiate de son successeur.

Pendant que Durand était à Rome, il arriva à Alby un événement qui porta un instant le trouble dans la ville : l'ancien évêque venait de mourir[1]. Or, peu de temps avant de rendre le dernier soupir, Guillaume Petri avait appelé auprès de lui le prévôt, les chanoines de Sainte-Cécile et son chapelain, et, en présence de tous, il avait déclaré qu'il choisissait la cathédrale pour le lieu de sa sépulture. Aussitôt après la mort du prélat, les chanoines s'occupèrent donc de remplir ses dernières volontés; mais le jour des funérailles, au moment où ils allaient porter le corps du défunt dans l'église, le prévôt et les chanoines de Saint-Salvi survinrent et s'opposèrent, par tous les moyens, à la sépulture de l'évêque, dont ils réclamaient le corps. En présence d'un pareil acte, on dut suspendre la cérémonie et en appeler à des juges. R....., official

[1] On lit dans le nécrologe manuscrit de la bibliothèque d'Alby : *11 kal. junii 1230, obiit dominus Guillelmus Petri episcopus; et sunt pro ejus anniversario centum solidi. Jacet ante majus altare ecclesie veteris.*

d'Alby, et Simon, archiprêtre de Cordes, furent choisis pour arbitres et se mirent sur-le-champ en devoir d'entendre les deux parties. D'abord les chanoines de Saint-Salvi affirmèrent que de tout temps les sépultures des évêques s'étaient faites dans leur église; puis ils alléguèrent que Guillaume, ayant été chanoine régulier parmi eux, n'avait pu librement choisir sa tombe autre part qu'à Saint-Salvi. Mais les chanoines de la cathédrale nièrent la prétention de leurs adversaires; ils dirent ensuite que le jour où le chanoine avait été élu évêque, il était devenu majeur, c'est-à-dire libre de toute tutelle; enfin, ils déclarèrent que Guillaume avait, de vive voix, demandé à être enterré à Sainte-Cécile.

L'official d'Alby et l'archiprêtre de Cordes, ayant ainsi entendu les parties adverses, décidèrent que Guillaume avait eu le droit de choisir sa sépulture, non-seulement comme évêque, mais encore comme simple paroissien. Cette sentence ayant été publiquement prononcée par les arbitres, le pauvre trépassé dont on se disputait ainsi les restes mortels fut revêtu de ses ornements pontificaux, parce qu'il n'avait pas perdu la dignité épiscopale; on le transporta ensuite à Sainte-Cécile, où la messe et l'office des funérailles furent célébrés sans opposition; puis il fut enseveli dans le chapitre du cloître de la cathédrale, en présence de tout le clergé et des habitants de la cité d'Alby, le 22 mai 1230[1].

Au mois de septembre suivant, l'évêque Durand était

[1] Archives de l'évêché, fol. 318, ms. 105. — *Gallia Christ.* t. I, p. 17; instr. p. 6.

de retour à Alby, et il put, quelque temps après, recevoir dans sa cathédrale l'évêque de Tournay, Gautier de Marnes, légat du saint-siége, qui, le 24 mars 1231, rendit une ordonnance portant que les légats faisant leur entrée dans Alby seraient d'abord conduits processionnellement dans l'église de Saint-Salvi, pour la vénération que l'on devait au saint, et ensuite à l'église de Sainte-Cécile, à cause de l'honneur et de la dignité de la cathédrale[1].

Le 13 octobre de la même année, l'évêque d'Alby était à Gaillac, où il fut l'un des médiateurs entre le comte de Toulouse et les abbés de Montauban et de Gaillac[2]; le 8 décembre suivant, il signait, auprès de Lombers, une transaction avec Philippe de Montfort au sujet de quelques forteresses de l'Albigeois[3]; puis, au mois d'avril 1232, il recevait le serment d'Olivier et de Bernard, seigneurs de Penne[4], et, le 11 du mois suivant, il concluait à Cordes, avec le comte de Toulouse, une transaction par laquelle Raymond VII cédait à l'évêque d'Alby le château de Montirat, avec réserve de l'hommage. Ce dernier accord avait été signé d'après le jugement rendu par Pierre, évêque de Rodez, qui avait été choisi pour arbitre par les deux parties, afin de mettre un terme à leurs contestations au sujet des droits seigneuriaux de Monestier, Virac et Montirat[5].

1 Preuves, n° XI.

2 *Hist. gén. de Languedoc*, t. III, p. 391; pr. p. 357.

3 Archives de l'évêché, fol. 332, ms. 105.

4 *Ibid.* fol. 338.

5 *Hist. gén. de Languedoc*, t. III, p. 393. — Compayré, *Études histor. sur l'Albigeois*, p. 322.

Le 20 du même mois de mai, Durand était chargé par le légat du saint-siége, Gautier, de remettre les chanoines de Saint-Vincent de Castres dans la possession de leur église, dont ils avaient été chassés par l'abbé et les religieux, qui prétendaient qu'elle leur appartenait; mais Durand ne put y parvenir malgré tous ses efforts. Ayant d'abord réinstallé les chanoines dans leur possession légitime, il les vit bientôt chassés de nouveau par l'abbé et les moines, qui, non contents de s'établir dans l'église de Saint-Vincent et d'y célébrer l'office divin, en dépit de la sentence d'excommunication de l'évêque, s'emparèrent encore violemment des églises de Sainte-Marie de Platea et de Saint-Jean de Bordellis. Durand dut alors dénoncer les religieux de Castres dans tout le diocèse d'Alby; mais ceux-ci ne tinrent aucun compte des menaces de l'évêque, qui renouvela son excommunication et la signifia quatre ans après, aux diocèses voisins, par lettres datées de Castres, le 28 mai 1236[1]. Ce prélat termina enfin l'année 1232, en signant, le 20 juillet, une transaction avec Raymond de Falgar, nouvel évêque de Toulouse, au sujet des limites de leurs diocèses, qui n'étaient pas très-nettement établies depuis le temps des croisades, c'est-à-dire depuis vingt-trois ans[2].

Il existait aussi, vers ce temps, une contestation entre les chapitres de Sainte-Cécile et de Saint-Salvi au sujet de *l'honneur* ou des biens de Sainte-Martianne, sur lequel chacun prétendait avoir des droits. Une enquête eut lieu par-

[1] D. Martène et D. Durand, *Thesaurus novus anecdotorum*, t. I, p. 996.

[2] Archives de l'évêché, fol. 343, ms. 105.

devant quatre arbitres, et, dans le courant de l'année 1233, ils rendirent une sentence par laquelle il fut reconnu que l'honneur de Sainte-Martianne avait été acquis par les chanoines de Saint-Salvi et devait par conséquent leur appartenir. Quant aux dîmes, elles devaient être également partagées entre les deux chapitres. Il fut aussi établi alors que l'église de Saint-Salvi n'avait le droit de sonner ses cloches qu'après celles de la cathédrale, excepté aux fêtes de Saint-Salvi, Saint-Nicolas et Saint-Jean-Baptiste, ainsi qu'à l'anniversaire de la consécration de l'église[1]. Il y eut encore plusieurs autres arrangements stipulés dans cette sentence, qui rappelle les différends constamment existants parmi le clergé dans un temps où les ecclésiastiques s'occupaient beaucoup plus de leurs propres intérêts que du salut des peuples.

A cette même époque, les inquisiteurs de la foi parcouraient le pays et poussaient partout leur zèle à des excès inconcevables. Sur le plus léger soupçon d'hérésie, ils faisaient torturer des malheureux qui avouaient parfois des crimes dont ils n'avaient jamais eu la moindre idée, et les habitants voyaient chaque jour des innocents brûlés publiquement ou pendus par les pieds au sommet des plus hautes tours. Tant de sévérité, nous pourrions dire tant de cruauté de la part des inquisiteurs, devait naturellement aigrir l'esprit des populations, qui les insultèrent ou les maltraitèrent plusieurs fois; les habitants de Cordes en vinrent même au point de massacrer trois frères domi-

[1] Archives du chapitre, fol. 357. ms. 105.

nicains au milieu de leurs satellites, et ils jetèrent leurs cadavres au fond d'une citerne placée au centre de la ville[1].

Cet événement avait eu lieu en 1233. L'année suivante, il se passa à Alby un fait non moins curieux et que nous ne pouvons passer sous silence, parce qu'il se rattache essentiellement à l'histoire de la cathédrale.

Deux religieux de l'ordre des frères Prêcheurs, Arnaud Catalan et Guillaume Pelisse, exerçaient à cette époque les fonctions d'inquisiteurs à Alby, et dans cette ville, comme dans les villes voisines, leurs jugements excitaient souvent des murmures parmi les habitants. Mais un jour, l'indignation du peuple fut à son comble : les têtes se montèrent, les murmures se changèrent en menaces. Non contents de disposer des bûchers et des échafauds, de condamner des hommes à aller servir outre-mer ou à être bâtis entre quatre murailles, les inquisiteurs voulaient faire le procès aux cadavres. A cette nouvelle, un cri d'horreur s'élève dans toute la population; mais les deux religieux n'en continuent pas moins leurs procédures, et font exécuter les arrêts, sans s'inquiéter des rumeurs menaçantes qui grondent autour d'eux.

Un jour, frère Arnaud Catalan rendit une sentence portant que les corps de quelques personnes mortes dans des sentiments erronés seraient exhumés, et il décida que l'exécution de ce jugement aurait lieu le jeudi d'après la Pentecôte. Or, ce jour-là l'évêque tenait un synode dans

[1] J. J. Percin, *Monumenta conventus Tolosani ord. ff. Præd.* p. 48, n° 11.

la cathédrale d'Alby. Une immense multitude d'hommes, de femmes, de prélats remplissait Sainte-Cécile, quand tout à coup frère Arnaud se lève en présence de l'évêque Durand, et ordonne au bailli et aux officiers de ce prélat de faire déterrer le cadavre d'une femme hérétique inhumée dans le cimetière de l'église Saint-Étienne[1]. Surpris de cet ordre inattendu, et craignant d'exciter un soulèvement populaire, les officiers refusent formellement d'obéir. Alors l'inquisiteur, suivi de quelques ecclésiastiques, se rend lui-même à Saint-Étienne, et, ayant pris une bêche, il donne l'exemple du sacrilége en portant les premiers coups à la terre; puis il retourne à la cathédrale pour y attendre le résultat de la sentence qu'il a rendue.

Frère Arnaud venait à peine de reprendre sa place, lorsqu'il voit arriver dans Sainte-Cécile les gens de l'évêque chassés du cimetière et poursuivis par le peuple furieux. Loin de faire réfléchir l'inquisiteur sur la mesure qu'il a prise, cette nouvelle opposition l'irrite davantage, et il revient aussitôt sur les lieux pour se faire obéir; mais cette fois la colère du peuple ne connaît plus de bornes. Bientôt frère Arnaud est environné de deux ou trois cents personnes qui se jettent sur lui, le maltraitent et profèrent même des cris de mort. Les moins exaspérés de cette foule veulent le chasser de la ville. On l'entraîne ainsi dans une

[1] L'histoire a conservé le nom de cette femme : on l'appelait Beissière, et elle avait été l'épouse d'un certain Brostaion, condamné comme hérétique. — L'église Saint-Étienne, qui n'existe plus aujourd'hui, était située dans le faubourg du Bout-du-Pont. (Voy. la bulle du pape Innocent III, du 21 mars 1215, fonds Doat, ms. 105. Archives du chapitre, fol. 201.)

rue voisine, et il va peut-être mourir frappé de la main vengeresse d'une de ses victimes, quand tout à coup il parvient à s'échapper et à regagner la cathédrale. Placé ainsi à l'abri de la fureur populaire, l'inquisiteur n'écoute que sa colère, et, malgré l'intervention des consuls, malgré les prières de l'évêque Durand lui-même, il excommunie la ville tout entière[1].

Longtemps encore Alby eut à subir les persécutions et le fanatisme de cet inquisiteur. Les supplications, les souffrances des Albigeois ne purent arrêter les effets de sa vengeance, et ce ne fut qu'après quatre ans que la terrible sentence d'excommunication fut révoquée, en même temps que frère Arnaud était pour toujours interdit de ses fonctions.

Il est vraiment pénible de reporter sa pensée sur des scènes aussi déplorables. Ne les jugeons pourtant pas avec l'esprit de notre siècle. Sans doute nous devons regretter que des hommes impitoyables se soient couverts du manteau d'une religion toujours douce et compatissante, pour masquer leur ambition ou satisfaire leur vengeance; mais il faut croire aussi que des circonstances souvent trop impérieuses ont seules fait répandre tant de larmes et de sang à cette époque. Loin de nous indigner, plaignons donc les hommes de ce temps, et prenons en pitié les persécuteurs aussi bien que les persécutés.

Cependant les exécutions inquisitoriales devinrent bientôt moins fréquentes dans la province; puis elles furent sus-

[1] D. Martène, *Thesaurus novus anecdot.* t. I, p. 985 et seq. — Percin, *Monum. conv. Tolos. ord. ff. Præd.* p. 48, n°s 15 et 16.

pendues en 1237, pour quelques années, par Grégoire IX, à la prière du comte de Toulouse[1]. Raymond obtint même alors du pape son absolution, avec dispense de passer outre-mer, d'après le témoignage de l'évêque d'Alby et des abbés de Saint-Sernin de Toulouse et de Grandselve[2]; enfin, en 1241, Durand et le prévôt de Saint-Salvi prononcèrent, en qualité de commissaires choisis par le souverain pontife, la dissolution du mariage du comte de Toulouse avec Sancie d'Aragon[3].

Dès le mois de mars 1235 (1236), Raymond VII, étant à Alby, avait acheté pour six mille sous cahorciens, de Guillaume Frotier et de Sicard son frère, tous les droits qu'ils avaient encore dans la ville d'Alby, au Castel-Viel et dans tout le diocèse, soit forteresses, terres, seigneuries ou censives[4]. Le lundi après l'octave de la Toussaint de l'an 1237, étant à Ville-Dieu, il déclara que les différends existants entre le chapitre de Sainte-Cécile et lui avaient été terminés d'après le jugement de Raymond, évêque de Toulouse[5]; puis, le 20 avril 1241, étant à Lunel, il reconnut tenir en fief de Durand, évêque d'Alby, le château de Bonafous que Sicard d'Alaman tenait en fief de lui-même[6].

[1] Guill. de Podio-Laurentii *Chronic.* cap. XLIII. — *Hist. gén. de Languedoc*, t. III, p. 411.

[2] Raynaldi *Annales*, an. 1238, n° 52, et an. 1239, n° 71.

[3] Guill. de Podio-Laurentii *Chronic.* cap. XLIV.

[4] Archives de l'évêché, fol. 361, ms. 105.

[5] Archives du chapitre, fol. 371, ms. 105.

[6] Archives de l'évêché, fol. 377, ms. 105. — *Hist. gén. de Languedoc*, t. III; pr. p. 401.

Ce château, dont on doit la fondation au même Sicard d'Alaman, avait été bâti dans un lieu appelé jadis le *Puech* ou le *Puy de Bonafocens*, que le comte Raymond inféoda au mois de janvier 1234 (1235) à ce seigneur, sous l'albergue de cent chevaliers et le service militaire de deux chevaliers et trois sergents, à condition qu'il y construirait un château ou une ville[1]. Plus tard, en 1248, Castelnau de Bonafous fut destiné à la fabrication des raymondins d'Alby, monnaie qui devait avoir cours dans l'Albigeois, le Rouergue et le Quercy, et dont le comte, l'évêque et Sicard d'Alaman partagèrent le profit[2]. Ce château, dont on ne voit que les ruines, est connu aujourd'hui sous le nom de Castelnau de Lévis, parce qu'il a longtemps appartenu à une branche de la maison de Lévis.

D'après tous les actes qui nous restent du temps de Durand, il est certain que cet évêque était aussi dévoué à Raymond de Toulouse que son prédécesseur l'avait été à Simon de Montfort. Il le suivait partout, et l'on peut dire qu'il lui rendit souvent des services importants. Cependant il ne négligeait ni les besoins de la ville, ni les intérêts de l'église. On en a déjà vu maintes preuves. Ajoutons encore que le 13 février 1237 il ordonna, d'après l'autorisation et l'agrément des prud'hommes, que les deniers communs de mille sous raymondins et au-dessus se-

[1] Compayré, *Études histor. sur l'Albigeois*, p. 312. Extrait des archives de la mairie d'Alby. — Archives de l'évêché, fonds Doat, ms. 107, fol. 101 verso.

[2] Archives de l'évêché. — *Hist. gén. de Languedoc*, t. III, p. 425; pr. p. 469.

raient imposés au sou la livre, suivant la coutume de Toulouse et de Montpellier[1]. Puis, trois ans après, il reçut de Philippe de Montfort des lettres datées du 7 août 1239, par lesquelles ce seigneur reconnaissait devoir au prévôt (Bernard)[2] et aux chanoines de la cathédrale vingt *libratas* de terre qui leur avaient été données par Simon de Montfort, et leur promettait vingt livres melgoroises de rente annuelle qui devaient leur être payées par son sénéchal de Lombers jusqu'au jour où il pourrait acquitter sa dette[3]. Philippe de Montfort, dont il est ici question, mourut l'an 1260, laissant une rente annuelle de six livres pour la célébration de son anniversaire dans la cathédrale d'Alby[4].

Peu de temps après que Louis IX eut disposé en faveur de son frère (1241) des comtés de Poitou et d'Auvergne et des terres d'Albigeois pour les posséder à perpétuité[5], le comte de Toulouse prit les armes contre le roi et entraîna dans sa révolte plusieurs comtes, vicomtes et seigneurs avec les habitants d'Alby, qui agirent probablement alors sous l'impulsion de leur évêque, entièrement dévoué

[1] Archives de l'évêché, fol. 369, ms. 105. — Compayré, *Études hist. sur l'Albigeois*, p. 149.

[2] D. Vaissette se trompe en mentionnant ici Bernard de Combret comme évêque. A cette époque, Bernard n'était encore que prévôt de la cathédrale : il ne fut élevé au siége épiscopal qu'en 1254.

[3] Archives de l'évêché, fol. 373, ms. 105.

[4] « Obiit dominus Philippus Montis-Fortis miles, anno M CC LX; et sunt pro ejus anniversario VI lib. » — *Antiq. necrol. ecclesie Albiensis*, ms. de la bibliothèque publique d'Alby.

[5] Guill. de Nangiaco *Gesta sancti Ludovici noni Francorum regis*, edid. Duchesne, t. V, p. 336.

à Raymond VII[1]. Cependant, avant de se mettre en campagne, le comte voulut prouver qu'il n'avait aucune intention de favoriser les hérétiques, et il exhorta les évêques d'Agen, d'Alby, de Carcassonne et de Rodez à poursuivre tous ceux qui seraient convaincus d'hérésie dans ses États, mais il supplia cependant ces prélats de ne point confier les fonctions d'inquisiteur aux frères Prêcheurs, qui avaient encouru la haine des populations, et d'employer plutôt les religieux de Cîteaux ou les Franciscains[2].

D. Vaissette pense que Raymond ne dut pas commencer son expédition avant le 11 juin 1242, puisque ce jour-là, étant encore à Toulouse, il accorda aux juifs de cette ville la permission de vendre leurs maisons de la rue Joutz-Aigues[3]. Nous pouvons ici confirmer l'opinion du savant historien, en ajoutant que, quatre jours après, le 15 juin, le comte passait à Alby, où il recevait le *serment* des consuls de la ville, Izarn-Geisse, Izarn-Maillé et autres habitants de la cité, «sauf les droits du seigneur-évêque, de son église et de son clergé[4].»

On sait que cette guerre du comte Raymond contre le roi de France fut de peu de durée. Quelques mois après il avait fait sa soumission à Louis IX[5], et, par lettres don-

[1] Guill. de Podio-Laurentii *Chronic.* cap. XLV.

[2] *Hist. gén. de Languedoc*, t. III; pr. p. 430. — Percin, *Monum. conv. Tolos.* p. 52.

[3] *Hist. gén. de Languedoc*, t. III; pr. p. 433. — Catel, *Mém. de l'hist. du Languedoc*, p. 237.

[4] *Inventaire raisonné des titres du vénérable chapitre métropolitain de Sainte-Cécile d'Alby*, t. III.

[5] *Hist. gén. de Languedoc*, t. III, p. 436.

nées au mois de décembre 1242, il déchargea les consuls, la commune et la ville d'Alby, du serment et des obligations auxquels ils avaient été tenus jusque-là.

Cet acte, qui est rapporté d'après les manuscrits de Peiresc dans l'admirable ouvrage que nous suivons pas à pas[1], et dont nous avons vu une copie à la bibliothèque de la ville de Toulouse[2], a été longtemps cité comme le premier qui mentionnât l'administration consulaire d'Alby. Plus tard M. Compayré, et après lui MM. Roger et Du Mège, ont cité l'accord passé, en 1220, entre l'évêque Guillaume Petri et les consuls et habitants de la ville. Nous ne rappellerons pas ce que nous avons déjà dit nous-même de l'origine du consulat; mais nous ferons remarquer les deux noms que nous venons de citer pour la première fois, d'après l'*Inventaire des titres de l'église d'Alby*, et qui sont encore les plus anciens connus. On a pu voir, en outre, parmi les documents que nous avons mentionnés, combien les habitants intervinrent souvent dans les actes du seigneur-évêque, et, pour n'en citer qu'un, nous signalerons celui de l'an 1188, inédit jusqu'à ce jour, que nous publions parmi les preuves, et dans lequel on trouvera une liste fort longue de tous les prud'hommes et bourgeois d'Alby à cette époque. Cet acte n'est pas le moins curieux de ceux que nous faisons connaître.

Les faits que nous venons de rapporter se passaient

[1] *Hist. gén. de Languedoc*, t. III; pr. p. 416.

[2] Dans un volume manuscrit intitulé, *Elucubrationes Massilienses*, portant le n° 68, colligé par le R. P. François Laporte, religieux de l'abbaye de Saint-Victor de Marseille.

pendant que Durand signait, de son côté, le 28 juin 1242, une transaction avec les chanoines de sa cathédrale au sujet de quelques églises données par Guillaume Petri, et au nombre desquelles nous remarquons Sainte-Marie de la Drèche[1]. L'évêque concluait aussi, vers le même temps, divers échanges entre le prévôt et le chapitre de Saint-Salvi; enfin il accordait, le 25 septembre, à cette église, certains droits sur diverses églises paroissiales[2].

L'année suivante, au mois d'avril 1243, Durand assistait au concile de Béziers[3], où Raymond vint porter ses plaintes contre les inquisiteurs qui l'avaient excommunié[4], et, au commencement de l'année 1244, il se trouvait au concile de Narbonne, dans lequel on régla la procédure des inquisiteurs[5]; puis il se joignit à Pierre Amelii, archevêque de Narbonne; Hugues d'Arcis, sénéchal de Carcassonne; Raymond de Campendu et divers autres seigneurs qui avaient résolu d'entreprendre le siége de Montségur, principale place d'armes et dernier refuge des hérétiques et des proscrits. Il assista aux assauts et à la capitulation de cette place vers la mi-carême de l'an 1244, et comme les sectaires, au nombre de deux cents, refusaient d'écouter sa voix ainsi que celle de l'archevêque de

[1] Archives de l'évêché, fol. 7. fonds Doat, ms. 106.

[2] *Ibid.* fol. 17.

[3] D. Lucæ d'Achery *Spicileg.* t. III, p. 621.

[4] L'excommunication lancée en 1242 contre Raymond VII, comte de Toulouse, par les inquisiteurs de l'ordre des frères Prêcheurs, fut levée par le pape Innocent IV, le 16 mai 1244. — Compayré, *Études hist. sur l'Albigeois*, p. 235.

[5] *Hist. gén. de Languedoc*, t. III, p. 585.

Narbonne, il les fit périr dans les flammes au milieu d'un immense bûcher dressé au pied de Montségur[1].

Après cette expédition, l'évêque retourna à Alby, et, le 13 mai 1245, il compléta son ordonnance de 1236 sur les tailles, en déclarant, de l'avis et consentement des prud'hommes de la cité, que les impositions au-dessus de mille sous raymondins se feraient au sou la livre, et que celles qui resteraient au-dessous seraient laissées à la discrétion des prud'hommes[2]. Le même jour, il approuvait les coutumes et priviléges de la ville, et les magistrats s'empressaient aussitôt de les faire consigner dans un livre, que l'on nomma plus tard *le vieux barbare*, et sur lequel on a successivement inscrit depuis toutes les libertés et franchises de la cité d'Alby[3].

Le 26 avril 1247, Durand acheta, moyennant le prix de mille sous melgoriens, à Guillaume de Minerve, chevalier, tout le fief que les seigneurs et chevaliers de Castel-Viel tenaient de lui en la cité d'Alby et à Castel-Viel[4]; puis, après cette acquisition, il se rendit à Toulouse, où le comte Raymond, qui cherchait tous les moyens de procurer la sépulture ecclésiastique à son père, faisait procéder à une enquête dans la maison des Templiers de Toulouse. Il assista à cette information, qui dura depuis le commen-

[1] *Hist. gén. de Languedoc*, t. III, p. 447. — Catel, *Hist. des comtes de Tolose*; pr. p. 162. — Registre de l'inquisition de Carcassonne.

[2] Archives de l'évêché, fol. 25, ms. 106. — Compayré, *Études hist. sur l'Albigeois*, p. 150.

[3] Archives de l'hôtel de ville d'Alby.

[4] Archives de l'évêché, fol. 29, ms. 106.

cement de juillet jusqu'au 24 du même mois, et dans laquelle on entendit plus de cent témoins[1].

Dans ce même mois de juillet 1247, Durand publia diverses bulles de papes ou lettres d'archevêques et d'évêques accordant des indulgences en faveur de ceux qui contribueraient à la bâtisse de la cathédrale d'Alby, ruinée par les guerres et les hérétiques. C'est là le premier acte qui nous signale la dégradation du monument, et le fait que nous enregistrons ici, d'après une indication sommaire de l'*Inventaire des titres de la cathédrale d'Alby* (t. I), nous fait vivement regretter la perte de cette pièce. Nous y eussions peut-être trouvé d'utiles renseignements sur les dégâts causés à l'église Sainte-Cécile; mais, dans l'état des choses, nous devons nous borner à signaler l'acte, avec l'espoir qu'on pourra un jour compléter cette indication au moyen de quelque document authentique.

L'évêque recommençait ensuite à s'occuper des poursuites de l'inquisition, comme gérant les affaires de la foi dans sa ville et dans son diocèse, lorsque, vers la fin de l'année, le 2 décembre, il reçut du pape Innocent IV la permission de délivrer les hérétiques qui y étaient renfermés et qui donnaient de véritables marques de repentir, à condition qu'on leur imposerait d'autres peines convenables. Cette autorisation, qui a été rapportée par D. Vaissette[2], fut complétée quelques mois après, le 2 mars 1248, par une nouvelle bulle du pape, qui permit cette fois à l'évêque d'Alby de lever la pénitence des hommes condam-

[1] *Hist. gén. de Languedoc*, t. III, p. 456.

[2] *Ibid.* pr. p. 467.

nés à être emmurés, *muro clausi*[1], pour crime d'hérésie, à la condition par eux de prendre le signe de la croix et de partir pour la terre sainte[2].

Ce fut à peu près vers ce temps, le 21 juin 1248, que Durand signa, dans le Château narbonnais de Toulouse, un accord avec Raymond VII et Sicard d'Alaman au sujet de la monnaie d'Alby, dont nous avons déjà parlé, et dont la fabrication avait lieu dans le château de Bonafous[3].

L'année suivante, le 28 juin 1249, l'évêque jura aux consuls et habitants d'Alby de leur prêter main-forte contre tous ceux qui leur intenteraient procès au sujet de l'hôpital de Vigan, dans lequel ils voulaient établir un couvent de religieuses, et il promit de les aider dans l'accomplissement de cette institution, qu'il s'engagea à soutenir et à défendre[4]. Il venait de signer cet acte dans la maison qui est sous la sacristie de l'église de Sainte-Cécile, *in domo quæ est subtus sacristiam ecclesiæ Sanctæ Ceciliæ*, lorsqu'il apprit que Raymond de Toulouse venait de tomber gravement malade à Prix, auprès de Rodez. A cette nouvelle, Durand se hâta de se rendre auprès du comte, et il administra le saint viatique à ce prince, qui le reçut avec

[1] On appelait immurati les malheureux qui étaient condamnés à être ainsi pour toujours renfermés dans de petites cellules séparées. C'est de la corruption de ce mot que les Toulousains ont longtemps dit *lous Armurats*, pour désigner les prisons qui servaient autrefois à cet usage.

[2] *Bullarium sanctæ ecclesiæ Albiensis.*

[3] *Hist. gén. de Languedoc*, t. III; pr. p. 469. — La traduction de cette charte se trouve dans l'ouvrage de M. P. Roger, intitulé : *Archives historiques de l'Albigeois et du pays Castrais*, p. 111.

[4] Archives de l'évêché, fol. 50, ms. 106.

une piété exemplaire. Raymond s'étant fait ensuite transporter à Milhaud, y dicta, le 23 septembre 1249, son testament, que l'évêque d'Alby signa comme témoin et dont il fut désigné comme l'un des exécuteurs; quatre jours après, le comte mourait dans cette ville[1].

Aussitôt après la mort de Raymond, la reine mère, Blanche de Castille, envoya des commissaires pour prendre possession des États du comte de Toulouse, au nom d'Alphonse, comte de Poitiers, et de Jeanne de Toulouse, sa femme. Ces commissaires reçurent le serment de fidélité de presque tous les seigneurs et les peuples de la province; mais il paraît que quelques-uns d'entre eux contestèrent à la couronne de France certains droits seigneuriaux. Nous savons en effet que l'évêque d'Alby fut obligé d'avoir recours à l'intervention d'Innocent IV, qui, étant à Lyon le 31 mars 1250, fit droit aux réclamations de Durand en confirmant la sentence rendue, en 1229, par Pierre de Colmieu, au sujet des différends existants entre l'évêque et les baillis du roi. Le pape renouvela même l'acte par lequel il était établi que le serment des habitants, la justice haute de la cité, la garde des clefs, les confiscations, les amendes et le droit de faire les publications appartenaient à l'évêque d'Alby, tandis que la justice basse était commune entre l'évêque et les héritiers des Frotier[2].

Malgré cette décision, les officiers du roi ne se tinrent

[1] Guill. de Podio-Laurentii *Chronic.* cap. XLVIII. — Catel, *Hist. des comtes de Tolose*, p. 373. — *Hist. gén. de Languedoc*, t. III, p. 464.

[2] Archives de l'évêché, fol. 60, ms. 106.

pas pour battus, et ils maintinrent leurs exigences. Le sénéchal de Carcassonne et le bailli royal qui résidait à Alby, croyant même que le roi était lésé par ce jugement, n'y eurent aucun égard. L'évêque, de son côté, soutint ses prétentions avec beaucoup de chaleur; enfin les habitants de la ville, ayant pris le parti de leur prélat, chassèrent de la ville le bailli du roi et s'opposèrent à la levée de l'impôt. Le sénéchal de Carcassonne fit alors citer les consuls et l'évêque à son tribunal pour les obliger à faire satisfaction; mais ils refusèrent de comparaître. Plus tard même ils prirent les armes, s'assurèrent des portes de la ville et s'élevèrent de nouveau contre les officiers du roi, de telle sorte qu'ils auraient tué le bailli si Pierre, vicomte de Lautrec, ne l'eût fait évader[1].

Guillaume de Pian, sénéchal de Carcassonne, porta plainte de ces nouveaux griefs à la cour de France; il fit même une nouvelle information pour savoir quels étaient les droits des anciens vicomtes, et, d'après un mémoire qu'il adressa à la reine Blanche, en 1252[2], il établit que jadis le vicomte d'Alby recevait le serment des habitants. Mais cette assertion est en désaccord avec quelques témoins de l'enquête faite en 1229, qui affirmèrent que la ville, sous l'autorité des Trencavel, ne prêtait jamais serment ni au comte de Toulouse, ni au vicomte d'Alby. Elle y aurait été astreinte seulement à l'égard de l'évêque. Toutefois on a pu voir précédemment qu'il n'en était pas ainsi, en 1242, d'après l'acte de prestation de serment fait au

[1] *Hist. gén. de Languedoc*, t. III, p. 493.
[2] *Ibid.* t. III; pr. p. 492. — Archives du domaine de Carcassonne.

comte de Toulouse et les lettres du même comte, du mois de décembre de la même année, déchargeant les habitants d'Alby du serment et des obligations auxquels ils étaient tenus.

Dans cette enquête de 1229, il est encore dit que l'évêque d'Alby concourait jadis avec les chanoines de Sainte-Cécile et les hommes notables de la ville à l'élection de l'évêque. L'intervention du peuple dans les élections épiscopales était en effet de vieille date, ainsi que le prouve la Chronique des évêques d'Alby, dans laquelle on lit, à propos de Citruin, qui gouverna l'église vers l'an 690 : *Antistes factus judicio est populi*. Mais les usurpations successives des seigneurs portèrent d'abord une rude atteinte à ce droit du peuple, et, à l'époque où nous sommes arrivés, il était complétement tombé en désuétude, à ce point même que l'élection de Durand avait été faite par *trois* chanoines seulement, d'après l'ordre formel du pape et sous l'inspiration de l'archevêque de Bourges.

Pendant que Guillaume de Pian adressait son mémoire à la reine Blanche, il assemblait un corps de troupes et se disposait à assiéger la ville d'Alby. L'évêque, voulant se mettre en mesure de résister efficacement à ces attaques, vendit aux habitants de Gaillac, moyennant la somme de dix-neuf mille sous cahorciens, le droit de *pezade* qu'il avait dans leur ville[1]. Il signa cet acte dans l'église Saint-Pierre de Gaillac, le 6 des nones de mars 1251 (2 mars 1252); puis, avec son chapitre, les abbés, les

[1] *Hist. gén. de Languedoc*, t. III; pr. p. 495. — Archives de l'évêché, fol. 68, ms. 106.

prieurs et autres ecclésiastiques de son diocèse, il exposa de nouveau au pape la situation dans laquelle il se trouvait, et, le 18 mai 1252, Innocent IV enjoignit à l'archevêque d'Auch d'employer les censures ecclésiastiques pour mettre les officiers du roi à la raison[1]. Mais l'excommunication elle-même n'eut aucun effet sur les commissaires royaux, qui continuèrent leurs vexations envers l'évêque; ils parvinrent même à détourner du parti du prélat plusieurs chevaliers et habitants d'Alby, qui ne craignirent pas d'injurier les membres du chapitre de la cathédrale, et en vinrent au point de se porter à des violences coupables envers les chanoines[2]. Le prévôt de Sainte-Cécile, Bernard de Combret, signala ces actes au pape, qui chargea le prieur de Sainte-Marie des Tables, au diocèse de Montpellier, d'en informer et de punir au besoin les coupables. Celui-ci, en vertu de la bulle d'Innocent IV, ordonna au prieur de Sainte-Martianne et au chapelain de Saint-Salvi de citer à son tribunal, pour le 20 juin, Guillaume du Puy, Aimeric Raynaldi, chevaliers; Maurice Guinon, Guillaume Augier, ainsi que Fulbert et Guibert Ichard, chevaliers du Castel-Viel; mais tous refusèrent de comparaître, et une nouvelle assignation, fixée au 19 octobre, n'eut pas plus d'effet[3].

La guerre existait donc toujours entre le sénéchal de Carcassonne et l'évêque Durand, lorsque ce dernier vint à mourir le vendredi avant la Saint-Laurent de l'an 1254.

[1] *Hist. gén. de Languedoc*, t. III, p. 476.

[2] Archives du chapitre, fol. 103, ms. 106.

[3] Preuves, n° XII.

Dans les tristes circonstances où se trouvait l'église d'Alby, la perte de l'évêque était un immense malheur qu'il fallait se hâter de réparer. Le chapitre de Sainte-Cécile se rappelait, en outre, ce qui était arrivé lors de la démission ou destitution de Guillaume Petri, et, pour conserver ses droits, il résolut de procéder sur-le-champ à l'élection d'un nouvel évêque. En conséquence, le lendemain de la mort de Durand, c'est-à-dire le samedi, aussitôt après avoir rendu les derniers devoirs au prélat, les chanoines se rassemblèrent dans la salle du chapitre et procédèrent à son remplacement. Bernard de Combret, prévôt de la cathédrale, y fut élu à l'unanimité. Le procès-verbal de cette nomination fut ensuite adressé à l'archevêque de Bourges, qui l'approuva à la fin du mois d'octobre de la même année[1].

[1] Je n'ai pas donné le procès-verbal de l'élection de Durand qui se trouve dans l'*Histoire de Tulle* de Baluze, p. 529 et suiv. mais je crois devoir publier ici celui de la nomination de Bernard de Combret, qui est resté inédit jusqu'à ce jour et ne manque cependant pas d'intérêt historique. (Voyez Preuves, nº XIII.)

CHAPITRE VII.

Bernard de Combret se met sous la protection de l'archevêque de Bourges. — A recours aux armes pour combattre le sénéchal de Carcassonne. — Transige avec le roi au sujet de la justice temporelle. — Règlement sur l'administration consulaire. — Origine du jury. — Mort de Bernard de Combret. — Vacance du siége épiscopal.

Dès les premiers jours de son administration, Bernard de Combret montra l'intention de suivre la pensée de son prédécesseur et de soutenir les mêmes droits. Voulant donc se mettre à l'abri des poursuites des officiers du roi, il implora la protection de Philippe, archevêque de Bourges, son métropolitain, dont il se déclara vassal, et il lui fit hommage, au mois de mars 1254 (1255), pour sa ville épiscopale, ainsi que pour les châteaux, terres et autres droits qui en dépendaient[1]. Le mardi après Pâques de l'an 1255, l'évêque d'Alby reçut les lettres d'attestation de son hommage contenant les promesses de l'archevêque. Elles lui furent délivrées par le doyen et le chapitre de Bourges[2], et peu de temps après il

[1] D. Martène, *Thesaurus anecdot.* t. I, p. 1057. — *Gallia Christ.* t. I, instr. p. 8.

[2] L'acte d'hommage se trouve rapporté dans le *Thesaurus anecdotorum* de D. Martène, et l'acceptation de l'hommage a été également publiée dans les *Instruments* du *Gallia Christiana*. Je complète la série de ces documents en donnant aux Preuves (n° XIV) les lettres d'attestation du chapitre de Bourges.

était de retour dans son diocèse où, avec plusieurs évêques et prélats des provinces de Narbonne, Bourges et Bordeaux, il assistait en l'église de Sainte-Cécile à un concile présidé par Zoen, évêque d'Avignon, légat du saint-siége, dans lequel on dressa soixante et onze canons, principalement pour arriver à l'entière extirpation de l'hérésie en Languedoc[1].

Sans doute aucun acte ne vient ici corroborer notre affirmation sur la présence de l'évêque au concile tenu à Alby; et cependant tout nous porte à le croire. Le troisième dimanche de carême, il se trouvait, à la vérité, à Bourges, et le lendemain lundi, l'archevêque métropolitain déclarait avoir accepté son hommage pour la ville d'Alby; mais quelques jours après avoir reçu les lettres d'attestation du chapitre, il dut certainement quitter Bourges et put ainsi se trouver à Alby pour l'ouverture du concile. Et cette probabilité deviendra une certitude pour tout le monde, si on admet, avec D. Vaissette, que le concile tenu par Zoen eut lieu en 1255 et non en 1254, puisque Innocent IV, mort au mois de décembre 1254, y est qualifié (can. xxxv) pape *de bonne mémoire*. Citons enfin, comme dernière preuve à l'appui de la présence de l'évêque dans son diocèse, un acte de Bernard donné à Gaillac l'an 1255, rapporté par M. Compayré d'après un manuscrit de Carcassonne, et dans lequel l'évêque concède aux inquisiteurs dans l'Albigeois le droit d'accorder des indulgences de vingt et même de quarante jours[2].

[1] *Sacros. concilia*, t. XI, col. 722.
[2] *Études hist. sur l'Albigeois*, p. 235.

Quoi qu'il en soit, Bernard de Combret s'occupait activement des soins de son diocèse, et il venait d'autoriser et de confirmer, le 19 avril 1258, un règlement fait entre le prévôt et les chanoines de la cathédrale au sujet de la distribution des revenus et pour la répartition des droits et des devoirs entre les membres du chapitre[1], lorsque de nouvelles attaques de la part des gens du sénéchal de Carcassonne l'obligèrent de recourir aux armes. Appuyé du secours d'Izarn et d'Amaury, vicomtes de Lautrec, de Raymond de Lescure, Guillaume de Monestier et plusieurs autres seigneurs, il mit sur pied un corps de troupes, au mois de juillet 1258, et ravagea bientôt le pays. Il porta même ses armes contre l'abbé de Gaillac, qui avait pris le parti du bailli du roi et se trouvait soutenu par Bertrand, vicomte de Bruniquel, ainsi que par l'un des vicomtes de Lautrec, Bertrand, fils de Sicard, lequel cependant avait reconnu, le 29 janvier 1257, devoir l'hommage à Bernard de Combret pour quelques terres de son diocèse[2].

Dans un combat qui eut lieu entre Alby, et Gaillac les soldats de l'évêque firent un jour plusieurs prisonniers, parmi lesquels on remarquait le vicomte de Bruniquel, Izarn de Tauriac, Guillaume de Serre et quelques autres seigneurs pour la plupart assez grièvement blessés. Pierre d'Auteuil, alors sénéchal de Carcassonne, ayant été informé de ces faits, fit citer à son tribunal l'évêque, les consuls et les habitants d'Alby, les sommant de lui re-

[1] Archives du chapitre, fol. 163, ms. 106.

[2] Archives de l'évêché. fol. 131, ms. 106.

mettre les prisonniers qu'ils avaient faits; mais Bernard, se fondant sur ce que la seigneurie de la ville lui appartenait, sous le vasselage de l'archevêque de Bourges, refusa de répondre à cette citation et fit signifier à Pierre d'Auteuil un appel au roi[1]. Le sénéchal, sans s'arrêter à cet appel, qu'il considérait comme un artifice introduit avec malice, assembla des troupes à la tête desquelles vinrent se placer Olivier de Termes, Lambert de Turey, Pierre de Grave et plusieurs autres chevaliers; puis il marcha contre la ville d'Alby et se saisit du temporel de l'évêque.

Cependant les habitants n'avaient pas attendu jusqu'au dernier moment pour se fortifier, et ils se montrèrent tout d'abord disposés à faire une vigoureuse résistance au sénéchal. Celui-ci se retira alors prudemment à Lombers, où il condamna les consuls d'Alby à une forte amende[2], et, de leur côté, les habitants eurent recours à la protection de l'archevêque de Bourges, à qui ils écrivirent le 3 octobre 1258[3]. Un concile provincial fut aussitôt convoqué à Bourges pour cette affaire, et Bernard de Combret, qui y assista, pressa vivement l'archevêque, son métropolitain, de s'employer en sa faveur auprès du roi, qui l'avait fait citer; mais Louis IX, dans un parlement tenu à la Toussaint de l'an 1259, ordonna que l'évêque répondrait à la cour «sur l'ajournement personnel qui avait «été décerné contre lui pour avoir fait une assemblée

[1] *Gallia Christ.* t. I; instr. p. 8.

[2] *Hist. gén. de Languedoc*, t. III; pr. p. 542 et seq. — Archives du domaine de Montpellier, Albi, n° 10.

[3] D. Martène, *Thesaurus anecdot.* t. I, p. 1107.

« de gens d'armes, parmi lesquels il y avait plusieurs *fai-* « *dits*[1] (proscrits), contre la défense du sénéchal de Car- « cassonne, et on débouta l'archevêque de Bourges de la « demande qu'il faisait que ce prélat fût renvoyé à sa « cour[2]. »

Aussitôt après cette sentence, l'évêque et les habitants promirent d'obéir aux ordres du sénéchal de Carcassonne; mais, au jour de l'assignation, il ne se présenta que quelques chevaliers au nombre desquels étaient Izarn et Amaury de Lautrec. Tous furent condamnés à diverses amendes pour avoir pris les armes en faveur de l'évêque d'Alby, ainsi que plusieurs autres seigneurs contumaces, au nombre desquels on comptait Ermengaud de Combret et Pierre, l'un des vicomtes de Lautrec. Quant aux chevaliers qui étaient sujets d'Alphonse, comte de Toulouse, ils furent aussi condamnés par le sénéchal de cette ville à des amendes pour s'être trouvés à « la chevauchée et au conflit d'armes » qui avaient eu lieu entre l'abbé de Gaillac et l'évêque d'Alby[3].

Cependant le sénéchal de Carcassonne, Pierre d'Auteuil, faisait faire une nouvelle enquête pour constater les droits du roi dans la ville d'Alby[4]. De leur côté, les consuls écrivaient à l'archevêque métropolitain pour se recommander

[1] Le banni devait être, disait-on, en état de guerre avec tous les hommes, *in faida*. On l'avait donc appelé *faidosus*, d'où l'on fit le mot *faidit*.

[2] *Hist. gén. de Languedoc*, t. III, p. 492.

[3] Trésor des chartes de Toulouse. — *Hist. gén. de Languedoc*, t. III; pr. p. 542 et seq.

[4] *Hist. gén. de Languedoc*, t. III; pr. p. 557. — Archives du domaine de Montpellier, titres d'Albi, n° 24.

à lui, et Bernard de Combret renouvelait son hommage. le mardi après la fête des apôtres Pierre et Paul de l'an 1262, en présence de l'évêque de Mende. L'archevêque, qui se trouvait à Clermont, déclara dans cette circonstance, que l'hommage devait lui être rendu à Bourges et non ailleurs. Toutefois il voulut bien accepter dans le lieu où il se trouvait, et pour cette fois seulement, celui de l'évêque d'Alby, afin d'éviter de nouvelles fatigues au prélat, à cause de ses infirmités et de sa faiblesse[1].

Tant de troubles et de tourments lassèrent enfin la patience de l'évêque, qui manifesta le désir de traiter directement avec le roi; mais il rencontra sur ce point une opposition assez vive parmi le chapitre de la cathédrale, et il se vit dans la nécessité d'adresser une supplique au pape pour obtenir la permission de transiger seul et sans le concours des chanoines. Par suite de ces faits, Urbain IV écrivit, le 13 décembre 1263, à Jean, archevêque de Bourges, primat d'Aquitaine; et celui-ci, par lettres du jeudi après la Pentecôte, autorisa Bernard de Combret à traiter avec Louis IX touchant la justice temporelle de la cité d'Alby[2].

Muni de ce pouvoir, Bernard se rendit aussitôt à Paris auprès du roi, et, le 5 décembre 1264[3], il fut arrêté

[1] D. Martène, *Thes. nov. anecdot.* t. I, p. 1115.

[2] Preuves, n° XV.

[3] Ce document intéressant, que M. Compayré a donné, en langage du pays et en latin, est fort curieux à connaître, en ce qu'il prouve qu'on laissa alors à l'évêque la plupart des droits qui lui étaient contestés. J'ai entre les mains une copie de cet acte en langage roman assez semblable au texte qu'a donné l'auteur des *Études historiques sur l'Albigeois*; mais si j'ai pu égale-

d'un commun accord que l'évêque conserverait la haute justice de la cité, c'est-à-dire la connaissance des larcins, adultères et autres crimes, ainsi que la garde des clefs des portes; que la justice basse serait commune entre les officiers du roi et ceux de l'évêque, de telle sorte que les habitants auraient le droit d'intenter leurs actions soit devant le bailli du roi ou devant le délégué de l'évêque; qu'ils partageraient également les biens confisqués sur les hérétiques et les proscrits, excepté pourtant les moulins dits *dels Botetz*[1] qui avaient été confisqués et devaient rester intégralement à l'évêque ou à ses successeurs; enfin le roi déclara que, pour les droits qu'il possédait en commun, ceux qui les tiendraient de lui en feraient hommage à l'évêque, et que le bailli royal *jurerait* à son tour, en

ment comparer la version latine avec les pièces que j'avais sous les yeux, je dois ajouter que j'ai vu aussi l'acte par lequel Bernard de Combret annonçait à ses diocésains la transaction signée entre le roi et lui. J'ai donc cru devoir le conserver, d'abord comme une preuve du séjour de l'évêque à Paris, ensuite parce qu'il donne la date exacte de cette pièce. (Voyez Preuves, n° XVI.)

[1] Au nombre de ces moulins se trouvait probablement celui dont il est déjà question dans un accord passé en 1172, entre l'évêque Guillaume et le chapitre de la cathédrale, dans lequel on voit les chanoines céder à leur prélat tous leurs droits sur *le moulin Bordoles de Botet qui est sous le pont contre la ville d'Alby*, en se réservant seulement deux sous huit deniers de censive que Botet, le meunier du moulin, devait leur payer chaque année. (Voyez Preuves, n° XVII.) — Je ferai remarquer, en outre, que ce nom a été presque toujours écrit Delbateis, Delbotez, et cependant le manuscrit que j'ai consulté porte fort clairement *dels Botetz*, c'est-à-dire appartenant à la famille Botet. Cette famille était en effet fort connue à Alby. Je trouve, en 1206, un certain Jean Botet, hospitalier de l'hôpital de Vigan, et un autre Jean Botet, prêtre et chanoine de la cathédrale en 1255. (Voy. Ms. de la Bibl. imp. fonds Colbert, n° 9653, 5 A, fol. 50 verso.)

présence du prélat, de ne point usurper ses droits ni d'attenter à ses prérogatives.

Le premier acte que nous connaissions de ce serment porte la date de 1279, et fut prêté par Elie Judicis, bailli d'Alby et d'Albigeois pour le roi de France[1].

C'est du titre que nous venons d'analyser qu'émanait certainement le pouvoir temporel de l'évêque et sa juridiction comme seigneur haut-justicier. Sans doute on peut affirmer avec raison qu'il en jouissait déjà depuis le jour où Amelius I avait été forcé de transiger avec Pons, comte de Toulouse, au sujet de la justice criminelle; mais, il ne faut pas l'oublier, c'est sur l'acte de 1264 que les évêques se sont constamment appuyés, depuis cette époque, et c'est aussi le seul que les rois de France aient successivement confirmé aux XIVe, XVe, XVIe et XVIIIe siècles.

Bernard de Combret, reconnu haut-justicier d'Alby, s'occupa aussitôt du soin de compléter ou de reviser les ordonnances de ses prédécesseurs, et particulièrement la convention arrêtée entre Guillaume Petri et les consuls; puis il souscrivit, d'accord avec les magistrats de la ville, à un règlement qui, en consacrant les droits de l'évêque, établissait également les droits et les devoirs de l'administration consulaire. Cette sentence, qui porte la date de l'année 1269, le mercredi après la Saint-Mathieu[2], fut

[1] Compayré, *Études hist. sur l'Albigeois*, p. 260. — Archives de l'évêché, fol. 135, fonds Doat, ms. 107.

[2] On trouvera aux Preuves, n° XVIII, le texte latin de ce règlement, dont on n'a publié jusqu'à ce jour que la version en langue vulgaire puisée aux archives de la mairie d'Alby.

rendue à Alby, dans l'église de Sainte-Cécile, par Jean de Sollié, archevêque métropolitain de Bourges. Elle servit, à dater de ce jour, de règlement indiquant les formes à observer pour la création des consuls et de leurs conseillers, pour la nomination des notaires publics, pour l'établissement des gardes forestiers, des crieurs publics et des gardiens des clefs de la ville. Mais ce qui frappe le plus dans cette pièce historique, ce sont les curieux détails que l'on y trouve sur l'administration de la justice criminelle. Ainsi le bailli de l'évêque devait connaître des crimes capitaux; mais il formait tout d'abord une sorte de jury d'instruction composé d'au moins deux prud'hommes de la cité, qui juraient de ne rien révéler de ce qu'ils auraient appris dans l'*enquête* jusqu'au jour du jugement. Le bailli appelait ensuite au moins vingt prud'hommes, qui ne devaient être ni amis, ni ennemis, ni parents de l'accusé. On leur donnait lecture de l'enquête et, après avoir exposé les faits de la cause, on entendait la défense de l'accusé. Les prud'hommes, interrogés alors par le juge, devaient déclarer si, dans leur conscience, le malfaiteur pouvait être acquitté ou devait subir une condamnation, et, dans ce dernier cas, quelle peine il convenait de lui infliger. Enfin le bailli était tenu de rendre son jugement d'après l'avis de la majorité des prud'hommes.

Assurément on ne saurait rien trouver de plus net et de plus précis sur le jugement par jurés, et l'on peut hardiment affirmer, d'après cet acte, que l'institution du jury est bien positivement d'origine française et remonte au

XIIIe siècle. On trouve encore dans les coutumes anciennes des villes du midi de la France plusieurs autres titres constatant l'intervention des jurés en matière criminelle; mais on remarquera avec nous que celui que nous signalons est le plus ancien et le plus explicite.

Nous ne nous arrêterons pas ici à relever quelques actes de serment, prêtés à cette époque ou dans des temps antérieurs par les abbés de Castres, de Gaillac, de Candeil ou d'Ardorel, et par les abbesses de Vielmur, qui prouvent la juridiction de l'évêque d'Alby sur ces abbayes, et par conséquent celle du chapitre, lors de la vacance du siége; mais nous ne pouvons passer sous silence la lettre adressée au pape, le 9 des calendes de mars 1267 (21 février 1268), par le prévôt et les chanoines de la cathédrale, pour obtenir de Sa Sainteté la sécularisation de leur église, qui était de l'ordre de Saint-Augustin[1]. Cette demande des chanoines est la première qui fut faite à cette occasion, et le chapitre la fit remettre à Clément IV par Guillaume de Amiana, chargé de la soutenir en cour de Rome[2]. Mentionnons aussi l'acte par lequel les habitants d'Alby accordèrent, à titre de *don gratuit*, au roi cent marcs sterling, « à condition qu'il déclarerait dans des « lettres patentes que ce don ne leur causerait aucun « préjudice à l'avenir et ne les assujettirait pas à l'im-

[1] Le saint-siége ne fit droit à la requête du chapitre que bien longtemps après. On verra plus tard que les chanoines de Sainte-Cécile ne furent sécularisés qu'en 1297. J'ai eu soin de recueillir tous les documents relatifs à cette partie de l'histoire de la cathédrale d'Alby.

[2] Archives de l'évêché, fol. 255, ms. 106.

«position de la taille, parce qu'ils étaient vassaux de l'é-«glise[1].»

Un mois avant cette donation, qui fut arrêtée à Alby le 29 septembre 1269, Bernard de Combret assistait, avec le prévôt de Saint-Salvi, à l'assemblée des trois états de la sénéchaussée à Carcassonne, la première de ce genre qui nous montre l'origine des états de la province de Languedoc[2]. L'année suivante, au mois de mai, il était à Toulouse, où Alphonse, s'étant fait représenter l'accord conclu entre Raymond VII, comte de Toulouse, et Durand, évêque d'Alby, reconnut verbalement tenir en fief Castelnau de Bonafous de Bernard, son successeur; et celui-ci, de son côté, déclara tenir en fief du comte le château de Montirat[3], provenant de confiscation pour crime d'hérésie

[1] *Hist. gén. de Languedoc*, t. III; pr. p. 588. — Archives du domaine de Montpellier, jud. d'Albig. n° 23.

[2] *Hist. gén. de Languedoc*, t. III; pr. p. 585. — «On croit voir l'origine «des états de Languedoc, dit M. d'Aldéguier, dans la convocation qui eut lieu «à Carcassonne le 11 août 1269, et nous pensons que l'assemblée qui se «forma alors fut la première de ce genre. Voici comment elle fut composée: «sept évêques de la province, vingt-deux abbés, deux commandeurs de «l'ordre de la milice du Temple ou des hospitaliers de Saint-Jean, vingt-«cinq seigneurs, parmi lesquels on distinguait Philippe de Montfort, comte «de Castres; Amalric, vicomte de Narbonne; Izarn, vicomte de Lautrec, et «ses deux frères, Amalric et Bertrand; un certain nombre de consuls des «vingt-sept principales villes du pays représentaient les communes..... On «délibéra dans cette assemblée sur la quotité du subside à accorder et sur la «manière de le lever. Ainsi donc, quoique les communes n'y fussent repré-«sentées que par quelques magistrats, on ne doit pas hésiter à regarder cette «assemblée comme le type réel des états du Languedoc.» (*Histoire de la ville de Toulouse*, t. III, p. 23.)

[3] Archives du collége des Jésuites de Toulouse, fol. 285, ms. 106.

et dont la possession fut confirmée plus tard à l'évêque par Philippe le Bel[1]. Au mois de juin 1270, l'évêque se trouvait encore à Nîmes auprès du roi, qui lui accorda un diplôme. Nous le retrouvons l'année suivante à Alby, faisant une donation, le 11 juin, à son église de Sainte-Cécile[2]; enfin quatre jours après, le 15 juin 1271, il cédait à Bernard, fils de Raymond du Puy, de Castelnau de Bonafous, tous les droits qu'il avait sur les biens ayant appartenu à Béatrix, vicomtesse de Marsac, en la ville de Marsac. Toutefois il se réservait toutes les justices sur ces propriétés, qui lui étaient venues par suite de confiscation, à cause de l'hérésie de la vicomtesse[3].

A dater de ce moment, l'histoire ne nous fournit plus aucun renseignement sur cet évêque. Seulement on lit sur un nécrologe manuscrit de l'église d'Alby que ce prélat mourut le 16 des calendes de juin 1271[4], c'est-à-dire le 17 mai. Or cette date est évidemment fautive en présence des derniers documents que nous venons de citer. Il faudrait plutôt lire *Julii* au lieu de *Junii*, et nous aurions alors le 16 juin, ce qui nous porterait à admettre que Bernard mourut le lendemain du jour où il signa sa donation à Bernard du Puy. Quelques personnes penseront peut-être qu'il a été oublié un dernier chiffre à la date susdite, et croiront ainsi pouvoir placer la mort de l'évêque

[1] Compayré, *Études hist. sur l'Albigeois*, p. 229.
[2] Archives du chapitre, fol. 313, ms. 106.
[3] Archives de l'évêché, fol. 315, ms. 106.
[4] «XVI k. junii MCCLXXI obiit D. B. de Combreto episcopus Alb.» — *Antiq. necrol. ecclesie Albiensis.*

au 17 mai 1272; mais cette dernière supposition nous paraît moins probable que la première. En effet, nous voyons qu'une nouvelle assemblée des états de la sénéchaussée de Carcassonne ayant été tenue à Béziers, le jeudi après la Saint-Laurent, c'est-à-dire au mois d'août 1271, il n'y est point fait mention de l'évêque, mais seulement des *députés* du chapitre de la cathédrale, ainsi que des consuls d'Alby[1]. Nous pouvons donc admettre déjà, comme probable, que Bernard n'existait plus à cette époque; et ce qui nous confirme dans la pensée que l'évêque était mort en 1272, ce sont les lettres données à Pamiers, le 4 juin de cette année, par Philippe le Hardi, lesquelles donnent mainlevée aux *procureurs* de la cathédrale d'Alby de la régale de cette église, dont le sénéchal avait mis sans motif les domaines sous la main du roi[2].

Vers ce même temps, Raymond du Puy, donzel de Castelnau de Bonafous, réclama au chapitre une somme de quarante livres cahorciennes prêtées par lui à Bernard de Combret *au chemin de France*, « al cami de Fransa, » lorsque l'évêque allait en cour pour les affaires de l'évêché. Comme on ne tenait aucun compte de sa demande, Raymond du Puy s'empara de la *paix* de Sestairol faisant partie des biens de l'évêché. Le 19 août 1273, Raymond de Fraissenel, prévôt de la cathédrale, et Bérenger de Montjoux, *tous deux ensemble procureurs de l'évêché d'Albi-*

[1] *Hist. gén. de Languedoc*, t. III; pr. p. 603. — Ms. de la Bibl. impér. dit *Registre de saint Louis*, fol. 66, fonds Colbert, 9653, 5 A.

[2] *Gallia Christ.* t. I, p. 20. — P. de Marca, *De Concordantia sacerdotii et imperii*, edit. 3e, p. 1328.

geois, le siége étant vacant, transigèrent alors au sujet de cette paix, qu'ils abandonnèrent à Raymond pour le prix de quatre-vingt-cinq livres, dont il ne paya par conséquent que quarante-cinq livres, en s'engageant toutefois à résilier le susdit marché, *dès qu'il y aurait un évêque,* si celui-ci le jugeait convenable[1].

Malgré les faits que nous venons de rapporter, on pourrait croire que Bernard de Combret existait encore en 1274, en jetant les yeux sur les actes du parlement de Paris, tenu à la Chandeleur de cette année, et dans lesquels on voit que les sénéchaux de Carcassonne et de Toulouse reçurent ordre de défendre Sicard d'Alaman « contre les entreprises de l'évêque d'Alby, qui avait tenté « de se saisir à main armée de ses châteaux de Castelnau « de Bonafous et de Cordes[2]. » Mais on voudra bien remarquer avec nous que les nombreuses affaires sur lesquelles le parlement eut à prononcer avaient été portées depuis longtemps devant cette cour par la sénéchaussée de Carcassonne, et l'on admettra sans peine alors que *l'entreprise de l'évêque* ait été antérieure à l'an 1271. Du reste, Sicard d'Alaman ne garda, à ce qu'il paraît, aucune rancune de ses différends avec l'évêque, puisque, par son testament du 1er juillet 1275, il légua à l'église Sainte-Cécile d'Alby une partie de la somme de vingt mille sous tournois consacrée par lui à des œuvres pies[3].

A la fin de l'année 1276, et pendant les premiers

[1] Archives de l'évêché, fol. 334, ms. 106.

[2] *Hist. gén. de Languedoc*, t. IV, p. 16.

[3] *Ibid.* t. IV, p. 14. — Archives du domaine de Montpellier.

jours de janvier 1275, une assemblée des états de la sénéchaussée de Carcassonne eut encore lieu dans le palais épiscopal de cette ville, et parmi les personnages qui y assistèrent, on remarque les procureurs de l'évêché et de l'église d'Alby, le prévôt de Saint-Salvi et les consuls de la ville[1].

Enfin après une longue vacance du siége épiscopal, par suite de la mort de Bernard de Combret, le pape nomma, le 7 mars 1276, Bernard de Castanet évêque d'Alby[2]. Ce prélat, qui remplissait à cette époque les fonctions d'auditeur du palais apostolique, ne put cependant pas quitter Rome tout aussitôt, et nous voyons que le 4 août 1276 Bérenger de Ferrier était son procureur à Alby. Il y reçut dans le palais épiscopal, *in domo episcopali*, l'abandon des dîmes de Saint-Salvi d'Aigrefeuille fait par Raymond de Lescure à l'évêque d'Alby[3]. Le 9 septembre suivant, B..... d'Auger (Augerii), sacristain de Saint-Paul de Narbonne, était son vicaire général (vicegérant) et reçut également diverses donations, *in aula domini episcopi*[4].

Ces deux désignations, qui semblent indiquer l'existence d'une demeure particulière affectée à l'évêque, sont les premières que nous trouvions dans les actes relatifs à l'histoire ecclésiastique d'Alby. On a précédemment vu, en

[1] *Hist. gén. de Languedoc*, t. IV; pr. p. 60. — Ms. de la Biblioth. impér. dit *Registre de saint Louis*, fol. 87 verso et seq. fonds Colbert, 9653. 5 A.

[2] *Gallia Christ.* t. I, p. 21.

[3] Archives de l'évêché, fol. 344. ms. 106.

[4] *Ibid.* fol. 346 et 350.

effet, que Durand habitait des bâtiments qui lui avaient été prêtés durant sa vie par le chapitre. Il faut donc supposer que Bernard de Combret se fit bâtir une résidence particulière; mais rien ne l'indique dans les titres qui nous restent de ce prélat, et nous ne trouvons qu'un seul acte de 1267[1], ainsi daté, *apud bastidam nostram*, qui nous donne à penser qu'il fut signé dans une maison de campagne plutôt qu'à Alby même. Quoi qu'il en soit, à partir de cette époque, on trouve souvent la demeure de l'évêque désignée de diverses manières dans les actes écrits. Le cartulaire de l'évêché en fournit de nombreux exemples.

[1] Archives de l'évêché, fol. 258.

CHAPITRE VIII.

Bernard de Castanet. — La monnaie d'Alby et la succession de Sicard d'Alaman. — Restitutions des dîmes à l'évêché. — Fixation des limites de la juridiction d'Alby. — Droits du roi et de l'évêque. — Sévérité de l'évêque. — Premières traces des nouvelles constructions qu'il fait élever dans la ville.

Bernard de Castanet ne quitta Rome qu'à la fin de l'année 1276; mais, avant de s'éloigner de la cour pontificale, il s'était fait donner, le 18 octobre, par le pape Jean XXI, et il emporta avec lui, des lettres qui lui accordaient : 1° la faculté de créer deux tabellions dans la forme et d'après les lois de Rome; 2° la permission de disposer par testament des biens ecclésiastiques en sa possession ou qu'il pourrait avoir; 3° le pouvoir de conférer tous les bénéfices qui viendraient à vaquer dans son diocèse[1].

Ce prélat arriva à Alby le dimanche 17 janvier 1277, jour de la fête de Saint-Antoine, et le même jour il célébra une messe solennelle dans l'église de Sainte-Cécile[2]. Son premier soin fut d'abord de se faire reconnaître comme seigneur temporel de la ville; puis, le lendemain, il rétablit la paix parmi les chanoines de la cathédrale et leur promit de s'occuper de la demande qu'ils avaient adressée au saint-siége depuis près de dix ans. Il engagea

[1] *Bullarium ecclesiæ Albiensis.*

[2] *Gallia Christ.* t. I, col. 20.

enfin les membres du chapitre à préparer un règlement pour une équitable distribution des canonicats et des prébendes, dans le cas où le pape ferait droit à leur demande, en consentant à la sécularisation de l'église.

Parmi les seigneurs qui prêtèrent serment à l'évêque le 22 janvier 1277, on voit Vivian de Monestier et Boussondus, fils de Boussondus, chevalier. Quelques jours après, le 31 janvier, Guillaume et Arnaud de Monestier, chevaliers, Pons de Bertrand, damoiseau, Géraud de Cadole, chevalier, Pons et Bérenger de Saint-Privat, damoiseaux, Bernard de Monestier, chanoine de Cahors, et Amat du Puy, damoiseau, reconnurent tenir en fief de l'évêque leurs propriétés; de même que Pierre de Graoilhet, damoiseau, et Bernard d'Arnaud, chevalier, qui prêtèrent le même serment le 4 février. Tous ces actes d'hommages furent rédigés et signés à Alby, *in camera domini episcopi*[1], ainsi que les statuts faits par Raymond de Fraissenel, prévôt de la cathédrale, et les chanoines de Sainte-Cécile. Ces statuts, qui sont datés du 3 des nones de février 1276 (3 février 1277), portaient que, du jour où l'église serait sécularisée, il y aurait dans la cathédrale trente et une prébendes et autant de canonicats, en y comprenant les archidiaconés et les canonicats appartenant à l'évêque, qui aurait voix au chapitre, et dont la juridiction s'étendrait sur tous les autres chanoines et prébendiers[2].

Quelques mois après, le 8 juillet 1277, Raymond de Fraissenel, prévôt de la cathédrale, confirmait un accord

[1] Archives de l'évêché, fol. 361 et seq. ms. 106.

[2] Preuves, n° XIX.

fait entre Philippe le Hardi et l'évêque au sujet du fief de Castelnau de Bonafous, que Sicard d'Alaman, *damoiseau*, tenait en fief du roi, et dont l'évêque prétendait que le roi lui devait faire reconnaissance verbale[1]. Par cet acte qui mettait un terme à toute contestation, le roi consentait que Sicard rendît hommage pour son fief à l'évêque, et il permettait à Bernard de Castanet d'acquérir jusqu'à la somme de deux cents marcs d'argent de revenu dans ses fiefs, à la condition toutefois qu'il en ferait hommage au roi, ainsi que du fief de Castelnau, comme il le faisait déjà pour les châteaux de Roffiac et de Marsac. Car il faut le dire ici, la possession de ces deux châteaux, qui avaient été donnés en 1212 par Simon de Montfort à Guillaume Petri, venait d'être confirmée, au mois d'avril 1277, au nouvel évêque par le roi Philippe III[2].

Castelnau de Bonafous, dont nous avons raconté la fondation sous Raymond VII, comte de Toulouse, avait été destiné, comme on le sait, depuis l'an 1248, à la fabrication d'une monnaie particulière au diocèse d'Alby; mais il paraît que cette monnaie n'était pas facilement acceptée dans les transactions, et on lui préférait généralement celle des comtes de Rodez ou des évêques de Cahors. Bernard de Combret se plaignit à Alphonse, comte de Toulouse et de Poitiers, du tort que leur faisait ce refus, et le prince adressa aussitôt à son sénéchal l'ordre de faire rétablir dans le pays la circulation des raymondins d'Albigeois. Les lettres du comte portent la date de Paris, le

[1] Archives de l'évêché d'Alby, fol. 1, fonds Doat. ms. 107.
[2] *Gallia Christ.* t. I; instr. p. 10.

dimanche après l'octave de la Purification de la Vierge, l'an 1269[1], et la fabrication de la monnaie dut immédiatement reprendre à Castelnau de Bonafous. Toutefois cette destination ne lui fut pas longtemps affectée; car il est certain que Sicard d'Alaman, le roi de France et l'évêque d'Alby avaient cédé, le 25 mai 1278, le bail de la monnaie des raymondins d'Albigeois à des entrepreneurs qui devaient les fabriquer ou les faire fabriquer, non plus à Castelnau de Bonafous, mais dans la ville même d'Alby[2].

Il est à remarquer que le jeune Sicard, dont le nom se trouve inscrit le premier au bas de cet acte, n'avait pas voulu y consentir en 1276, puisque, à cette époque, il demandait au parlement de Paris que la monnaie d'Albigeois continuât à être fabriquée, *suivant la coutume,* dans son château de Bonafous[3].

Un peu plus d'un an après la charte de cession de la monnaie d'Alby que nous venons de signaler, Philippe le Hardi confirma une transaction passée entre son procureur et Sicard d'Alaman, au sujet des droits du château de Rabastens que Gilles Camelin prétendait avoir été usurpés par le père de Sicard pendant qu'Alphonse, comte de Toulouse, était en Terre Sainte, ainsi que du château de Saint-Sulpice et de la ville de Lisle, dont il demandait la restitution. Cette transaction, datée du mois

[1] Compayré, *Études histor. sur l'Albigeois*, p. 223.

[2] *Hist. gén. de Languedoc*, t. IV; pr. col. 70. — Trésor des chartes du roi, Monnaies, n° 33. — M. P. Roger a donné une traduction française de cette charte dans ses *Archives historiques de l'Albigeois et du pays Castrais*, p. 109.

[3] *Hist. gén. de Languedoc*, t. IV. p. 16.

d'août 1279, avait été arrêtée par l'entremise d'Imbert de Beaujeu, connétable de France, d'Eustache de Beaumarchais, sénéchal de Toulouse, et acceptée, au nom du jeune Sicard, par son curateur Bertrand, vicomte de Lautrec. Elle établissait que tous les droits du château de Saint-Sulpice, de Castelnau de Bonafous, de la Bastide, de Montfort et quelques autres lieux, appartiendraient à Sicard, et elle lui confirmait aussi tous les biens donnés à son père par Raymond, comte de Toulouse, Alphonse, comte de Poitiers, et Jeanne de Toulouse, sa femme, le roi s'y réservant seulement les incursions des hérétiques[1].

Cet acte est le dernier qui porte trace de l'existence de Sicard, et nous savons qu'il était mort au mois de mars de l'année suivante (1280) sans laisser d'enfants de Marguerite de Castillon, son épouse, instituant pour héritier Bertrand de Lautrec, son curateur, auquel il avait fait une cession de tous ses biens. Cependant Hélits d'Alaman, sœur consanguine de Sicard, et épouse d'Amalric, vicomte de Lautrec, attaqua ce testament, et, le 13 mars 1279 (1280), il fut conclu à Alby, par l'entremise de l'évêque de cette ville[2], un accord par lequel Bertrand de Lautrec abandonna à son frère Amalric une partie de la succession de Sicard d'Alaman[3].

En reconnaissance de ce service, le vicomte Amalric, Hélits d'Alaman, sa femme, et leur fils Sicard abandonnèrent,

[1] Archives de l'évêché, fol. 94, ms. 107.

[2] D. Vaissette nomme par erreur ici l'évêque Bernard de Combret.

[3] *Hist. gén. de Languedoc*, t. IV, p. 32. — Archiv. du dom. de Montpellier, Lautrec, n° 1.

le 20 juillet suivant, à Bernard de Castanet les dîmes de diverses paroisses du diocèse provenant de la succession *du noble baron monseigneur Sicard d'Alaman*[1], comme ils avaient déjà restitué l'année précédente toutes les dîmes qu'ils possédaient dans le diocèse d'Alby[2]. Mais, d'un autre côté, Bertrand de Lautrec vint tourmenter ce prélat en élevant des contestations sur les limites du territoire dont il avait hérité; tandis que Gilles Camelin, chanoine de Meaux, clerc et procureur du roi dans les parties du Toulousain et de l'Albigeois, inquiétait également l'évêque touchant la possession du château de Montirat, du village de la Garde et de divers autres domaines confisqués sur les hérétiques du pays. Bernard de Castanet en appela au roi de ces persécutions et de ces tracasseries, et Philippe le Hardi signa en faveur de l'évêque, au mois de février 1282 (1283), une charte qui le confirmait dans la possession des domaines ci-dessus nommés et qui fixait les limites de la juridiction d'Alby contre les prétentions de Bertrand, vicomte de Lautrec, au sujet de divers territoires et particulièrement du château de Bonafous[3].

Ce fut vers le même temps sans doute (1282) que Philippe le Hardi et Bernard de Castanet signèrent une transaction au sujet de la juridiction d'Alby. Cet acte qui devait renouveler, au moins en partie, les dispositions

[1] Archives de l'évêché, ms. 107, fol. 162.

[2] *Ibid.* fol. 106 et seq.

[3] *Hist. gén. de Languedoc*, t. IV, p. 39. — Trésor des chartes, n° 337. — Hôtel de ville d'Alby. — Compayré, *Études historiques sur l'Albigeois*, p. 229.

contenues dans le traité conclu le 5 décembre 1264 entre Louis IX et Bernard de Combret, n'est point parvenu jusqu'à nous, et la seule mention que nous en ayons vue est celle qui se trouve dans un manuscrit dont le détail nous fait vivement regretter les pièces qu'il rapporte[1].

Malgré cet accord du roi de France et de l'évêque d'Alby, il est certain qu'il dut s'élever plusieurs fois des contestations entre les officiers de ces deux pouvoirs. C'est ce qui résulte pour nous d'un document constatant que Guillaume, seigneur de Monestier, fit évader Guillaume du Claus, prisonnier arrêté et détenu par un sergent de Bernard de Castanet. L'événement eut lieu le mardi après la Saint-Nicolas (8 décembre) 1287, et le même jour, le sergent Durand Guastri se hâta d'en faire dresser un acte pour mettre sa responsabilité à couvert[2]. On admettra comme nous que les droits de l'évêque ne devaient pas être bien reconnus à cette époque, si l'on remarque que le seigneur de Monestier rendit la liberté *au nom du roi* à un prisonnier arrêté sur ses propriétés. On en sera encore plus convaincu en voyant remettre ces droits en question deux ans après le fait que nous venons de signaler, et sept ans après la signature du dernier traité conclu entre le roi et l'évêque. En effet, nous trouvons dans le cartulaire d'Alby des lettres de Gilles Camelin, procureur du roi, datées du vendredi avant la Nativité de Notre-Sei-

[1] Copies en forme de la transaction passée entre le roi Philippe le Bel et Bernard, évêque d'Alby, en 1282, à raison de la juridiction dudit Alby. — *Inventaire des titres du vén. chap. métrop.* t. III.

[2] Preuves, n° XX.

gneur 1289, par lesquelles il mande au bailli de Cordes de faire respecter et donner sa pleine exécution à la transaction passée entre le roi Philippe le Hardi, Bertrand, vicomte de Lautrec, d'une part, et l'évêque d'Alby, d'autre part, touchant la justice haute et basse de tout le territoire, depuis la rivière du Tarn jusqu'à la ville de Cordes et au château de Lescure[1].

Une autre convention, qui mérite également d'être signalée, est celle qui fut arrêtée, au mois d'octobre 1277, entre notre prélat et le roi de France au sujet de l'amende infligée par Philippe le Hardi aux habitants d'Alby, en punition des excès auxquels ils s'étaient portés, en envahissant le palais épiscopal et en s'emparant de la personne de l'archidiacre d'Alby, *pro invasione domorum episcopalium et captione archidiaconi Albiensis et aliis variis maleficiis*[2]. Le roi consentait à abandonner à l'évêque la troisième partie des amendes prélevées à cette occasion.

Quelle fut la cause de cette révolte des citoyens d'Alby contre leur prélat? Les documents que nous possédons ne disent rien qui puisse nous éclairer sur ce point. Cependant nous pouvons admettre que la sévérité de l'évêque, ses prétentions, ses exigences, ses persécutions mêmes, quand il s'agissait des lods, ventes et autres droits seigneuriaux, avaient dû amener au moins une collision entre ses officiers et les habitants, qui étaient d'ailleurs assujettis à une foule de corvées extraordinaires. Personne, plus que l'évêque Bernard, en effet, ne tint à ses droits

[1] Preuves, n° XXI.

[2] Archives de l'évêché, ms. 107, fol. 13.

et à ses prérogatives. Tout devait plier devant sa puissance. Peuple, magistrats, ecclésiastiques ou chevaliers, devaient reconnaître en lui leur seigneur temporel et spirituel, car il employait tous les moyens pour parvenir à son but : la contrainte, les plaintes au roi de France, la spoliation et même l'excommunication. Bernard de Castanet se faisait ainsi restituer les dîmes qu'il prétendait avoir été usurpées par divers seigneurs ou chevaliers sous ses prédécesseurs; et pour que les droits et la position de chacun fussent bien établis à l'avenir, il faisait alors dresser devant lui un acte notarié. Ces titres, depuis l'an 1277 jusqu'en 1290, sont fort nombreux. Nous les avons examinés avec soin, et ils nous paraissent dignes d'être consultés pour l'étude de l'ancien territoire d'Alby.

Au nombre des actes rédigés à cette époque, nous croyons devoir signaler : 1° les restitutions faites par Philippe et Hugues de Paulin des dîmes usurpées par eux dans les paroisses de Cabrin et de Réalmont; 2° celles de Bernard de Saint-Amans, aux territoires de Saint-Martial de Serat et d'Auriac; 3° de Guillaume Gasc, chevalier de Lescure, au village de la Roque; 4° de Doat d'Alaman, aux paroisses de Villeneuve, d'Amilhau (*de Amiliaco*), des Ormes et de Lior; 5° de Bernard de Penne, à la paroisse de Saint-Clément; 6° de Pierre-Raymond de Rabastens et de Pelfort de Rabastens, à Saint-Eusèbe de Campagnac et à St-Jacques de Donazac; 7° enfin de Guillaume de Montehaut (*de Monte-Alto*) dans les paroisses de Sainte-Marie de Campaus et Saint-Sauveur de Saliès.

Nous avons encore remarqué parmi les actes d'hommage

celui de Bernard de Paulin, daté du 14 août 1283 et signé dans la chambre située au-dessous de la nouvelle chapelle de l'évêque, *in camera quæ est subtus capellam novam dicti domini episcopi*[1]. On doit voir ici la première trace de ces vastes constructions pour lesquelles Bernard de Castanet montra tant de goût et auxquelles il employait cette belle brique fabriquée dans les plaines de Las Bordes, et qu'il faisait transporter à Alby par les habitants de la cité. Cette chapelle devait évidemment dépendre du palais épiscopal, bâti par l'évêque, et dont les restes nous disent assez qu'il devait ressembler à ces belles forteresses du moyen âge, si imposantes avec leurs tours, leurs créneaux, leurs herses et leurs ponts-levis.

Deux ans après l'acte que nous venons de signaler, c'est-à-dire en 1285, le 24 août, nous retrouvons la trace de cette chapelle dans un nouvel hommage rendu à l'évêque par Bernard de Monestier. Seulement celui-ci ne fut pas rendu dans la chambre placée *sous la nouvelle chapelle*, mais tout au contraire dans la salle située *au-dessus*[2]. Ce document, signé *supra capellam novam juxta turrem*, nous donne encore un éclaircissement de plus sur sa position, en nous apprenant qu'elle était placée *auprès de la tour*. Il y a lieu de croire que la tour comme la chapelle faisaient partie des nouvelles constructions élevées par Bernard de Castanet; car un grand nombre de pièces importantes constatent que le palais épiscopal fut entouré de fortifications à la fin du treizième siècle, et certains actes,

[1] Archives de l'évêché, ms. 107, fol. 166.

[2] *Ibid.* fol. 323.

d'après M. Compayré, désignent même ce palais sous le nom de *forteresse de l'évêque nouvellement construite*[1]. Enfin, il nous est permis d'affirmer, d'après un document du 16 juillet 1286, que la nouvelle chapelle dont nous venons de parler était dédiée à la sainte Vierge. C'est un acte de vente faite par Pons et Amat du Puy, damoiseaux, à Bernard, évêque d'Alby, de quelques droits qu'ils possédaient dans la ville d'Alby, au bas duquel on lit : *actum Albiæ in capella beatæ Virginis Mariæ novi ædificii prædicti domini episcopi Albiensis*[2].

Ces renseignements, si vagues et si incomplets qu'ils soient, nous ont paru utiles à conserver. Nous les avons recueillis dans l'espoir que quelqu'un voudra peut-être un jour rechercher la trace de ces diverses constructions. S'il en était autrement pourtant, nous croirions encore avoir rendu quelque service, en constatant par nos recherches l'époque de la construction d'un monument si voisin de la cathédrale qui a donné lieu à ce travail, et dont nous aurons plusieurs fois encore à nous occuper, en parlant des évêques qui ont administré le diocèse d'Alby.

On peut raisonnablement admettre, avec le goût si connu de Bernard de Castanet pour les établissements nouveaux, que cet évêque dut songer à élever encore d'autres monuments. En effet, Massol lui attribue la fondation des Carmes, venant du Mont-Carmel, au Vigan, et celle des frères Mineurs de Saint-François au faubourg de Verdusse, et il donna, dit-il, à chacune de ces communautés une

[1] *Études hist. sur l'Albigeois*, p. 65.

[2] Archives de l'évêché, ms. 107, fol. 331.

habitation décente, avec de vastes enclos entourés de murailles[1]. Cet historien ajoute encore qu'il attira auprès de lui les Dominicains; et cette assertion se trouve confirmée par le témoignage de M. Compayré, lequel nous dit que les frères Prêcheurs arrivèrent à Alby à peu près vers le même temps que l'évêque. Pendant quelques années, ces religieux se contentèrent de l'habitation qui leur avait été concédée; mais un jour ils voulurent d'autres bâtiments, et ils construisirent en 1293 une nouvelle église sous l'invocation de saint Louis. Bernard de Castanet en posa la première pierre, le dimanche après l'octave de Saint-Pierre et Saint-Paul, c'est-à-dire le 12 juillet 1293[2].

[1] Massol, *Hist. de l'ancien pays d'Albigeois*, p. 355.

[2] Compayré, *Études hist. sur l'Albigeois*, p. 59.

CHAPITRE IX.

Les curés du diocèse demandent la permission de disposer de leurs biens par testament. — Élections consulaires. — Bernard de Castanet rend la justice. — Les petits pèlerinages. — Confiscation des biens des hérétiques. — Les clercs exerçant des arts mécaniques non soumis au subside de guerre. — Le faubourg du Bout-du-Pont.

On a déjà vu que les habitants d'Alby avaient une entière liberté de disposer de leurs biens, mais que leur succession appartenait de droit au seigneur-évêque lorsqu'ils mouraient *ab intestat* et sans parents. Ce droit avait été inséré dans le livre des coutumes de la ville et ne pouvait ainsi être contesté. Cependant il paraît que les curés n'avaient pas encore cette faculté de disposer de leurs effets mobiliers en 1278, puisqu'il existe plusieurs requêtes présentées à Bernard de Castanet par divers curés ou recteurs des églises du diocèse, qui lui en demandaient la permission[1]. Au reste, cette autorisation ne tarda pas à leur être accordée, et les ecclésiastiques durent même souvent participer aux donations de leurs administrés; car nous connaissons une sentence de l'official d'Alby, du 28 juillet 1283, qui défend aux notaires de recevoir au-

[1] Ces demandes furent adressées à l'évêque par l'archiprêtre de Cordes et les recteurs de Puy-Celse et de Lisle au nom de leurs confrères, les 19 et 31 janvier et le 9 février 1278 (1279). — Archives de l'évêché d'Alby, ms. 107, fol. 60 et seq.

cun testament, si ce n'est en présence des curés[1]. Il n'est peut-être pas inutile de rappeler ici que l'évêque Bernard avait obtenu du pape Jean XXI le pouvoir de conférer les bénéfices qui viendraient à vaquer dans son diocèse, et le droit de nommer deux tabellions ou notaires. Ce fut en vertu de cette autorité qu'il institua notaire public, en présence de quatre prud'hommes, Amelius de Candeil, dont il reçut le serment le 21 décembre 1280[2], et auquel il remit les notes et registres d'Isarn Aimera et de R. Rubei, avec pouvoir d'en faire des extraits pour ses actes.

Fort de sa puissance de seigneur temporel, Bernard de Castanet ne manquait jamais d'exiger, conformément à la charte de saint Louis (1264), que le viguier royal entrant en fonctions vînt lui jurer de respecter ses droits et de garder et conserver intactes les prérogatives de l'église d'Alby. L'acte de serment d'Élie Judicis, daté du 13 février 1279, nous en fournit la preuve[3]. L'évêque faisait aussi procéder avec le plus grand soin, et dans les formes voulues, à l'élection des consuls, qui lui prêtaient également ensuite le serment de respecter et faire respecter les droits de l'évêque, de l'église et de la ville d'Alby. Trois

[1] Archives du chapitre de l'église cathédrale, ms. 107, fol. 274.

[2] Archives de l'évêché, ms. 107, fol. 186.

[3] *Ibid.* fol. 134. — M. Compayré, qui nous a donné dans ses documents inédits (p. 200) une partie de ce serment d'après la copie des archives du viguier, croit devoir traduire le nom du bailli royal d'Alby et de l'Albigeois par *Élie de Juge*. Nous pouvons affirmer ici que la famille Judicis, qui plus tard acquit la terre de Mirandol, existe encore et n'a jamais donné une autre orthographe à son nom. Elle signe encore aujourd'hui *Judicis de Mirandol.*

documents, l'un du 19 août 1285, le second du 20 juin 1293, et le troisième du dimanche après la Saint-Barnabé de l'an 1316, nous prouvent qu'à cette époque la ville était encore divisée en six gaches ou quartiers, ainsi nommés : Verdusse, le Vigan, Sainte-Martianne, Saint-Afrique, Las Combes et Saint-Étienne. Tous ces documents sont antérieurs à ceux que l'on a publiés jusqu'à ce jour, et il nous a paru utile de reproduire ici le texte du premier, c'est-à-dire de l'an 1285, non-seulement à cause de son antiquité, mais encore pour les précieux renseignements qu'il fournit sur le nombre des consuls et conseillers, sur les formes de leur élection et sur le serment qu'ils devaient prêter à leur entrée en fonctions[1].

La science, l'activité de ce prélat ne lui laissaient rien négliger. Ainsi, nous voyons que le 8 janvier 1280 (1281), il passait une transaction avec les consuls et habitants de Réalmont au sujet du droit de *passata* ou de paix, dont il les déchargeait pour l'avenir moyennant une somme de quatre mille sous melgoriens[2]; et, le 2 décembre 1284, il recevait du prévôt et du chapitre d'Alby le droit de disposer de la camérerie de la cathédrale, ainsi que de plusieurs autres bénéfices vacants et dépendants du chapitre[3]. Ce n'est pas tout encore : l'évêque d'Alby rendait lui-même la justice, et sa justice était souvent sévère. On peut s'en convaincre en lisant une sentence de lui qui condamne, le 4 avril 1280, à la prison perpétuelle, au pain de dou-

[1] Preuves, n° XXII.
[2] Archives de l'évêché, ms. 107, fol. 193.
[3] *Ibid.* fol. 298.

leur et à l'eau d'angoisse Gabriel de Fumet, chanoine de Saint-Salvi et prieur de l'église de Saint-Afrique, pour un de ces actes d'immoralité et de corruption que l'on est heureux de ne pas rencontrer souvent dans l'histoire[1]. Toutefois, on reconnaît qu'en certains points ce prélat n'était pas ou ne savait pas être au-dessus de son siècle. Le samedi avant la Saint-Barthélemy de l'an 1290, un nommé Bernard Salomon de Noalha (de Noailles), accusé d'avoir eu commerce charnel avec une vache, comparut devant l'évêque siégeant en cour séculière, et celui-ci, après avoir pris l'avis des prud'hommes qui l'assistaient, condamna le malheureux traduit à sa barre à avoir la tête tranchée, ainsi que la vache, et ordonna de les brûler tous deux ensemble. L'exécution de ce jugement fut enfin suivie d'une proclamation criée par toute la ville et portant défense de toucher aux ossements brûlés, sous les peines encourues par les deux coupables[2].

Deux ans auparavant, le mercredi avant la Saint-Jacques 1278, Guillaume de Vezian, juge de la cour séculière de l'évêque, avait rendu une ordonnance portant que tous ceux qui seraient surpris en adultère devraient courir entièrement nus dans les rues de la ville; mais, après cette course faite *selon la coutume*, la justice était satisfaite; les condamnés ne perdaient point la liberté, et on leur restituait leurs biens et leurs vêtements[3].

[1] Archives de l'évêché, n° 107, fol. 156.

[2] Archives de l'hôtel de ville d'Alby, fonds Doat, ms. 103, fol. 30.

[3] Compayré, *Études hist. sur l'Albigeois*, p. 175. — Archives de l'hôtel de ville d'Alby, ms. 103, fol. 22.

Cette application à rendre la justice nous porte à mentionner ici comment Bernard de Castanet exerça son zèle contre les hérétiques. Il les faisait *emmurer*, c'est-à-dire qu'ils étaient enfermés dans de véritables fosses, n'ayant qu'une petite ouverture à la partie supérieure, par laquelle on jetait aux malheureux condamnés à cet affreux supplice l'eau et le pain nécessaires à leur subsistance. Il les condamnait aussi à mourir soit par le feu, soit par la potence, ou bien encore il leur ordonnait de longs et pénibles pèlerinages; mais toujours il prononçait la confiscation des biens des individus condamnés à son tribunal. Nous n'en citerons pour preuve que la sentence de confiscation prononcée par ce prélat contre les héritiers de Bernard de Marsac, chevalier, et de la vicomtesse de Marsac, condamnés à être emmurés pour crime d'hérésie. L'évêque fit saisir par Bernard de Montfort, son juge et procureur, toutes les propriétés situées sur le territoire de Marsac, ainsi que celles qui pouvaient se trouver dans le ressort de la juridiction épiscopale, et une partie de ces biens dut entrer en sa possession. Ces saisies furent faites en 1282, le lendemain de l'Exaltation de la sainte croix (15 septembre), et le 28 octobre 1283, jour de la fête de Saint-Simon et de Saint-Jude[1].

Les manuscrits que nous connaissons signalent encore diverses ventes faites en l'an 1288 par les procureurs du roi et de l'évêque; mais nous nous bornons à les signaler, en faisant remarquer que les biens ainsi vendus sont con-

[1] Archives de l'évêché, ms. 107, fol. 250.

fisqués sur un certain nombre de personnes condamnées pour crime d'hérésie[1]. Or, veut-on savoir combien cette qualification d'hérétique était facile à donner, à poursuivre et à punir? Nous allons le faire connaître d'après un passage emprunté à un historien digne de foi. « Un homme « de Réalmont en Albigeois, dit D. Vaissette, ayant assisté « à un des conventicules de la secte, et ayant pris part à « la cérémonie de l'adoration, qu'il assurait avoir ignorée « jusqu'alors, en eut du remords. Il alla aussitôt à con- « fesse à un cordelier, qui lui imposa pour pénitence ce « qu'on appelait alors les moindres pèlerinages, c'est-à-dire « ceux de Notre-Dame du Puy, de Saint-Antoine en Vien- « nois, de Saint-Pierre de Montmajour, de Notre-Dame de « Lattes, de Saint-Gilles, de Notre-Dame de Vauvert, de « Notre-Dame-des-Tables à Montpellier et de Notre-Dame « de Sérignan, sans compter diverses autres œuvres pé- « nibles. Ce pénitent, ayant été prendre des mains de son « curé le bourdon et la calebasse, accomplit tous ces pèle- « rinages; mais, étant de retour chez lui, il fut encore in- « quiété par les inquisiteurs, qui le firent mettre en prison « et lui imposèrent une nouvelle pénitence[2]. »

On voit, par cet exemple, que les religieux du XIIIe siècle ne pardonnaient pas facilement une seule erreur, une simple croyance d'un moment, et l'on peut ainsi se représenter, par la citation que nous venons de faire, quels devaient être les supplices infligés aux hérétiques reconnus, à ceux qui étaient accusés, soupçonnés d'hérésie, ou même

[1] Archives de l'évêché, fol. 370 et seq.
[2] *Hist. gén. de Languedoc*, t. IV, p. 41.

enfin simplement convaincus d'avoir eu quelques rapports avec des *bons hommes*.

Nous avons un ancien registre qui contient les interrogatoires que Bernard de Castanet fit subir à un grand nombre de personnes accusées d'hérésie ou de vaudoisie depuis l'an 1285 jusqu'en 1300. Il serait facile, en les examinant, d'y trouver des renseignements nouveaux sur la doctrine et les torts reprochés aux adversaires de l'église à cette époque; mais ce serait trop nous éloigner de notre sujet, et nous parlerons seulement de l'évêque d'Alby, pour constater qu'il fit ses procédures en qualité d'*inquisiteur de la foi* dans son diocèse, et comme *vice-gérant de l'inquisiteur du royaume de France*, lequel était religieux jacobin et résidait habituellement à Carcassonne. Bernard se faisait assister, dans ses procédures, tantôt de cet inquisiteur, tantôt de celui de Toulouse, et quelquefois de tous deux ensemble; mais toujours il avait auprès de sa personne le prieur et le lecteur du couvent des jacobins d'Alby, quelques ecclésiastiques du diocèse, et enfin un ecclésiastique qui servait de notaire ou de greffier[1].

Quittons ce triste sujet, et nous verrons que Philippe le Bel semble avoir pris notre évêque en singulière affection. Ainsi, un acte du mois de juillet 1290 nous fait connaître la cession faite par le roi de France, à Bernard de Castanet, de la justice du lieu de Fraissines, que l'évêque assurait appartenir depuis longtemps à son église cathédrale[2]. Cet abandon du souverain, qui aime mieux renoncer

[1] *Hist. gén. de Languedoc*, t. IV, p. 39. — Mss. de Coaslin, n° 545.

[2] Archives de l'évêché, ms. 108, fol. 3.

à une partie de ses droits, plutôt que de retenir un bien qui ne lui appartiendrait pas, est signé à Paris, de même que des lettres datées du jeudi avant la Madeleine de l'an 1290. Par ces dernières lettres, Philippe défend aux sénéchaux de Carcassonne et de Toulouse d'empêcher les ecclésiastiques du diocèse d'Alby d'acquérir des biens en leur propre nom, et ordonne de les considérer dans ces occasions comme de simples particuliers[1].

L'année suivante (1291) Bernard assistait, avec Guillaume Duranti, évêque de Mende, au concile de la province de Bourges[2], et, trois ans plus tard, le lundi avant l'Ascension 1294, Philippe le Bel donnait une nouvelle preuve de son attachement à l'évêque en lui faisant restituer, ainsi qu'aux clercs d'Alby, les biens que les consuls leur avaient saisis pour n'avoir pas voulu contribuer à la finance qu'ils devaient payer pour s'exempter d'aller à la guerre de Gascogne et d'Agenois. Ce subside, imposé dans la province, dont l'histoire nous fournit tant d'exemples et qui vint si souvent ruiner les pauvres familles, s'élevait alors à la somme de six sous tournois par feu, destinés à subvenir aux frais d'armement des troupes rassemblées à Toulouse par le connétable de Nesle pour agir contre le roi d'Angleterre et lui reprendre le duché d'Aquitaine.

L'acte que l'on trouve sur ce sujet dans le cartulaire d'Alby nous prouve que les clercs n'étaient pas soumis alors à ce subside de guerre[3]. On remarque, en outre,

[1] Archives de l'évêché, ms. 108, fol. 5.

[2] *Hist. gén. de Languedoc*, t. IV, p. 73.

[3] Archives de l'évêché, ms. 108, fol 37.

quelques détails fort intéressants dans ce curieux document que D. Vaissette résume en ces termes : « Comme les « clercs mariés et non mariés, dit-il, étaient exempts de « cette imposition et que cela diminuait beaucoup le nombre « de ceux qui devaient y contribuer, le lieutenant du viguier « de la ville d'Alby somma l'official de l'évêque d'avertir « les clercs qui exerçaient des arts mécaniques d'opter entre « ces arts et la cléricature. Il y avait en effet parmi eux « des tailleurs, cordonniers, cabaretiers, merciers, maçons, « tisserands, foulons, charpentiers, tourneurs, boulangers, « bouchers, menuisiers, forgerons, etc. qui se prétendaient tous exempts en vertu de la cléricature ou de la « tonsure qu'ils s'étaient procurée, *de contribuer à la somme « dont les consuls et les habitants d'Alby étaient convenus avec « les gens du roi pour s'exempter cette fois de ne pas aller avec « l'armée du roi dans la Gascogne et l'Agenois.* Tous ces clercs « soutenaient que la sommation du lieutenant du viguier « attaquait leurs priviléges : ils en portèrent leurs plaintes « au roi, qui, par ses lettres données à Paris le lundi avant « l'Ascension, ordonna au sénéchal de Carcassonne de leur « rendre justice[1]. »

C'était Jean d'Arreblay qui était alors sénéchal de Carcassonne et de Béziers. Dès que cet officier eut reçu les lettres royales, à Cahors, il commit, pour les faire exécuter, le samedi après l'octave de la Pentecôte de la même année, Pierre de Raymond, juge-mage, assisté de ses deux lieutenants Jean de Latour et Raymond de Gaude-

[1] *Hist. gén. de Languedoc*, t. IV, p. 80.

riis[1], qui s'acquittèrent sur-le-champ de la mission qui leur était confiée. Toutefois, le sénéchal de Carcassonne et celui de Toulouse vinrent encore parfois contester les droits de l'évêque dans certaines circonstances; mais celui-ci en appela sans hésiter au roi, qui l'écouta encore favorablement, et Philippe défendit, le 4 décembre 1297, aux deux sénéchaux, d'empêcher l'évêque et ses officiers de connaître des causes personnelles qui seraient portées par ses diocésains devant la cour spirituelle que le prélat tenait dans la cité d'Alby depuis un temps immémorial, *ab antiquo tempore cujus non existit memoria*[2].

En examinant la position des ecclésiastiques à cette époque, on s'étonnera peut-être de cette contestation suscitée par l'administration consulaire; mais on devra considérer aussi la pénible situation des représentants de la cité, qui devaient fournir une forte somme au roi, et qui trouvaient constamment devant eux une foule de gens disposés à éluder la loi ou à y résister. Toutefois, le différend existant entre le clergé et les consuls de la ville ne fut pas de longue durée; car le prévôt de la cathédrale, Guillaume de Montjoux, et les chanoines, accordèrent, le 7 avril 1294 (1295), aux consuls d'Alby, l'autorisation de faire élever un mur en tuile ou autrement le long du Tarn, au-dessous des moulins appartenant au chapitre. Ajoutons tout de suite que cette permission fut donnée sans finance et à la seule condition imposée par les chanoines de se réserver le droit d'avoir dans ce mur des en-

[1] Archives de l'évêché, ms. 108, fol. 37.
[2] *Ibid.* fol. 61.

trées ou sorties pour les maisons et bâtiments qu'ils pourraient y faire construire[1].

A la même époque, c'est-à-dire l'an 1295, le prévôt de la cathédrale avec Aimeric de Rupe Négada, sénéchal de Jean de Montfort, comte de Castres et coseigneur de Castel-Viel, arrêtèrent les bases de la division des consulats d'Alby et de Castel-Viel, dont ils tracèrent les limites[2]. Et c'est ici que nous devons classer un acte rédigé évidemment vers la fin du XIIIe siècle et faisant connaître les justices et autres droits appartenant à l'évêque d'Alby dans la ville et ses dépendances. Ce document, qui ne porte aucune date, a été placé parmi les copies manuscrites de Doat à l'année 1298. A nos yeux, il est incomplet; mais nous avons pensé qu'il était nécessaire de le conserver, parce qu'il nous a paru utile à plus d'un titre. Non-seulement il nous rappelle les anciens droits de l'évêque, mais il nous montre encore quelles étaient ses possessions. On y trouvera aussi des renseignements sur certains alleux de l'évêché, ainsi que sur diverses localités situées aux environs d'Alby; enfin, on y lira avec intérêt les noms de certaines familles qui ne relevaient directement que de l'évêque[3].

[1] Cette permission, qui se trouve signalée dans l'*Inventaire des titres de la cathédrale*, a été recueillie parmi les pièces de la collection formée par le président de Doat, et j'ai cru devoir la conserver. (Voy. Preuves, n° XXIII.)

[2] Compayré, *Études histor. sur l'Albigeois*, p. 189.

[3] Preuves, n° XXIV. — En lisant avec soin ce dénombrement des droits de l'évêque et en le rapprochant de l'enquête faite en 1229, on peut être tenté de le reporter à cette époque; cependant j'ai cru devoir le laisser à cette place, en attendant que de nouvelles découvertes puissent permettre de le classer définitivement.

En l'an 1296, deux chanoines de Bourges, envoyés par le vicaire général de l'archevêque primat d'Aquitaine, arrivèrent à Alby pour y faire la visite du diocèse. Gilles Colonna, dit *de Rome*, alors placé sur le siége de Bourges, résidait auprès de la cour pontificale, et il s'était fait dispenser de l'obligation de visiter les diverses parties de son diocèse par une bulle du pape Boniface VIII, qui l'autorisait à se faire remplacer. Il avait, en conséquence, nommé des vicaires généraux chargés de remplir cette mission, et ceux-ci, profitant de l'absence du prélat, avaient eux-mêmes délégué d'autres chanoines pour s'acquitter de ces fonctions[1].

Les chanoines de Bourges procédaient donc à la visite du diocèse quand les consuls d'Alby signèrent, avec Bernard de Castanet, les prévôts de Sainte-Cécile et Saint-Salvi, et quelques autres délégués, une nouvelle ordonnance sur les droits de lods et ventes. Cette charte, dont on trouve le texte dans un ouvrage dû à de patientes et savantes recherches[2], n'est pas des moins curieuses à connaître pour l'étude des coutumes et institutions de la ville au XIIIe siècle. Cependant elle a moins de prix à nos yeux qu'une pièce du 21 avril 1296 qui vient encore éclaircir un petit point d'histoire locale. C'est un acte d'après lequel les habitants du faubourg du Bout-du-Pont reconnaissent qu'ils sont de la communauté et du consulat d'Alby, ainsi que de la juridiction de l'évêque, et qu'ils doivent, en consé-

[1] Archives de l'évêché, ms. 108, fol. 49 et 59.
[2] Compayré, *Études hist. sur l'Albigeois*, p. 157.

quence, participer aux dépenses communes comme les autres habitants de la cité[1].

On voit tout d'abord par cette pièce, signée des consuls en exercice, que le faubourg qui s'était formé à l'extrémité du pont d'Alby, depuis son établissement, avait pris alors une certaine importance. Deux siècles et demi l'avaient vu se former, grandir et se développer. Il dépendait alors des gaches de Las Combes et de Saint-Afrique; mais, comme il était placé dans le ressort de la sénéchaussée de Toulouse, s'étendant jusqu'à la rive droite du Tarn, il se trouvait constamment tiraillé entre les droits de cette sénéchaussée et les prétentions bien naturelles des consuls de la ville d'Alby, laquelle dépendait de la sénéchaussée de Carcassonne.

Ce fut sans doute au moment où les habitants du Bout-du-Pont venaient enfin se placer volontairement sous la tutelle d'Alby que, d'après un titre signalé par M. Compayré, les magistrats de Cordes les appelèrent à venir se ranger sous leur bannière, et demandèrent au sénéchal de Toulouse de les y obliger, suivant l'ancienne coutume. Les consuls de Cordes produisirent alors un titre curieux de l'an 1295, émané des habitants du Bout-du-Pont, *d'el cap del pont*, et certifiant que deux d'entre eux, savoir: R. Gilbert et Pierre du Corps, devraient se rendre armés et équipés à Cordes, pour se mettre à leur service[2].

[1] Preuves, n° XXV.

[2] Compayré, *Études hist. sur l'Albigeois*, p. 209. — On remarquera à la suite de cette pièce un autre document portant la date de 1338, d'après lequel Arnaud Lemodiany, lieutenant du juge d'Albigeois, appelle au service

Alors naquirent probablement entre les deux sénéchaussées des contestations qui durèrent environ cinquante ans, au sujet de cette localité. Il fut procédé à des enquêtes; on examina les prétentions des deux parties; enfin Philippe de Valois désigna pour arbitre Jean, évêque de Beauvais, son lieutenant dans le Languedoc[1], et celui-ci rendit, le 22 novembre 1342, le seul arrêt qu'on pût raisonnablement attendre. Il déclara que le faubourg du Bout-du-Pont, avec ses dépendances, appartiendrait à l'avenir à la cité d'Alby, et que les consuls pourraient désormais prélever sur ses habitants les collectes et tailles, afin de les faire contribuer aux dépenses communes de la ville[2].

du roi les consuls du bout du pont d'Alby, avec six sergents bien armés, ainsi que ceux de Lescure, d'Artbès, de Valence et de Pampelune.

[1] Le texte imprimé que nous avons sous les yeux porte *episcopus Belcatensis*; mais c'est une erreur de copie sans aucun doute, et il faut lire *Bellovacensis*. En effet, il s'agit ici de Jean de Marigny, évêque de Beauvais, qui fut effectivement lieutenant du roi *dans toutes les parties du Toulousain, de l'Agenois, du Bourdilois, de la Xaintonge et de toute la Gascogne et la Languedoc*. Il fut remplacé dans ces fonctions, le 11 novembre 1342, par Agout de Baux, sénéchal de Toulouse; mais il rendit encore quelques arrêts après son rappel en France, et celui que nous citons est l'un des derniers qu'il ait rendus en qualité de lieutenant du roi. Il le signa à Marmande.

[2] Compayré, *Études hist. sur l'Albigeois*, p. 226.

CHAPITRE X.

Sécularisation du chapitre. — Informations prises par Nicolas III. — Requête de plusieurs évêques en faveur des chanoines. — Nouvelle enquête ordonnée par le pape. — Bulle de Boniface VIII. — Statuts de Bernard de Castanet et du chapitre. — Époque de la construction d'une nouvelle église Sainte-Cécile. — Dernières traces de l'ancienne cathédrale d'Alby.

Revenons à un point intéressant de l'histoire de Sainte-Cécile d'Alby : nous voulons parler de l'époque de la sécularisation du chapitre de la cathédrale. Ce fait est trop important dans les annales de l'église pour ne pas être mentionné, et nous allons le rapporter avec quelques détails nécessaires.

On se rappelle sans doute que la première demande des chanoines à ce sujet avait été faite le 21 février 1268[1]. Nous avons dit aussi que, neuf ans plus tard, le prévôt rédigea, du consentement du chapitre, et présenta à Bernard de Castanet des statuts faits en prévision d'un changement de condition. Ces statuts furent approuvés par l'évêque le 3 février 1277[2].

Or, depuis le jour où Guillaume de Amiana avait été envoyé en cour de Rome pour y présenter et soutenir, au besoin, la requête adressée au pape par les chanoines de la cathédrale, le saint-siége avait été occupé par plusieurs

[1] Chap. VII, p. 121.
[2] Chap. VIII, p. 129.

pontifes qui ne paraissent pas s'être occupés de cette affaire. Clément IV avait été remplacé par Grégoire X, auquel avaient succédé, dans la même année, Innocent V et Adrien V. Les membres du chapitre espéraient enfin en Jean XXI, le protecteur de leur évêque, qui promettait de les appuyer de son influence et de son crédit, lorsqu'un malheur épouvantable vint encore ajourner leurs espérances : le pape mourut écrasé dans son palais.

Cependant le prévôt et les chanoines d'Alby ne perdirent pas courage dans cette circonstance. Le 14 des calendes de février 1277 (19 janvier 1278), ils adressèrent une nouvelle supplique au successeur de Jean XXI, en rappelant leur première demande de sécularisation, et ils donnèrent encore une fois leur procuration à Guillaume de Amiana[1].

Nicolas III, par une bulle datée du 8 décembre suivant, ordonna alors à trois prélats de prendre des informations précises sur l'état et le revenu de la cathédrale d'Alby, qui demandait à être sécularisée. Ces trois délégués étaient Raymond de Calmont, évêque de Rodez; Étienne, évêque de Mende, et Pierre Coral, abbé de Tulle au diocèse de Limoges; mais l'abbé de Tulle écrivit le 1er février 1279 à ses collègues pour s'excuser de ne pouvoir exécuter les ordres du pape, et il ne put ainsi prendre aucune part à cette enquête, à cause de l'état de sa santé et de quelques affaires indispensables[2].

Les deux évêques se rendirent donc seuls à Alby, où

[1] Preuves, n° XXVI.

[2] Steph. Baluzii *Hist. Tutelensis*, p. 585 et 175.

ils arrivèrent le jour des calendes de mars (1er mars), et ils citèrent à comparaître devant eux, le lendemain 2 mars, dans l'église cathédrale, l'évêque, le prévôt et les chanoines, pour y être interrogés au sujet de leur demande en sécularisation.

Tous les chanoines comparurent, à l'exception de deux, dont l'un était malade et l'autre à Paris pour ses études. Les députés, les ayant interrogés successivement, reconnurent que, d'après les conventions faites entre l'évêque et le chapitre, dans le cas d'une sécularisation, les prébendes seraient portées à trente et une, et que chacune d'elles pourrait alors valoir environ cinquante livres de revenu; que le prévôt et les quatre archidiacres auraient en outre cent livres; le trésorier, le chantre et le sous-chantre, soixante livres. Ils s'assurèrent aussi que les chanoines ayant voix au chapitre étaient au nombre de vingt et un; que depuis longtemps ils étaient en procès entre eux, et que ces dissensions avaient déjà causé une foule de maux et de désordres préjudiciables à l'église et aux personnes; qu'il existait un cloître assez convenable, mais que bien peu de chanoines vivaient de la vie commune et mangeaient au réfectoire; qu'ils couchaient tous dans des chambres ou demeures qui leur étaient particulières, ou dans les maisons de leurs parents; que la religion et les mœurs souffraient d'un tel état de choses; enfin que les chanoines étaient pour la plupart assez ignorants.

En conséquence les deux évêques adressèrent, le 8 mars, un rapport au pape, dans lequel ils lui exposèrent les faits qu'ils avaient vus ou entendus, et ils conclurent en demandant la sécularisation du chapitre, dans l'intérêt même et pour le soutien de la foi dans un pays encore infecté d'hérésie. Ils insistèrent surtout pour que le chapitre fût composé à l'avenir d'hommes pieux, honnêtes, vertueux, versés dans l'étude et propres, par leur science et leur sagesse, à défendre les droits de l'église d'Alby[1].

Cette enquête n'eut pas tout l'effet qu'en avaient peut-être espéré les chanoines, car le chapitre recommença ses supplications et s'adressa à l'archevêque métropolitain. Nous savons, en effet, que le 8 des calendes de mars 1283 (22 février 1284) l'archevêque de Bourges, Simon de Beaulieu, primat d'Aquitaine; Guy de la Tour, évêque de Clermont, et Gilbert de Malemort, évêque de Limoges, implorèrent Martin IV en faveur du chapitre et demandèrent aussi sa sécularisation[2].

A cette époque, ou peu de temps après, dut arriver la mort de Guillaume de Amiana, chargé de poursuivre l'affaire du chapitre en cour de Rome. C'est ce qui résulte pour nous d'un acte prouvant que ce fondé de pouvoirs avait été remplacé par un autre procureur. La pièce qui le constate porte la date du 21 mars 1289 (12 kal. april. 1288). C'est une procuration donnée par le prévôt de l'église, Raymond de Canals, et les membres du chapitre, à deux chanoines de Sainte-Cécile, Bernard d'Olivier et Guillaume de Calvet, pour aller auprès de Sa Sainteté savoir si elle voulait qu'ils persistassent à vivre dans l'état régulier, ou si elle consentait à les laisser passer à l'état

[1] Preuves, n° XXVII.
[2] Preuves, n° XXVIII.

séculier[1]. Dans ce document, on voit qu'il est question d'une réponse que l'on dit avoir été faite par le pape au représentant de l'église d'Alby, Guillaume de Montjoux, *super responsione quam dicitur fecisse Dominus noster summus Pontifex magistro Guillelmo de Montejovis præposito Mancii procuratori nostro*. On doit remarquer aussi que cette procuration ne révoque pas les droits concédés précédemment à ce même Guillaume de Montjoux. Elle les confirme au contraire; mais elle adjoint ainsi deux chanoines au nouveau représentant de l'église, pour l'aider dans ses actes et ses démarches, afin de soutenir les demandes du chapitre.

Le 20 janvier 1290, Nicolas IV, étant à Rome, parut enfin vouloir songer sérieusement à la réformation de l'église d'Alby, et il écrivit à ce sujet à l'évêque, afin de l'engager à conférer sans délai les ordres à certains chanoines nouvellement élus par le chapitre[2]. Déjà, trois mois auparavant, le 9 novembre 1289, le pape avait montré quelque affection pour l'église d'Alby en autorisant le prévôt et le chapitre à conférer à l'avenir l'office de camérier. Il leur avait même concédé le droit de nommer à quelques paroisses du diocèse dont la collation était depuis longtemps réservée au saint-siége. Ces paroisses étaient Saint-Étienne, Saint-Julien, Sainte-Marie de Castel-Viel, Saint-Pierre de Buxo, Saint-Claude de Carlus, Saint-Vincent de Causat, Saint-Médard d'Audiblac, Saint-Pierre de Lior et Sainte-Marie de la Drèche[3].

[1] Preuves, n° XXIX.

[2] Preuves, n° XXX.

[3] *Bullarium sanctæ ecclesiæ Albiensis.* — Notre-Dame de la Drèche a été

Tant de bienveillance et d'attention de la part du souverain pontife parurent d'un bon augure aux chanoines, qui cessèrent un instant leurs démarches, et Guillaume de Montjoux, dont les soins semblaient désormais inutiles à Rome, retourna même à Alby, où il fut élu prévôt de la cathédrale. Ce fut en cette qualité qu'il fit adopter par le chapitre, le 14 des calendes de février 1290 (19 janvier 1291), de nouveaux statuts stipulant, entre autres choses, que l'évêque pourrait assister aux assemblées du chapitre et prendre part à l'élection du prévôt, à la réception des chanoines nouvellement élus et à la collation des bénéfices dépendants du susdit chapitre.

Bernard de Castanet s'empressa de confirmer le même jour cette addition aux statuts; mais il y constata toutefois qu'ils devraient être préalablement soumis à l'approbation du pape, dans le cas où le saint-père se déciderait enfin à signer la bulle de sécularisation de la cathédrale[1].

Les chanoines étaient alors pleins de confiance dans la promesse du souverain pontife. C'était en travaillant à se réformer eux-mêmes qu'ils se préparaient à passer de l'état régulier à l'état séculier; mais le pape ne prenait aucune décision. Les membres du clergé de la cathédrale recon-

de tout temps en grande vénération dans le pays. La tradition affirme qu'à l'époque de la guerre des Albigeois saint Dominique vint souvent y adresser ses prières à la Vierge, et nous savons que jadis de nombreux pèlerins se rendaient processionnellement à cette chapelle. Pendant les épidémies ou dans les temps de malheurs publics, les magistrats de la cité allaient implorer l'intercession de Notre-Dame de la Drèche, et, de nos jours encore, cette église est fréquentée par de nombreux fidèles à certaines époques de l'année.

[1] Preuves, n° XXXI.

nurent enfin qu'ils n'auraient pas dû interrompre leurs démarches, et ils venaient de renvoyer leurs fondés de pouvoirs près la cour de Rome, quand Nicolas IV mourut, en 1292, sans avoir rien signé pour la réformation de l'église d'Alby. Puis Célestin V succéda à ce pape, après un interrègne de deux ans; mais il ne fit que passer, pour ainsi dire, sur le trône pontifical, qu'il céda la même année à Boniface VIII (13 décembre 1294).

On doit supposer que le chapitre ne resta pas oisif pendant ces divers changements de pape, et il dut certainement continuer à adresser de nouvelles sollicitations appuyées d'autres requêtes. Plus il éprouvait de déceptions, plus il montrait de ténacité, et il ne désespérait pas encore après vingt-cinq ans d'insuccès. Cependant l'évêque d'Alby reconnut un jour que les années s'écoulaient sans amener de solution favorable, et il résolut de prendre lui-même en main la cause de son église et de s'adresser directement au nouveau pontife. En conséquence, Bernard de Castanet envoya à Rome, avec de pleins pouvoirs pour le représenter, Pons de Saint-Just, qu'il chargea en outre d'une lettre rappelant au pape ce qui avait été fait, depuis le 21 février 1268, par le chapitre d'Alby, en vue d'un changement de condition.

Boniface donna alors des pouvoirs particuliers à l'abbé de Saint-Pons de Thomières, au sacristain et au précenteur de l'église de Lodève; et, en vertu de cet ordre, ces trois personnages firent inhibition à l'évêque, au prévôt et aux chanoines de la cathédrale d'Alby d'avoir à comparaître par eux-mêmes ou par procureurs devant la cour apostolique, pour y être entendus dans leurs dits et plaintes. Le souverain pontife chargea ensuite Géraud, cardinal-évêque de Sabine, Mathieu, cardinal-évêque de Porto, et Mathieu, cardinal-diacre de Sainte-Marie *in Porticum*, de procéder à une information complète et de lui en rendre compte[1].

L'examen de l'enquête des évêques de Rodez et de Mende, les assertions des procureurs du chapitre et la relation des cardinaux que nous venons de nommer ayant convaincu le pape de la nécessité d'une réforme dans l'église d'Alby, Boniface VIII signa enfin à Rome, le 4 des calendes de janvier (29 décembre) 1297, la bulle de sécularisation si longtemps attendue. *Anno Domini MCCXCVII, IV kal. januarii, Bonifacius papa, pontificatus anno tertio, instituit in ecclesia sanctæ Ceciliæ Albiensis, ut essent ibi deinceps canonici seculares qui antea canonici regulares vocabantur et fuerant multis annis, domino Bernardo de Castaneto, tunc episcopo Albiensi et ipsum sollicite procurante*[2].

Dix jours après, le 6 des ides de janvier 1297 (8 janvier 1298), Pons de Saint-Just, procureur de Bernard de Castanet, Guillaume de Montjoux, et les autres délégués de l'église cathédrale d'Alby, vinrent requérir les cardinaux Géraud, Mathieu de Porto et Mathieu de Sainte-Marie *in Porticum*, de vouloir bien accomplir les volontés du pape.

[1] *Bulle et statuta pro ordinatione ecclesiæ Albiensis*, p. 3 et seq. Bulla Bonifacii VIII, à la suite de l'*Ordonnance de Mgr Legoux de la Berchère, en conséquence de sa visite de l'église métropolitaine et du chapitre*. Alby, Ve Jean Pech, 1701.

[2] Henr. Spondani *Annalium Cæs. Baronii continuatio*, t. I, anno 1297. — St. Baluzii *Historia Tutelensis*, p. 175.

Ceux-ci n'hésitèrent point à obéir à cette réquisition, et, se conformant à la commission qui leur avait été donnée, ils se rendirent à l'église de Saint-Pierre, où ils reçurent la supplique du chapitre, et promirent de procéder sans délai à la sécularisation de la cathédrale d'Alby. L'acte en fut dressé le même jour à Rome, dans la chapelle pontificale[1].

Peu de mois après, le 1er novembre 1298, Bernard de Castanet, voulant se conformer aux prescriptions de la bulle du pape, qui le chargeait de répartir les biens de l'église, signa une ordonnance dans laquelle il stipulait la distribution des revenus et bénéfices, la rétribution, le gain et la part de chacun des chanoines ou de leurs vicaires; il y déclarait, en outre, quelles devaient être les conditions de la présence ou les cas d'absence, et se réservait enfin le droit d'éclaircir les cas douteux, soit pour la diminution, soit pour l'augmentation des profits[2].

Cependant le changement d'état de la cathédrale d'Alby avait apporté de grandes perturbations dans le service religieux comme dans les habitudes de la vie. Chaque jour on reconnaissait la nécessité de quelques dispositions particulières à prendre, et le chapitre en appelait souvent à la décision de l'évêque, qui proposa enfin de nouveaux statuts à l'examen des chanoines. Les divers articles en furent discutés, et, après une mûre délibération et le consentement du chapitre, ils furent approuvés, signés et promulgués par Bernard de Castanet le 3 des nones d'avril 1298 (3 avril 1299). D'après ces statuts, les vicaires des

[1] Preuves, nº XXXII.

[2] *Bulle et statuta pro ordinatione ecclesiæ Albiensis*, p. 49 et seq.

chanoines, au nombre de trente et un, devaient être amovibles et examinés par l'évêque, qui choisissait également les quatre hebdomadiers du grand autel, neuf enfants de chœur ayant deux maîtres de chant, et un nombre indéterminé de chapelains perpétuels. La convocation du chapitre était faite par l'évêque ou son représentant, à moins que le siége ne fût vacant; aucun chanoine n'avait voix au chapitre, s'il n'était au moins ordonné sous-diacre; enfin, il était formellement défendu à ceux qui étaient revêtus de dignités ou de personnats, et même aux simples chanoines, d'accepter à manger ou à boire dans la ville, chez des laïques ou même chez des clercs n'appartenant pas au chœur de l'église[1].

Les divers règlements que nous avons signalés furent complétés la veille des calendes d'avril 1299 (31 mars 1300) par de nouveaux statuts, qui furent encore adoptés par le prévôt et les chanoines assemblés capitulairement dans le chœur de la cathédrale. Les membres du chapitre y stipulèrent, entre autres choses, que les bailes du chapitre seraient renouvelés tous les ans et prêteraient serment aux chanoines; que les nouveaux chanoines prêteraient leur serment entre les mains de l'évêque le jour même de leur réception; qu'il ne serait permis qu'à l'évêque, à un abbé ou aux chanoines pourvus d'une prébende de célébrer la messe au grand autel; et qu'aucun chanoine, enfin, ayant droit à l'entrée du chœur, ne devrait se présenter dans l'église sans habit de chœur[2].

[1] *Bullæ et statuta pro ordinatione ecclesiæ Albiensis*, p. 28.
[2] *Ibid.* p. 57.

Ces ordonnances, nécessaires après la réformation de l'église, méritent d'être connues, et c'est avec intention que nous les avons toutes signalées. Quelques-unes d'entre elles ont été, ainsi que la bulle de sécularisation, publiées depuis longtemps dans un ouvrage assez rare, nous le savons; mais nous avons voulu rester fidèle à la tâche que nous nous sommes imposée de ne donner que des pièces jusqu'à ce jour inédites, et nous avons indiqué avec un soin scrupuleux le volume dans lequel on peut les consulter. Nous avons complété enfin les renseignements connus sur ce sujet par la série de documents que nous publions.

On nous pardonnera sans doute de nous être un peu longuement étendu sur les circonstances de la sécularisation de l'église d'Alby; mais nous avons tenu à raconter aussi exactement que possible un acte important dont les grands ouvrages que l'on consulte généralement ne se sont pas assez occupés. Ainsi le *Gallia Christiana* se borne à signaler l'enquête faite par les évêques de Rodez et de Mende au sujet du chapitre, qui avait demandé à changer sa robe de moine contre l'habit séculier, *ut monachalem vestem cum seculari permutare sibi foret licitum*[1]; et dom Vaissette passe encore plus légèrement sur ce point en disant : « Bernard de Castanet agit en 1278, de concert « avec son chapitre, pour en obtenir la sécularisation[2]. »

Nous n'avons pas besoin d'insister sur l'insuffisance de ces renseignements. Il nous suffit de les signaler pour

[1] *Gallia Christ.* t. I, col. 21.
[2] *Hist. gén. de Languedoc*, t. IV, p. 39.

faire comprendre l'utilité des actes que nous avons analysés, et nous demandons la permission de revenir sur un point qui a déjà appelé tout particulièrement notre attention; puis nous terminerons cette partie d'un travail qui nous a demandé tant de peines et de si minutieuses recherches.

On vient de voir tout à l'heure que la bulle de sécularisation avait été signée par le pape Boniface VIII, le 29 décembre 1297, et la sécularisation de la cathédrale régulièrement prononcée dix jours après à Rome, le 8 janvier 1298. Or, il est certain que le 1er février 1298 (*kalendas februarii 1297*) le chapitre ne connaissait pas encore, à Alby, la décision du souverain pontife, et cherchait à intéresser l'évêque à son sort. La preuve en existe dans une donation faite par les chanoines de Sainte-Cécile à leur évêque; et cette donation est doublement précieuse à nos yeux, puisqu'elle nous apprend que le chapitre cédait à Bernard de Castanet le lieu *où était située l'ancienne cathédrale*, à la condition toutefois que cette cession serait tout à fait nulle, si l'église ne passait pas de l'état régulier à l'état séculier[1].

Cet acte est le premier qui nous signale l'existence d'une nouvelle église, et c'est ici le cas de répéter ce que nous avons déjà dit au deuxième chapitre de cette histoire; rien ne prouve l'authenticité de la date du 15 août 1282, assignée à la pose de la première pierre de la nouvelle cathédrale. Cette date n'est point impossible, il est vrai, et

[1] Preuves, n° XXXIII.

nous ne saurions la repousser absolument; mais, pour affirmer un fait de cette importance, il faut un titre positif, et, nous devons le dire hautement, malgré tous nos soins et nos recherches, nous n'avons pu trouver le moindre document sur lequel on puisse se baser pour l'admettre.

L'accumulation des preuves, quand il s'agit d'une rectification, n'est jamais nuisible, dit-on, et nous demandons la permission, pour éclairer autant que possible cette question de date, de reproduire ce qui a été dit jusqu'à ce jour au sujet de la fondation de Sainte-Cécile. Ainsi, en procédant par ordre chronologique, on trouve d'abord dans le *Gallia Christiana* (tome I, col. 22) : « *Hic episcopus magnificæ basilicæ Albiensis sub titulo S. Crucis et S. Ceciliæ fundamenta jecit.* » Plus tard, dans le quatrième volume de *l'Histoire de Languedoc* (page 39), on lit : « C'est ainsi que « fut construite la cathédrale d'Alby, dédiée sous l'invoca- « tion de Sainte-Croix et de Sainte-Cécile, qui ne fut finie « et consacrée qu'en 1480. »

Jusqu'alors, on le voit, pas une date n'est citée par les savants auteurs de ces ouvrages. Sainte-Marthe et dom Vaissette se taisent et n'osent rien affirmer parce qu'ils n'ont point de titre sous les yeux; mais au siècle suivant, en 1818, un habitant d'Alby, M. Massol, bibliothécaire de la ville, publie une *Histoire de l'ancien pays d'Albigeois*, et nous dit (page 355) : « Dans ce même temps de misère « et de détresse, cet évêque, devenu cardinal[1], entreprend « de construire une nouvelle cathédrale, que son plan seul

[1] C'est encore une erreur. Bernard de Castanet ne fut créé cardinal-évêque de Porto qu'en 1316.

« annonçait devoir coûter des sommes immenses. Il en « posa la première pierre le 15 d'août 1282. » Quelques années plus tard, M. Alexandre Du Mège écrit une notice sur l'église cathédrale d'Alby, dans le tome I des *Cathédrales françaises*; mais on voit que le savant archéologue a hésité devant l'affirmation de son prédécesseur et il s'exprime en ces termes : « Le désir de mériter une grande « illustration, en construisant un temple plus vaste, en-« gagea l'évêque Bernard de Castanet à jeter les fonde-« ments de la cathédrale actuelle. Ce fut en 1282 que ce « prélat en posa la première assise. » M. Du Mège n'a pas facilement accepté une date aussi positive, et on doit l'en féliciter; cependant elle ne tarde pas à reparaître en 1841, dans une *Notice historique et descriptive sur l'église métropolitaine de Sainte-Cécile d'Alby*, réimprimée en 1850 sous le titre de : *Monographie de la cathédrale d'Alby*. L'auteur, parlant de l'évêque, nous dit : « Il fit arrêter le projet défi-« nitif de la cathédrale de Sainte-Cécile et en posa lui-« même la première pierre le jour de l'Assomption, 15 août « 1282. » A peu près vers la même époque, M. P. Roger publie ses *Archives historiques de l'Albigeois et du pays Castrais*, où il écrit ces mots, « L'évêque Bernard de Castanet « posa la première pierre de cette église le 15 août 1282; » et M. l'abbé Bourassé répète encore, en 1843, dans ses *Cathédrales de France* : « Ce fut sous ses auspices qu'on dressa « les plans de la cathédrale d'Alby, dont il bénit et posa la « première pierre le jour de la fête de l'Assomption, 15 août « 1282. » Un dernier historien, enfin, parlant de l'évêque Bernard dans ses *Études historiques sur l'Albigeois* (page 75), s'exprime en ces termes : « Un de ses premiers soins fut « d'arrêter le projet d'une cathédrale plus vaste que celle « qui existait déjà sur le penchant de la rive du Tarn. Il « assigna pour la construction de cette basilique, dont il « posa la première pierre le 15 août 1282, la vingtième « partie des revenus de l'évêché et du chapitre. » Puis M. Compayré varie ainsi sa forme dans un nouvel ouvrage publié en 1852 sous ce titre : *le Guide du voyageur dans le département du Tarn*. « Il paraît, dit-il, que M. de Cas« tanet donna lui-même le plan (de la cathédrale), et « qu'il présida aux constructions, dont il posa la première « pierre le 15 août 1282. »

A l'aide des citations qui précèdent, on peut se convaincre que la date si souvent reproduite ne remonte pas au delà de l'année 1818. Elle paraît donc avoir son origine dans l'ouvrage de Massol, et nous ne devons pas nous étonner qu'elle ait été facilement acceptée par ceux qui l'ont suivi, si nous songeons que cet historien fut longtemps bibliothécaire et que l'on a dû naturellement supposer que ses récits et ses faits avaient toujours été puisés à des sources bien authentiques. Or, d'après nos observations, nous sommes porté à croire que, pour le fait qui nous occupe, Massol n'a eu d'autre autorité qu'un manuscrit bien connu dans Alby, dont nous avons eu plusieurs fois déjà occasion de parler, qui nous a été communiqué avec la plus grande bienveillance par une personne fort honorable, et dans lequel nous avons lu ces mots : « Bernard « de Castanet posa la première pierre de Sainte-Cécile le « 15 août 1282, entre neuf et dix heures du matin. La

« première église, dédiée à la sainte Croix, avait été bâtie « par saint Clair l'an 112. »

On a déjà vu, au commencement de ce travail, comment nous avons réfuté cette dernière date ainsi que cette assertion, qui avait pu faire croire jusqu'à ce jour à une dédicace de la première église à la sainte Croix. Nous n'y reviendrons donc pas ; mais, pour ne pas perdre de vue le point auquel nous nous attachons, nous croyons devoir déclarer que, dans notre pensée, Massol a emprunté son affirmation si nette et si positive à ce manuscrit sans valeur historique. Nous sommes donc en droit de supposer qu'il y a ici une inexactitude, et nous la repoussons.

Et maintenant, Bernard de Castanet n'a-t-il pas pu faire commencer sa belle cathédrale peu de mois après son arrivée à Alby ? Pense-t-on que ce prélat, dont nous connaissons des constructions terminées dès l'an 1283, soit resté cinq ans à Alby sans jeter les fondements d'un nouvel édifice pour la réunion des fidèles, s'il avait reconnu soit la dégradation ou la mauvaise disposition de l'ancien, soit encore l'insuffisance du temple ?

En reportant nos souvenirs à l'an 1247, nous voyons que Durand, alors évêque, sollicitait déjà les secours des fidèles pour la réparation de son église ruinée par les guerres et dévastée par les hérétiques. Il accordait des indulgences à tous ceux qui contribueraient à sa *bâtisse* [1]. On dut donc se borner à cette époque à des réparations, et ces réparations devaient être bien insuffisantes ; car, si nous ajoutons foi à une pièce publiée dans le *Gallia Chris-*

[1] Chapitre II, p. 105.

tionis, cet état de choses frappa vivement Bernard de Castanet, qui, le lendemain même de son arrivée à Alby, c'est-à-dire le 18 janvier 1277, décréta l'érection d'une nouvelle cathédrale, *quod nova deberet major ecclesia fabricari*. Il abandonna d'abord à cet effet le vingtième de ses revenus, et les chanoines, à son exemple, firent la même cession pour un espace de vingt ans. Il convoqua ensuite une assemblée générale de son clergé, qu'il fit contribuer également de ses deniers à la construction de la basilique; puis il destina au même but les revenus de la première année de toutes les églises et bénéfices vacants à sa nomination ou à celle de son chapitre, pendant le même espace de vingt ans.

Toutes ces choses se firent sur-le-champ, aussitôt après la prise de possession de l'évêché par Bernard, et à peu de jours de distance. Puis, après avoir ainsi pourvu aux moyens matériels d'assurer l'exécution de son église, l'évêque voulut compléter son œuvre, et il résolut, pour le bien de son diocèse, de n'installer dans la nouvelle église que des serviteurs distingués par leurs mœurs et leur science[1].

Peut-on croire maintenant que Bernard de Castanet ait laissé passer plusieurs années sans poser la première pierre d'un édifice dont il reconnaissait si bien la nécessité et pour lequel il avait pris de si bonnes dispositions? On nous permettra de supposer le contraire, et nous

[1] *Narratio de promotione episcopi Albiensis Bernardi de Castaneto et initio episcopatus.* — *Gallia Christ.* t. I, p. 21. — *Hist. gén. de Languedoc*, t. IV, p. 39.

pourrons même admettre, avec quelque certitude, qu'il ne dut apporter aucun retard dans l'exécution de cette pensée. Si Massol et les écrivains qui l'ont consulté précisent tous la date du 15 août 1282, ils l'ont évidemment empruntée au manuscrit que nous avons cité, et ce manuscrit, beaucoup trop répandu, selon nous, dans Alby, à cause des erreurs qu'il contient, ne doit avoir aucune valeur pour l'historien. Du reste, nous le répétons, nous ne repoussons actuellement cette date que par suite de notre amour pour la vérité, et nous nous empresserons de l'inscrire avec plaisir le jour où l'on nous présentera un document authentique et pouvant établir définitivement la date précise de la fondation de Sainte-Cécile d'Alby. Mais, en attendant, nous croyons devoir nous en tenir aux manifestations de la volonté du prélat, à défaut d'autres preuves, et adopter provisoirement la date de 1277 au lieu de celle de 1282.

Quoi qu'il en soit, la nouvelle cathédrale devait être bien avancée dans sa construction en l'année 1298, puisqu'on désignait déjà l'autre sous le nom d'ancienne. Remarquons aussi, à propos de la cession faite par les chanoines à leur évêque, que l'acte porte ces mots : *donaverunt et cessionem fecerunt de loco ubi ecclesia* EST *situata.* Il ne s'agit donc pas de l'emplacement où *était* l'église; elle existait encore bien positivement, et nous pouvons même affirmer qu'elle ne dut être détruite que longtemps après l'époque dont nous parlons. Une charte de fondation de six chapelles, faite en 1347 à la cathédrale par l'évêque Pictavin de Montesquiou, mentionne encore cette église, car nous lisons dans cet acte, signé à Marsac le 21 décembre, que le service des chapelles instituées par ce prélat sera fait à l'ancienne église, en attendant que la nouvelle soit en état de les recevoir[1].

Il est donc certain que l'on travaillait alors activement à l'œuvre entreprise par Bernard de Castanet. Les successeurs de ce prélat, comptant sur l'esprit religieux qui renaissait dans le pays, luttaient avec confiance contre la misère et surtout contre la dépopulation causée par les croisades contre les Albigeois : ils s'occupaient constamment de la construction de la nouvelle Sainte-Cécile. Pour eux c'était une œuvre sacrée, et chacun d'eux tenait à honneur de la terminer. Mais ce n'est pas ici le moment de nous étendre sur la magnifique cathédrale dont tout le monde admire aujourd'hui les hautes tours, le chœur si gracieux et les ravissantes peintures : il nous suffit d'avoir pu constater son origine.

Qu'il nous soit permis cependant de constater à cette place que l'église fut construite à une époque où les persécutions devenaient chaque jour moins fréquentes contre les Albigeois. La paix effaçait peu à peu les divisions suscitées par l'hérésie, et le calme ramenait dans tous les cœurs le désir de se rapprocher de la Divinité. Depuis plus d'un demi-siècle les esprits sentaient la nécessité de la construction d'une nouvelle cathédrale. Les seigneurs ne la désiraient pas moins que les ecclésiastiques, et le peuple la demandait comme les seigneurs. Mais depuis l'épisco-

[1] *Inventaire des titres de la cathédrale d'Alby*, t. II. — Archives de l'évêché, ms. 109, fol. 361.

pat de Durand, on a vu quelles avaient été les luttes, les guerres mêmes des évêques contre les officiers de la royauté. La pensée des prélats placés à la tête de l'église d'Alby n'avait donc pu se porter avec calme sur une fondation si utile; et ce ne fut qu'à la suite de la transaction signée entre le roi et Bernard de Combret que l'on put espérer de voir entreprendre l'édification d'un temple plus noble, plus vaste que la vieille église de Sainte-Cécile, où les bons habitants d'Alby pourraient se réunir en plus grand nombre, afin d'y oublier ensemble les haines, les dissensions et les souffrances des temps passés. Malheureusement la mort vint frapper l'évêque au moment où il examinait peut-être les moyens de commencer un si rude labeur, et la vacance du siége épiscopal retarda encore l'exécution de ce projet pendant plusieurs années.

Or, l'accomplissement de cette entreprise était réservé à Bernard de Castanet. Le jour où il fut appelé au siége d'Alby, ce prélat éminent résolut de créer un édifice digne de la majesté divine à l'intérieur, dont les approches extérieures fussent en même temps assez fortes pour assurer constamment le repos des fidèles qui viendraient y prier l'Éternel : il conçut la pensée de l'église actuelle.

Aussi instruit que religieux, Bernard était déjà connu par la fermeté de son caractère et par ses connaissances de jurisconsulte et de théologien, lorsqu'il vint s'asseoir sur le trône épiscopal; mais tout le monde fut surpris de la promptitude de ses résolutions, quand, le lendemain de son arrivée à Alby, on le vit décréter la construction d'une nouvelle cathédrale. Excité par le désir d'illustrer son épiscopat autant peut-être que par le désir d'être utile à son diocèse, il arrêtait ainsi la fondation d'un monument devenu indispensable et donnait également une impulsion, une direction louable à l'activité, à l'intelligence d'un peuple si ardent dans ses désirs et ses manifestations. Et qu'on le remarque bien, l'évêque ne se borna pas à une simple formalité en ordonnant la création d'une vaste cathédrale : il voulut être fondateur dans toute l'acception du mot, et ce fut avec cette pensée qu'il se créa aussitôt par lui-même et par son clergé des ressources qui devaient assurer l'exécution de son œuvre.

Le jour où le clergé d'Alby consentit à donner une partie de ses revenus pour la construction d'une nouvelle église, il mérita les bénédictions des siècles futurs. Quant à l'évêque Bernard de Castanet, qui venait de réaliser le vœu de toute une population chrétienne, il se plaça tout d'un coup au premier rang et se fit dans l'histoire un nom assez grand pour faire pardonner quelques erreurs.

Sans aucun doute, on dut encore officier dans l'ancienne cathédrale durant une grande partie du XIVe siècle, et les deux églises furent simultanément fréquentées par les habitants d'Alby. Il suffirait de relire avec attention les deux actes que nous venons de signaler pour en être convaincu; mais une dernière pièce, portant la date de 1370, vient nous l'attester en nous prouvant que l'on n'avait pas encore abandonné le vieux monument à cette époque. Cet acte, dont nous ne connaissons malheureusement que l'indication sommaire[1], nous mentionne une donation faite par Mº Vital à l'ancienne église, et ce document a une très-grande valeur à nos yeux. En le rapprochant de ce fait si connu que les bâtiments de la nouvelle cathédrale ne furent entièrement terminés qu'à la fin du XIVᵉ siècle, par Guillaume de la Voulte, nous pouvons du moins admettre que l'ancienne église dut encore servir au culte jusqu'à ce dernier moment.

Toutefois, nous en avons fini désormais avec la vieille Sainte-Cécile. Le jour où l'existence de la seconde est bien avérée, nous ne devons plus nous occuper de l'antique édifice qui vit Simon de Montfort s'agenouiller dans son enceinte, qui entendit la voix de saint Bernard ainsi que les prédications des Albigeois. L'ancienne église est morte avec le XIIIᵉ siècle : elle fait place à une autre cathédrale plus vaste, plus belle, plus majestueuse, plus imposante. Puissions-nous un jour raconter fidèlement son histoire et retracer aux yeux de tous les merveilles de Sainte-Cécile d'Alby !

[1] Donation faite à l'église ancienne par Mº Vital, prêtre. — *Inventaire des titres de la cathédrale d'Alby*, t. II.

CHRONOLOGIE RECTIFIÉE

DES ÉVÊQUES D'ALBY

DEPUIS SAINT CLAIR JUSQU'À BERNARD DE CASTANET,

D'APRÈS LES OUVRAGES DES BÉNÉDICTINS ET DE NOUVEAUX DOCUMENTS INÉDITS.

I. SAINT CLAIR. Nous n'avons rien à dire de plus sur ce martyr : on honore sa mémoire le 1er juin, non-seulement à Alby, mais encore dans les églises de Bordeaux, Auch, Limoges, Périgueux, Sarlat et Lectoure.

II. ANTIMIUS n'est connu que comme disciple de saint Clair.

Après ce nom, on ne trouve plus rien sur les évêques d'Alby jusqu'au commencement du Ve siècle.

III. DIOGÉNIEN est compté par Grégoire de Tours au nombre des plus remarquables évêques de l'Aquitaine.

IV. ANÉMIUS signa la lettre des évêques de la Gaule adressée au pape saint Léon en 451.

V. POLYMIUS ne se trouve pas inscrit dans les catalogues donnés jusqu'à ce jour ; mais la légende de sainte Martianne assure que cette vertueuse femme vécut pendant l'épiscopat de Polymius.

VI. SABINUS assista au concile d'Agde au mois de septembre 506, la vingt-deuxième année du règne d'Alaric, qui avait alors sous sa domination, outre la Touraine, les trois provinces d'Aquitaine, la première Narbonnaise et une grande partie de la Provence.

VII. AMBROSIUS souscrivit par procureur au cinquième concile d'Orléans, convoqué par Childebert au mois de novembre 549.

VIII. SAINT SALVI vivait au temps de Grégoire de Tours, dont il fut l'ami. Élevé sur le siége d'Alby l'an 574, il assista au concile de Braine en 580, et rendit son âme à Dieu le 10 septembre 584.

IX. Desideratus succéda à saint Salvi sur le siége d'Alby, selon le témoignage de Grégoire de Tours.

X. Constance assista au concile de Reims en 625, et vivait encore en 647.

XI. Didon occupait le siége d'Alby vers l'an 664. Sa ville épiscopale paraît avoir souffert d'un incendie qui dévora vraisemblablement la bibliothèque, car ce prélat ordonna à un de ses prêtres, nommé Perpetuus, de transcrire une collection de canons que celui-ci acheva le 25 juillet de la quatrième année du règne de Childéric[1].

XII. Richard succéda à Didon et siégeait l'an 673, époque à laquelle Faustin était abbé de Castres.

XIII. Citruin fut élu par le peuple en 692. Il avait assisté quelques années auparavant, en 683, au concile de Tolède en qualité de député de l'évêque de Carcassonne, et mourut le 30 mai 698.

XIV. Hugues était placé à la tête du diocèse en 722, ainsi que nous l'apprend le chronographe de l'abbaye de Castres qui, parlant de Bertrand, abbé de ce monastère, nous dit qu'il mourut l'an 722, âgé de cent six ans, sous l'épiscopat d'Hugues, évêque d'Alby.

XV. Jean siégeait en 734, d'après le chronographe de Castres.

XVI. Verdat est mentionné en 812, après une lacune de soixante et dix-huit ans.

XVII. Guillaume Ier occupait le siége épiscopal en 825.

XVIII. Baudoin est indiqué comme son successeur en 844.

XIX. Pandère siégeait l'an 854.

XX. Loup était évêque dès l'an 869. Il assista au concile de Pontigon en 876, et paraît avoir gouverné jusqu'à l'année 879.

XXI. Éloi souscrivit au concile de Port, dans la Septimanie, tenu au mois de novembre 887.

XXII. Adolène ou Odolène souscrivit en 891 au privilége que

[1] Une copie de ce manuscrit est conservée à la bibliothèque de la ville d'Alby. On en trouve la description dans le *Catalogue général des manuscrits des bibliothèques publiques des départements*, t. I, p. 481.

Gautier, archevêque de Sens, accorda au monastère de Saint-Pierre-le-Vif. Il fut encore témoin de la donation que Frotaire, archevêque de Bourges, fit du lieu d'Orbaciac au monastère de Beaulieu dans le bas Limousin, la quatrième année du règne de Charles III, dit *le Simple*, c'est-à-dire vers l'an 897.

XXIII. Godolric n'est connu que par l'acte de donation de Benebert analysé dans cet ouvrage.

XXIV. Paterne est mentionné comme son successeur en 921, par le chronographe de Castres.

XXV. Angelvin était évêque en 936.

XXVI. Miron siégeait la sixième année du règne de Louis d'Outremer (942). A cette époque, Raymond et Aimeric lui cédèrent un alleu pour y bâtir une église en l'honneur de saint Salvi.

XXVII. Bernard occupa le siége épiscopal de 951 à 967.

XXVIII. Frotaire siégeait dès l'an 972. Son nom est mentionné dans un grand nombre d'actes, et nous savons qu'il passa, au bout de quelques années, de l'évêché d'Alby à celui de Nîmes.

XXIX. Amélius Ier siégeait en 987. Ce fut à sa prière que Pons, comte d'Albigeois, dota le monastère de Saint-Eugène-de-Vieux dont il fit don à la cathédrale.

XXX. Ingelbin assista en 990 à l'élection de Gausbert, évêque de Cahors.

XXXI. Honoré était évêque en 992.

XXXII. Amblard occupait le siége en 998.

XXXIII. Amélius II assista en 1028 à la dédicace de l'église Saint-Sauveur de Limoges. Il paraît avoir vécu jusqu'en l'année 1040.

XXXIV. Guillaume II est mentionné dans des titres écrits vers l'an 1041, et nous le retrouvons jusqu'au mois de janvier 1053.

XXXV. Frotard était en possession de l'évêché en 1062. Il s'occupa de la réformation de son église, fut excommunié et déposé comme simoniaque vers l'an 1079. Cependant il est encore mentionné comme évêque dans une charte de l'an 1083.

XXXVI. Guillaume III Pictavin fut nommé au siége d'Alby en 1079 et paraît avoir gouverné l'église jusqu'en 1090.

XXXVII. Gautier assista en 1096 à la dédicace de l'église Saint-Sernin de Toulouse.

XXXVIII. Arnaud de Cessenon fut appelé à l'évêché par le pape en 1103. Il était auparavant chanoine de Béziers.

XXXIX. Adélgaire de Penne siégeait en 1108 et 1110.

XL. Sicard assista en 1115 à la consécration de l'église de Notre-Dame de Cessan.

XLI. Bertrand, dont le cartulaire d'Alby contient deux actes, siégeait encore en 1124.

XLII. Humbert Géraud était évêque dès l'an 1124 et occupa certainement le siége jusqu'en 1133.

XLIII. Hugues, mentionné dans les archives du Puy en 1135, se trouve encore dans des actes de 1138 et 1143.

XLIV. Rigaud gouvernait l'église d'Alby en 1144, et son nom figure dans diverses chartes jusqu'à l'année 1150.

XLV. Guillaume IV de Dourgne siégeait dès l'an 1156. C'est sous son épiscopat que fut tenu le fameux concile de Lombers, qui condamna les doctrines des Albigeois. Nous pensons qu'il fut prisonnier du vicomte Roger II en 1177, époque à laquelle le diocèse était administré par Pierre-Raymond d'Hautpoul et Guillaume Petri.

XLVI. Claude d'Andrie siégeait en 1183.

XLVII. Guillaume V Petri occupa le siége épiscopal depuis l'an 1185 jusqu'en 1227. Il mourut au mois de mai 1230, deux ans et quelques mois après s'être démis de son évêché.

XLVIII. Durand, archidiacre de Bourges, fut élu évêque le lundi de Pâques de l'an 1228, et mourut au commencement d'août 1254.

XLIX. Bernard I de Combret, prévôt de la cathédrale, fut élu le lendemain de la mort de Durand et gouverna l'église jusqu'au 16 juin 1271.

L. Le diocèse d'Alby resta pendant quelques années sans chef spirituel; mais enfin le pape mit un terme à cet état de choses en choisissant, le 7 mars 1276, pour administrer cette église, Bernard II de Castanet, le prélat éminent qui devait jeter les fondements de notre magnifique cathédrale Sainte-Cécile d'Alby.

PREUVES ET NOTES.

I.

Vente faite par Pons Roger, Vidal son frère, Isarn son neveu, et Lombarda sa cousine, à Guillaume Petri, de tous les droits qu'ils avaient au-dessous du Castel-nau, pour le prix de 100 sous raymondins.

MCLXXXV.

En Pons Rotguers, en Vidals mos fraire, en Isarns nostre vots, et na Lumbarda nostra cosina, en Pons de Tholoza sos maritz, venden et assolvem et guirpem et desamparam a vos Guilhem Peyre lo bisbe d'Alby et a tot vostres successors tot aquo que nos aviam a far en las tenensas de sots lo Castel nou, aizi que sen va la carreira que ve deves la gleia de Sancta Cecilia entro el Riu que eis del ort dels Canorgues et sen deissen dreig al mur de la barreira entro ins el besal del mur. Tot aisso sobredig o meils i es aissi que la carreira sobredicta el riu et el vallats o clau vas lo Castel nou vos vendem eus assolvem eus guirpem eus desamparam, sen ne reteguda que non i fam de neguna re ab lors intrars et ab lors issirs, et avem ne agut preis que a nos adautree a prene et a vos a donar cent sols de Ramondenes et tenem nos per pagaitz et se mai valia daquest prest sobredig donam a vos aquella mai valensa. En dos : S. Guaillart lo canorgue, en Durant de Montauti, en Bertran de la Capela, en Bernat Jove, en Bernat Davizac, en Bertolmeu Torcart, en Isarn Gairart, en W. Rizol, en Ugo Clergue, en Ugo de Prunet, en Ademar Autguer.

Ademarus scripsit anno Domini millesimo centesimo octuagesimo quinto.

(Archives de l'évêché d'Alby, fonds Doat, n° 105, fol. 89.)

Traduction de cet acte de vente.

Moi Pons Roger, Vidal mon frère, Isarn notre neveu, Lombarde notre cousine, et Pons de Toulouse son mari, vendons, cédons, quittons et abandonnons à vous, Guillaume Pierre, évêque d'Alby, et à tous vos successeurs, tout ce que nous avions à faire dans les possessions de dessous le Castel nau, ainsi que s'en va la rue qui vient vers l'église Sainte-Cécile, jusqu'au ruisseau qui sort du jardin des chanoines et descend droit au mur de la barrière jusqu'à la rigole du mur. Tout ce qui est dit ci-dessus, ou mieux y est, ainsi que la rue susdite, le ruisseau et le fossé qui le clôt vers Castel nau, vous vendons, cédons, quittons et abandonnons, sans y faire de retenue pour aucune chose avec les entrées et les issues, et nous en avons eu le prix qu'il nous convenait de prendre et à vous de donner : cent sous raymondins; et nous nous tenons pour payés. Et si cela valait plus que le prix susdit, nous vous donnons cette plus-value. S. Gaillard, le chanoine, etc.

II.

Échange fait entre Guillaume Petri, évêque d'Alby, et les chanoines de l'église Sainte-Cécile.

Mense Martii MCCXIII.

Ego Guillelmus Petri, Albiensis episcopus, per me et per successores meos, dono et concedo Deo et beatæ Mariæ et beatæ Ceciliæ virgini et matri, et omnibus clericis Albiensis sedis, tam præsentibus quam futuris, airales illos quos Vitalis Gorgals et fratres sui de me tenebant, scilicet tres nummos censuales quos in airalibus ipse habebam, et totum dominium quod ad airales supra dictos pertinet, et illum totum meum airalem qui est supra istos airales qui tenet usque ad murum villæ et usque ad murum Canonicorum; et isti airales sunt *a la Torreta* juxta ecclesiam beatæ Ceciliæ. Propter hoc causa permutationis, ego Raymundus de Fraissenel, archidiaconus atque sacrista ejusdem ecclesiæ, et Augerius et Bernardus Groassis et Guillelmus de Cabalaira et Bernardus Airebaldi et Bernardus Vassaldi et Ugo Cellairarius et Guillelmus Gravas et Stephanus et W. Golinars; nos omnes per nos et per successores nostros, damus tibi Guillelmo Petri, episcopo Albiensi et successoribus tuis, tres nummos censuales quos habebamus in airalibus qui solebant esse *de las Baconas* et Isarni de la Barreira; et isti airales sunt inter rivum *de la Barreira* et vestrum castrum juxta domos quæ fuerunt Poncii de Tholosa. S. Ugo Labairac, Rainal Rojet, P. Ripeime, Peire de la Trabailla, Ramon Gireta, Peyre Tuzo, Ramon Dalas.

Bernardus Airebaldi scripsit in anno Domini millesimo ducentesimo octavo, in mense Martii, regnante Philippo rege Francorum.

(Archives du chapitre de l'église cathédrale de Sainte-Cécile d'Alby, fonds Doat, n° 105, fol. 172.)

III.

Donation faite par Aimard, Pierre Raimundi et Arnaud d'Alaman frères à Sainte-Cécile d'Alby, de la chapelle de Notre-Dame qu'ils avaient dans leur château de Castel-Viel.

Sans date : vers MCXII.

Domino Deo... Ego Aimardus et Petrus Raimundi et Arnaldus Alamanni fratres mei et domna Cervia, consilio simul et voluntate omnium militum nostrorum... donamus, cedimus et laudamus Domino Deo ejusque victoriosissimæ Cruci et beatæ virgini Ceciliæ et matri, et Albiensi Ecclesiæ ejusque canonicis, tam præsentibus quam futuris, devoto animo cum bona voluntate, remota omni simoniaca pravitate, illam Capellam nostram quæ infra muros Castelli nostri veteris in beatæ Mariæ semper virginis honore sita est, cum omni Capellania et fevo ecclesiastico, sine aliqua a nobis vel a successoribus nostris in posterum repetitione absque ulla servicii violenta exactione. Hoc donum cessionis in prædicta Capella super ipsam crucem dominicam in qua Christus animam pro nobis posuit, ante beatæ Ceciliæ reliquias super sanctum altare juxta crucem positas, manu propria, supplici corde, obtulimus et firmavimus præsentibus et videntibus et donum nostræ devotionis recipientibus Adalberto sacri-custode, Raimundo archidiacono, Guirfredo Raimundo vicecomite, Poncio priore, Amblardo Bernardo, Amblardo Guillelmi, Raimundo Icardi, Guillelmo de Avanes, Petro de Solas cum aliis quampluribus canonicis. Hujus nostræ donationis testes sunt Guirbertus et Vivianus Icardi, Bernardus de Avizac, Ademarus de Tersac, Petrus Salamos, Raimundus Vassarot, Ugo Petnardus, Bernardus Sancti Dionisii, Remegius et Bernardus Tronz, Guillelmus de Genestos, Amat del Port, Ermengaus Tavellz et Isarnus Rotgerii.

Bermundus Guillelmus canonicus manu sua scripsit.

(Archives du chapitre de l'église cathédrale de Sainte-Cécile d'Alby, fonds Doat, n° 105, fol. 40.)

IV.

Lettre de Gérard, évêque d'Angoulême, aux abbés de Castres et de Gaillac et autres ecclésiastiques du diocèse d'Alby.

Sans date : vers MCXXXIII.

G., Engolismensis Episcopus et Sanctæ Romanæ Ecclesiæ legatus, venerabilibus fratribus A. Castrensi, B. Galliacensi abbatibus, archipresbyteris, presbyteris, principibus, clero et populo in civitate Albiensi, et in suburbio, atque in diœcesi ejusdem civitatis consistentibus, obedientibus, salutem et benedictionem. Nostis, ut credimus, quod Canonici matris Ecclesiæ Albiensis Sanctæ Ceciliæ, non solum Episcopo suo, verum etiam nobis, imo Sanctæ Romanæ Ecclesiæ inobedientes sunt, et populum venenosis et fallacibus persuasionibus suis ab obedientia Episcopi quantum possunt retrahunt; quæ inobedientia adeo processit, quod domus episcopalis eversa et destructa est, et mater Ecclesia, quæ domus Dei erat, satellitibus munita, spelunca latronum facta est; et adeo eorum inobedientia processit, quod, excommunicati et schismatici facti, per annum et eo amplius excommunicationem et saisinam sustinuerunt. Vobis itaque, Apostolicæ Sedis auctoritate, mandamus et mandando præcipimus ut eorum participationem, ne eadem excommunicatione implicemini, caveatis, nec malignis eorum suggestionibus credatis, nec aliquod auxilium eis impendatis, sed venerabili fratri nostro Hu., Episcopo vestro, plenam obedientiam exhibeatis, eumque, cum vobis injunxerit ad conterendam prædictorum Canonicorum contumaciam, auxiliis et consiliis vestris obligenter juvetis, ut cæteri audientes metum habeant; vobis quoque, qui archipresbyteratus et honores, sive possessiones ad matrem Ecclesiam, sive ad Episcopum tenetis, præcipimus ut de his redditus et servicium prædicto Episcopo vestro reddatis et subjectionem exhibeatis, et nihil inde Canonicis prædictis inobedientibus. Qui vero his mandatis nostris obedierint, qui gratiam et benedictionem omnipotentis Dei et beati Petri et nostram habeant; quod si qui, quod absit, horum mandatorum contemptores extiterint, auctoritate sanctorum Apostolorum Petri et Pauli, eos excommunicatione subjacere decernimus.

Ce mandement, «extrait et collationné de l'original en parchemin «trouvé aux archives du chapitre de Saint-Salvi,» à Alby, ne porte, on le voit, aucune indication. Pas un nom, pas une date ne peuvent tout d'abord le faire considérer comme appartenant à une époque déterminée. Cependant il a été placé dans la collection Doat, volume CX, page 70, entre deux lettres de Jean, comte d'Armagnac, lieutenant du roi en Languedoc. — L'une de ces lettres est du 18 janvier 1356, la seconde du 19 juillet 1357. — Une main étrangère a inscrit au haut de la page la date 1356; enfin, le secrétaire chargé de l'examen et du classement des pièces de ce précieux recueil a intitulé ainsi cet acte : *Lettres de G., évêque d'Angouleme et légat de la saincte Église romaine, par lesquelles il mande à A., abbé de Castres, à B., abbé de Gaillac, aux archiprestres,*

prestres et autres ecclésiastiques, et au peuple de la cité et du diocèse d'Alby, de donner secours à HUGUES, LEUR ÉVÊQUE, *contre les chanoines de l'église cathédrale de Saincte-Cécile, qui estoient excommuniés et schismatiques, à cause de leur désobéissance et rebellion, et des crimes et excès qu'ils avoient commis contre ledit évêque, ayant démoli le palais épiscopal et muni de satellites ladite église.*

En présence de ces dates et de ce titre si précis, on peut croire que cet acte se rapporte effectivement à Hugues IV Aubert, désigné par les lettres Hv., qui fut évêque d'Alby de 1355 à 1379; il n'en est rien pourtant. Nous avons recherché avec soin dans les titres de cette époque un fait qui pût motiver cette lettre de l'évêque d'Angoulême, et nous pouvons affirmer que les documents historiques que nous avons consultés sont tous restés muets sur ce point. Vers l'an 1360, le chapitre de Sainte-Cécile eut bien quelques contestations assez graves avec les consuls d'Alby au sujet de certaines dîmes[1]; trois ans auparavant, en 1357, plusieurs chanoines ou prêtres de la cathédrale avaient même pris les armes, et, sortant de la ville, ils s'étaient emparés de plusieurs gerbes appartenant au commandeur de Raissac, de l'ordre de Saint-Jean de Jérusalem, et à Pierre de Raynal, chevalier du même ordre[2]; mais ces faits n'amenèrent point l'excommunication du chapitre, et les chartes que l'on possède sur ce diocèse témoignent, au contraire, du parfait accord qui exista entre les chanoines de la cathédrale et l'évêque d'Alby pendant toute la durée de l'épiscopat de Hugues IV.

Cependant, si les annales d'Alby ne disent rien d'un fait aussi grave que celui qui est mentionné dans l'acte que nous venons de transcrire, il n'est pas sans importance de savoir à qui cette lettre fut adressée et surtout quel en fut l'auteur. Outre les lettres Hv., appliquées dans le manuscrit à l'évêque Hugues d'Alby, il resterait donc encore à trouver les noms de G..... évêque d'Angoulême, A..... abbé de Castres, B..... abbé de Gaillac.

[1] Manuscrits de la Bibliothèque nationale, fonds Doat, n° 110, Évêché et cathédrale d'Alby.

[2] *Ibid.*

Or, cette fois encore, les faits viennent donner un démenti au classificateur et repousser la date assignée à ce document. En effet, pendant la durée de l'épiscopat de Hugues IV, le siége d'Angoulême fut occupé par Aquilin ou Ayguelin de Blaye, de 1328 à 1368, et, depuis cette époque jusqu'en 1380, par Élie de Pons[1]; Saint-Michel de Gaillac avait pour abbé, en 1357, Arnauld de Falgar, auquel succéda Roger de la Tour vers 1377; enfin personne n'ignore que l'abbaye de Castres n'existait plus depuis quelque temps, le pape l'ayant érigée en évêché l'an 1317, en faveur de Dieudonné, abbé de Lagny[2].

Il n'y a donc plus à en douter, la date de 1356 indiquée sur le manuscrit est sans valeur, et l'érection de l'abbaye Saint-Benoît de Castres en évêché, dès 1317, aurait dû seule suffire pour empêcher de classer le mandement lancé contre les chanoines de Sainte-Cécile d'Alby parmi les pièces du temps de l'évêque Hugues Aubert.

Reportant alors nos investigations vers des temps antérieurs, nous avons fouillé l'histoire afin de pouvoir déterminer l'époque à laquelle appartient cet acte. Sans nous laisser rebuter par des déceptions qui venaient à chaque instant détruire les espérances que faisait naître en nous l'application possible d'un ou plusieurs noms à la lettre de l'évêque d'Angoulême, nous avons poursuivi nos recherches, et nous sommes heureux d'en soumettre le résultat à l'examen des hommes versés dans les études historiques.

La lettre dont nous donnons plus haut la copie doit être attribuée, selon nous, au célèbre Gérard, l'un des prélats les plus remarquables du XIIe siècle, qui fut évêque d'Angoulême de 1101 à 1136, et qui remplit les hautes fonctions de légat pendant près de trente ans. Hâtons-nous d'ajouter que cet acte fut écrit en faveur d'Humbert Géraud, évêque d'Alby, que l'on trouve mentionné dans des actes de 1125, 1127 et 1132. Le *Gallia Christiana* donne comme successeur à cet évêque un Guillaume dès 1128[3]; mais ce

[1] *Gallia Christiana in provincias distributa*, t. II, col. 1014, 1015.

[2] *Ibid.* t. I, col. 54, 67.

[3] *Ibid.* col. 13.

dernier nom doit être rejeté, car on connaît un traité, daté de 1132, fait entre Alfonse, comte de Toulouse, et Roger, vicomte de Carcassonne, touchant l'élection des évêques d'Alby, et qui est souscrit, entre autres, par Humbert. A l'aide de cette preuve, on peut hardiment affirmer que ce prélat occupait encore le siége d'Alby à cette époque [1].

On trouve, au premier abord, moins de certitude pour les noms des abbés cités dans la lettre dont nous recherchons l'époque, mais il n'est pas impossible de les rétablir. Ainsi, le premier, A..... n'est pas même indiqué dans la table chronologique des abbés de Castres, où l'on trouve, vers 1128, Bernard, suivi de Pierre vers 1139 [2]. Il semble donc qu'on doive appliquer cette lettre initiale soit à un compétiteur, soit à un successeur inconnu de Bernard, lequel signa un accord avec le vicomte de Carcassonne, Bernard-Aton, Cécile, sa femme, et leurs enfants Roger, Raymond et Bernard. Par cet acte, placé à l'année 1128 dans l'*Histoire de Languedoc*, l'abbé Bernard et les moines de Castres donnèrent au vicomte le village d'Assoal (de Soual), dans le Toulousain, et ils reçurent en échange l'alleu de Sais, en Albigeois [3]. Mais rien ne prouve que la date assignée à cette charte soit exacte, et il est du devoir de l'historien de rectifier une erreur, quand il le peut. Or, nous voyons, dans la liste des abbés de Castres, Amélius Hugues succéder, en 1127, à Renaud, qui gouvernait encore l'abbaye en 1126, puis céder aussitôt la place à Bernard. Ne peut-on pas supposer, au contraire, et sans trop de témérité, qu'Amélius, abbé en 1127, l'était encore vers 1132? L'échange conclu entre les religieux de Castres et Bernard-Aton, mort vers 1130, serait alors d'une époque antérieure à celle qui lui est assignée, et l'on pourrait le reporter avant l'année 1124. De cette manière, Bernard, qui signa cet acte, serait placé immédiatement après Godefroy de Muret, qui fut abbé depuis 1110 jusqu'en 1115. Il comblerait

[1] *Hist. gén. de Languedoc*, t. II, p. 410; pr. col. 462.
[2] *Gallia Christ.* t. I, col. 64.
[3] *Hist. gén. de Languedoc*, t. II, p. 402; pr. col. 444.

ainsi la lacune qui existe après ce dernier nom, tandis qu'on admettrait qu'Amélius fut placé à la *tête* du monastère pendant cinq ou six ans environ. Nous avouons que cette dernière hypothèse nous paraît non-seulement possible, mais encore probable, et nous pensons qu'on doit adopter le nom d'Amélius comme l'un de ceux auxquels la lettre de l'évêque d'Angoulême fut plus particulièrement adressée.

Le second abbé mentionné dans cet acte est moins difficile à signaler, et, quoiqu'il ne soit pas encore admis dans les catalogues, nous n'hésitons pas à le nommer Bernard. Quelques mots suffiront pour justifier l'insertion de ce nouvel abbé dans la liste de ceux qui furent à la *tête* de l'abbaye de Gaillac. Le *Gallia Christiana* des frères Sainte-Marthe, publié en 1656, se borne à mentionner ce monastère sans citer aucun nom d'abbé[1], et l'on n'en trouve le relevé que dans la seconde édition de ce même ouvrage, commencée en 1715, par un membre de la famille de ces deux célèbres écrivains, Denis de Sainte-Marthe, général des Bénédictins de la congrégation de Saint-Maur. Plus tard, Hugues de Tems reproduisit cette liste, mais il y apporta peu de changements[2]. Cependant le nouvel auteur du *Gallia Christiana* avait laissé plusieurs lacunes que les chartes, les nécrologes ou les inscriptions du monastère et de l'église d'Alby ne lui avaient pas permis de remplir. Personne n'ignore pourtant combien dom de Sainte-Marthe mit de soin à recueillir toutes les pièces et tous les documents nécessaires à son travail gigantesque. Il lut les anciens monuments de l'histoire; il explora les collections, les mélanges; enfin il s'attacha à dépouiller d'une manière toute spéciale les nombreux manuscrits qui lui furent communiqués. On doit donc croire qu'il ne connut point la pièce dont nous donnons le texte plus haut; car après le nom de Robert, abbé de Gaillac, mentionné le premier sur la liste aux années 972-987, il laisse une lacune qui va jusqu'à 1165, et dit : «Dans plusieurs notes qui nous ont été adres-

[1] *Gallia Christiana*..... Scævolæ et Ludovici Sammarthanorum, t. IV, p. 455.

[2] *Le Clergé de France*. Paris, 1774, t. I, p. 158.

« sées, Bernard est indiqué comme abbé en 1130, mais on ne cite « aucun acte dont ce nom soit tiré[1]. » La lettre initiale B..... suivie de ces mots *Galliacensis abbas*, n'est-elle pas un témoignage à l'appui des renseignements transmis à l'auteur du *Gallia Christiana*, et n'a-t-on pas maintenant une preuve suffisante pour inscrire Bernard dans la liste des abbés de Gaillac? Pour nous le doute n'est pas possible, et, en ajoutant ce nom, nous pensons que la lettre de Gérard eût certainement levé les scrupules et l'hésitation du savant bénédictin.

Nous avons dit que cet acte devait être attribué à Gérard, évêque d'Angoulême; ajoutons qu'il fut écrit vers 1132 ou plutôt vers 1133, et racontons en peu de mots dans quelles circonstances l'évêque crut devoir l'adresser aux abbés du diocèse d'Alby. Gérard joua d'ailleurs un rôle assez important dans les événements qui divisèrent l'église au commencement du XIIe siècle, pour qu'il ne soit pas inutile de rapporter les principaux actes de sa vie. Tantôt il est cité comme un monstre, tantôt il est représenté comme un saint. Rien, en effet, de plus honteux que ce qu'écrivent de cet évêque Arnoul ou Arnulphe, d'abord archidiacre de Séez, ensuite évêque de Lisieux, et Ernald, abbé de Bonneval, l'un des écrivains de la vie de saint Bernard[2]. Rien, au contraire, de plus sublime et de plus digne de louange que les faits et gestes de Gérard décrits, dans l'*Histoire des évêques et comtes d'Angoulême*, par un auteur anonyme qui dut connaître ce prélat[3].

Nous ne pouvons raconter ici les circonstances de la vie de Gérard, né de parents obscurs dans le diocèse de Bayeux et parvenant enfin au siége d'Angoulême en 1101. Dans le mémoire qui lui est consacré, nous avons signalé sa nomination de légat du saint-siége par

[1] « In quibusdam schedis ad nos missis Bernardus ponitur abbas an. 1130, sed nullum laudatur instrumentum ex quo id erutum sit. » (*Gallia Christ.* t. I, col. 53.)

[2] Arnulphi, Sagiensis archid. *Tractatus de schismate orto post Honorii II decessum*; in *Spicileg.* L. d'Achery, t. I, p. 152. — *De vita S. Bernardi*, lib. II, auctore Ernaldo, abbate Bonæ-Vallis; in *S. Bern. oper.* t. II, p. 1091.

[3] *Historia pontificum et comitum Engolismensium*, in *Biblioth. nova* Phil. Labbe, t. II, p. 249 à 264.

Pascal II, la confirmation de ce titre faite par Gélase, Calixte et Honorius, ainsi que les missions remplies par ce prélat [1]. Nous nous bornerons à dire aussi brièvement que possible qu'une funeste ambition, un irrésistible besoin de dominer, déshonorèrent la vieillesse de Gérard et ternirent le long sacerdoce d'un évêque qui avait toujours été en grande estime à la cour de Rome.

A la mort d'Honorius, Gérard espérait être confirmé dans la charge de légat qu'il remplissait depuis vingt-quatre ans. Il en adressa même la demande au chancelier du pape; mais sa requête fut repoussée. L'évêque d'Angoulême, irrité de ce refus, se rangea aussitôt sous la bannière d'Anaclet, qui fut heureux de trouver un aussi puissant appui et qui le nomma son légat non-seulement en Bretagne et en Aquitaine, mais encore en France et en Bourgogne. Il propagea le schisme, déposa des abbés, chassa des évêques, et fut certainement le plus rude adversaire de S. Bernard dans ces circonstances. L'*Histoire littéraire de la France* n'a rien dit de la lutte de cet évêque contre l'abbé de Clairvaux, c'est pourquoi nous tenons à la signaler, afin de bien constater que Gérard combattit puissamment les prédications de saint Bernard et fut peut-être celui qui s'opposa le plus énergiquement à la reconnaissance d'Innocent II dans une grande partie de la France. Pour justifier ce que nous avançons ici, il suffit de lire les lettres de saint Bernard, et nous citerons particulièrement celle qu'il adressa aux évêques d'Aquitaine, dont la plupart avaient embrassé la cause de Pierre de Léon. Qu'il nous soit permis de reproduire en partie cette épître admirable, dans laquelle le saint abbé raconte, en un style si coloré, les actes du légat depuis l'origine du schisme :

« Ce nouveau Diotrèphes, dit-il, qui aime à tenir le premier rang, « refusant de reconnaître celui qui vient au nom du Seigneur et que « toute l'Église vénère, reçoit celui qui vient en son propre nom. Je « n'en suis point surpris, car son extrême ambition, dans un âge « avancé, le fait courir après un titre fastueux. Si je l'accuse de cette

[1] *Document inédit du XIIe siècle, émané d'un évêque d'Angoulême et relatif au diocèse d'Alby*, publié et expliqué par Eugène d'Auriac. Angoulême, 1856.

«vanité, ce n'est pas sans fondement, c'est de lui-même que je tire sa «condamnation. Dans les lettres particulières qu'il écrivit dernière«ment au chancelier de Rome pour demander qu'on l'honorât du «titre de légat et qu'on lui imposât le poids de cette charge, ne fait«il pas des supplications d'autant plus indignes qu'elles montrent «plus de bassesse? Mais, hélas! plût à Dieu qu'il eût obtenu sa «demande! Son ambition eût été peut-être moins nuisible si elle eût «été satisfaite. Il n'eût presque fait de mal qu'à lui seul, tandis qu'il «fait la guerre à toute la chrétienté. Voyez jusqu'où peut aller l'amour «des honneurs et de la gloire! Personne n'ignore combien les fonc«tions de légat sont un pesant fardeau, surtout pour les épaules «d'un vieillard; et cependant il se trouve un homme, déjà avancé «en âge, qui pense qu'il lui serait plus pénible de passer le reste de «ses jours sans être chargé de ce fardeau.

»Mais peut-être se plaindra-t-il que je le soupçonne à tort et que «je porte un jugement téméraire de ses actions, sans pouvoir four«nir aucune preuve de ce que j'avance. Je suis soupçonneux en ce «point, je l'avoue, et je ne pense pas que l'homme le plus simple en «puisse juger autrement, tant est grande la vraisemblance. Or, il «suffit d'exposer en peu de mots la conduite qu'il a tenue. Il écrit «le premier, ou l'un des premiers, au pape Innocent; il lui demande «d'être son légat: il est refusé. Piqué de ce refus, il quitte aussitôt «le parti de ce pape, épouse avec chaleur la cause de son concur«rent, et se vante d'être son légat. S'il n'avait pas demandé ce titre «à Innocent ou qu'il ne l'eût pas accepté de Pierre de Léon, on pour«rait croire qu'en quittant le bon parti il avait quelques motifs «plausibles, quoique d'ailleurs peu légitimes; mais, après cette dé«marche, quelle excuse peut-il donner pour couvrir son ambition? «Que, dès à présent, il se dépouille d'un vain titre dont il ne peut «exercer légalement les fonctions, et je changerai d'opinion, si je «puis, ou, si je ne le puis, je serai le premier à condamner ma té«mérité. Mais je suis convaincu qu'on aurait bien de la peine à lui «persuader de se démettre de son pouvoir. Ce prélat, depuis long«temps élevé au-dessus de ses confrères, rougirait de se dégrader...

« Voilà le sujet pour lequel cet homme abandonne Innocent, qu'il « nommait son saint père; pour lequel il abandonne l'Église catho« lique, sa mère. Il s'attache à un chef de schismatiques et il forme « avec lui une alliance qui tend à la destruction du peuple de « Dieu. Mus par l'orgueil tous deux, ils sont étroitement liés, mais « ils n'ont d'autre vue que leur propre intérêt... Celui-ci le qualifie « de pape, l'autre le nomme son légat; et c'est ainsi que, dans « leur folle vanité, ils se leurrent l'un l'autre de ces noms spé« cieux.....[1] »

Si maintenant on examine attentivement les termes de la lettre adressée aux abbés du diocèse d'Alby par l'évêque d'Angoulême, on reconnaîtra avec nous qu'elle doit être attribuée à Gérard. Quant à la date à laquelle il faut la reporter, elle est à peu près certaine, et nous n'hésitons pas à la placer vers l'année 1132 ou 1133, c'est-à-dire peu de temps après la lettre de saint Bernard que nous venons de citer. A cette époque, la plupart des évêques d'Aquitaine tenaient pour l'antipape Pierre de Léon, et l'on peut facilement admettre que Humbert d'Alby était en opposition avec son clergé, qui avait reconnu Innocent.

Quelle fut la cause qui amena une collision entre le chapitre et l'évêque? Quels furent les motifs qui portèrent les chanoines à détruire la maison épiscopale et à se fortifier dans la cathédrale garnie de troupes? Rien ne l'indique; mais on peut l'attribuer aux discours d'Humbert en faveur d'Anaclet, ou peut être à des actes faits pour entraîner le clergé dans le parti de l'antipape.

Du reste, si Gérard d'Angoulême voulait punir la rébellion des chanoines qui avaient renversé le palais de l'évêque, il tenait beaucoup plus à arrêter l'opposition qui se manifestait dans le clergé et menaçait de se répandre parmi le peuple. Ce qu'il voulait surtout, c'était que sa conduite, au commencement du schisme, ne fût pas dévoilée. Le légat d'Anaclet tremblait devant la connaissance de la vérité répandue par saint Bernard. Pour cela, il fallait se prémunir

[1] S. Bern. epist. CXXVI.

contre les attaques, en faisant croire à la désobéissance des chanoines de la cathédrale et en persuadant à tous que leurs paroles étaient pleines de fiel et de mensonge. Aussi écrivait-il dans son mandement : *Canonici matris Ecclesiæ Albiensis Sanctæ Ceciliæ, non solum Episcopo suo, verum etiam nobis, imo Sanctæ Romanæ Ecclesiæ inobedientes sunt, et populum venenosis et fallacibus persuasionibus suis ab obedientia Episcopi quantum possunt retrahunt.* C'était par de tels moyens qu'il conservait sa puissance et que l'Aquitaine restait toujours de l'obédience d'Anaclet.

Personne n'ignore que pendant longtemps le pape Innocent n'eut aucun pouvoir dans la plus grande partie du midi de la France. Pour n'en citer qu'une preuve, il était assez fort pour déposer l'archevêque de Milan, partisan de Pierre de Léon, et il lui substituait un prélat de son choix [1]; mais toutes ses tentatives restaient vaines devant la puissance de Gérard. Il ne pouvait même pas replacer sur leurs siéges les évêques dépossédés ou persécutés par cet évêque, et l'abbé de Clairvaux, en son nom, se bornait à les exhorter à rester fermes dans l'adversité [2]. Cependant il n'est pas moins certain que le légat d'Anaclet craignait une défection parmi ses partisans et redoutait les efforts de Bernard, car la parole du saint abbé était parvenue dans le diocèse d'Alby. Or, ne pouvant réfuter par des preuves convaincantes les faits cités contre lui, il accusait de mensonge ceux qui osaient affirmer qu'il avait d'abord reconnu Innocent; il les excommuniait et les déclarait schismatiques; puis il ordonnait aux abbés de Castres, de Gaillac et autres de ne donner aucun secours aux chanoines; et, toujours fidèle à sa pensée ou dominé par la crainte qui le poursuivait, il les menaçait des foudres de l'excommunication s'ils prêtaient l'oreille aux insinuations de ces derniers et s'ils refusaient d'obéir à leur évêque.

La révolte du chapitre de la cathédrale contre Humbert d'Alby est désormais un fait acquis à l'histoire; mais à quelle époque cette

[1] S. Bern. epist. cxxxi.
[2] Id. epist. cxxvi.

révolte eut-elle lieu? Est-ce avant ou après la lettre de saint Bernard aux évêques d'Aquitaine? Pour bien déterminer ce point, il est bon de se rappeler les termes de la lettre de Gérard et de remarquer surtout que la sentence d'excommunication contre le chapitre d'Alby avait été lancé depuis plus d'un an, ainsi que nous le prouvent ces mots : *Excommunicati et schismatici facti, per annum et eo amplius...* En outre, on ne doit pas oublier que saint Bernard ne mentionne aucune plainte des chanoines d'Alby, tandis que nous le voyons donner des consolations aux évêques de Limoges, de Poitiers, de Périgueux et de Saintes, qui avaient fait entendre leurs réclamations. Ne doit-on pas en conclure qu'au moment où l'abbé de Clairvaux écrivait, les chanoines de la cathédrale d'Alby vivaient en bonne intelligence avec Humbert, ou du moins n'étaient pas encore excommuniés? Il faudrait alors, selon toute probabilité, admettre que le chapitre fut frappé d'excommunication vers 1132, et appliquer à la lettre de Gérard la date de 1133. Nous nous arrêtons à cette dernière pensée, sans lui donner une affirmation définitive; mais nous la maintiendrons jusqu'à ce que de nouveaux renseignements viennent la détruire.

Quoi qu'il en soit, le chapitre d'Alby en appela plus tard au saint-siége des persécutions qu'il souffrait, et le pape prit la cathédrale de Sainte-Cécile sous sa protection, en 1136, à peu près vers l'époque de la mort du légat d'Anaclet. C'est ce que nous voyons dans une bulle d'Innocent II, qui donne aux chanoines le droit d'élire leur évêque, et dans laquelle on lit : *Quia dilectio vestra, ad Sedis Apostolicæ portum confugiens, ejus tuitionem devotione debita requisivit, nos supplicationibus vestris clementer annuimus, et Albiensem beatæ Ceciliæ matricem Ecclesiam..... sub tutela Apostolicæ Sedis excipimus.* Cette bulle, datée de Pise, le 2 des ides de juin de l'an 1136[1], vient

[1] Voy. Preuves, n° V. — Nous avons vainement cherché dans la grande collection des bulles des papes, publiée par Charles Cocquelines, cette pièce, qui se trouve rapportée seulement en partie et avec inexactitude dans les *Études historiques et documents inédits sur l'Albigeois*, p. 278. Elle peut donc être considérée comme inédite et trouver ainsi sa place dans ce volume.

ici comme une dernière preuve à l'appui de l'explication que nous avons essayé de donner : elle témoigne de la vérité de la lettre de Gérard d'Angoulême; elle certifie les faits que cet acte nous fait connaître. Jusqu'à ce jour on n'avait pu comprendre pourquoi les chanoines imploraient la protection du souverain pontife. Maintenant il ne reste plus aucun doute : le chapitre d'Alby eut à lutter contre son évêque et contre le légat de l'antipape Pierre de Léon. On peut donc accorder au clergé de cette ville le mérite d'avoir été le premier ou l'un des premiers dans l'Aquitaine à repousser le schisme d'Anaclet, et l'histoire ne doit pas oublier qu'il donna ainsi un exemple qui ne fut pas assez promptement suivi.

Les pièces du genre de celle que nous venons d'expliquer sont trop curieuses, et il existe encore trop de *desiderata* dans les annales de nos provinces, pour qu'on ne s'empresse pas de les recueillir quand on est assez heureux pour les rencontrer. Nous appelons donc l'attention des historiens sur ce document précieux, qui constate l'existence d'une lutte entre l'évêque et le clergé d'Alby, dans une circonstance où toute l'église catholique se trouvait intéressée. Nous leur ferons également remarquer que la bulle d'Innocent II et le mandement de Gérard sont deux pièces historiques qui se tiennent essentiellement. Sans celle-ci, on ne peut expliquer celle-là.

En résumé, l'intérêt du document que nous venons d'analyser ne sera douteux pour personne, nous osons l'espérer; et nous pensons avoir rempli un devoir en rétablissant la date de cette pièce, qui a dû souvent passer inaperçue ou incomprise entre les mains de plusieurs personnes, depuis le jour où elle fut attribuée à l'épiscopat d'Hugues Aubert et classée parmi des pièces du XIVe siècle.

V.

Bulle du pape Innocent II, par laquelle il met sous la protection du saint-siége les chanoines réguliers et l'église cathédrale de Sainte-Cécile d'Alby ; leur donne le pouvoir d'élire leur prélat ainsi que le prévôt ; les confirme dans la possession de leurs biens et priviléges, et déclare qu'il ne sera permis à personne de leur causer aucun grief après leur appellation au saint-siége.

III° idus Junii MCXXXVI.

Innocentius episcopus, servus servorum Dei, dilectis filiis Raimundo, Albiensis ecclesiæ præposito ejusque successoribus, cæterisque fratribus canonicam vitam professis, tam præsentibus quam futuris, in perpetuam memoriam. Piæ postulatio voluntatis effectu debet pro sequente compleri, quatenus et devotionis sinceritas laudabiliter enitescat et utilitas postulata vires indubitanter assumat. Quia igitur dilectio vestra ad sedis apostolicæ portum confugiens ejus tuitionem devotione debita requisivit, nos supplicationibus vestris clementer annuimus et Albiensem beatæ Ceciliæ matricem ecclesiam, in qua Deo auctore vitam canonicam professi estis cum omnibus ad ipsam pertinentibus, sub tutela apostolicæ sedis excipimus, quemadmodum a dilectis filiis nostris Sicardo, archidiacono, et Guirfredo et Guillelmo, sacrista, postulatum est. Per præsentis igitur privilegii paginam, vobis vestrisque successoribus in perpetuum confirmamus ut regularis canonicorum ordo in ecclesia vestra semper vigeat, et ut liberam eligendi pontificem et præpositum, remota cujuscumque personæ violentia, canonici regulariter viventes habeant facultatem, et quæcumque vobis et ecclesiæ vestræ largitione principum vel concessione pontificum collata sunt, et quæcumque in futurum largiente Deo juste atque canonice poteritis adipisci, in quibus hæc propriis duximus nominibus annotanda, videlicet præposituram archidiaconatus, decaniam, sacristiam, caputscoliam, ecclesiam beati Eugenii de vico Viantii, ecclesiam beati Johannis de Prunet, ecclesiam sancti Genesii de Bornasel, ecclesiam sancti Salvatoris et beati Petri de Valle, ecclesiam beati Petri et sancti Claudii de Carlucio, ecclesiam sancti Salvii de Bonavalle, ecclesiam sanctæ Crucis de Avellanet, capellam beatæ Mariæ Castelli veteris, cum omnibus ad easdem ecclesias pertinentibus, ecclesias sancti Stephani et beati Juliani infra suburbium Albiæ. Decernimus ergo ut nulli omnino hominum liceat eamdem Albiensem ecclesiam temere perturbare aut ejus possessiones auferre, vel ablatas retinere, minuere vel temerariis vexationibus aut exactionibus fatigare, sed omnia integra conserventur eorum pro quorum sustentatione et gubernatione concessa sunt usibus pro futura, ad hæc adjicientes statuimus ut postquam sedis apostolicæ audientiam in vestris gravaminibus appellaveritis, nulli facultas sit gravamen vobis vel injuriam irrogare, ad indicium autem hujus perceptæ a Romana ecclesia libertatis singulis annis duos bisantios Lateranensi palatio persolvetis. Si qua igitur in futurum ecclesiastica secularisve persona, hanc nostræ constitutionis paginam sciens, contra eam temere venire temptaverit, secundo, tertiove commonita, si non satisfactione congrua emendaverit, potestatis honorisque sui dignitate careat, reamque se divino judicio existere de perpetrata iniquitate cognoscat, et a sacratissimo corpore ac sanguine Dei et Domini nostri Jesu Christi aliena fiat, atque in extremo examine districtæ ultioni subjaceat. Cunctis autem eidem loco justa et honorem servantibus sit pax Domini nostri Jesu Christi; quatenus et hic fructum bonæ actionis percipiant et apud districtum judicem præmia æternæ pacis inveniant. Amen, amen, amen.

Ego Innocentius, catholicæ ecclesiæ episcopus.

Ego Guillelmus, Prenestinus episcopus subscripsi.

Ego Gregorius, diaconus cardinalis sanctorum Sergii et Bachi.

Ego Bernardus, presbiter cardinalis tituli sanctæ Crucis in Hierusalem.

Ego Anselmus, presbiter cardinalis tituli sancti Laurentii in Lucina.

Ego Lucas, presbiter cardinalis tituli sanctorum Johannis et Pauli.

Ego Guido, cardinalis diaconus sancti Adriani.

Ego Ubaldus, diaconus cardinalis sanctæ Mariæ in via lata.

Ego Chrisogonus, diaconus cardinalis sanctæ Mariæ in porticu.

Data Pisis, per manum Aimerici, sanctæ Romanæ Ecclesiæ diaconi cardinalis et cancellarii, secundo idus Junii, indictione decima tertia, Incarnationis Dominicæ anno millesimo centesimo tricesimo sexto, pontificatus vero domini Innocentii papæ secundi anno sexto.

(Archives du chapitre de l'église cathédrale Sainte-Cécile d'Alby, fonds Doat, n° 105, fol. 46.)

VI.

Conventions faites entre Guillaume Petri et les prud'hommes de la ville d'Alby sur la manière de punir ceux qui seraient convaincus d'avoir blessé quelqu'un avec glaive ou lance, bâton ou pierres, dont la connaissance appartenait auxdits évêque et prud'hommes, et les confiscations à l'évêque seul.

MCLXXXVIII.

In nomine Domini nostri Jesu Christi, anno ab Incarnatione ejus millesimo centesimo octuagesimo octavo. Aiço es carta d'acorder et d'establiment que feiro toig li pros omes de la vila d'Albi ab Guillem Peire lo bisbe d'Albi, et el ab els acordero et establiro toig escemps communalmen que ia negus om de la vila d'Albi no feira negus ome de la vila dins ni defora ab cotel ni ab lanza ni ab espaza ni ab neguna arma, et seu fasia aquel que o faria seria encorreguts sos avers et sas eures pel bisbe, el cors per justiciar del sirvent del bisbe et dels omes de la vila, et aquel no querrira a gleia nul guirenls; et se a quei quel colbe auria fag sen efforsia, seria encorreguts sei effant et sei fraire cels avia, et se fraire no avia sei aoncle et sei neboig filh de fraires et de serors per justiciar; et se negus om encontrava aquel quel colbe auria faig fugen, et retener lo podia et no o fasia que sabe quel colbe ague faig seria encorregut. Mas se tant era quel colbe fos fag ab peire ni ab basto et non era mortals, prenes om aquel quel colbe auria faig et retegues lom tota ora entro que laudats fos per conoguda del bisbe et dels pros omes de la vila. En eissa a quela pena seria toig aquel omes que neguna maio dins la vila barreria que seria encorreguts lor cors, et negun ome estrain non tengua om en esta vila de que regart aia om a present ni a lairo; se non o fasia que fermes per luy que mal na fedes en esta vila dins ni defora, et si li tenia negus om et mals ne venia, aquel que tengut li auria seria encorreguts sos cors desque om acointat loil auria. Et aquest acorders et aquest establimens deu eser tenguts per tots terminis et fo faigs el termini quan Vedian Echarts era preboides de la gleia de sancta Cecilia, ab so coseil et ab coseil den Gaillart que era preboides de la gleia sant Salvi. Aquest acorder et aquest establimens an jurat Guillem Oalrics, Ramons Isarn Prennac, Ug de Gabriac, Peire d'Arpio, Peire Ravel, Guillem de la Nogareda, Nicholau Taillafer, W. de Calms, Bernat de Taur, Peire Taillafer, Daide de Taur, Johan Frener, Benedeig d'Alverngne, Teric Isarn de Sestairol, Peirè Guiral viga, Pons Arlita, Peire Arnal, Durant de la Crots, Durant Mantel, P. Gros, Durant d'Entremonts, Peire Guiral lo falinier, Bernat Bonio, Isarn Daide, Berna de Caja, Peire de Gresellas, Gregori Teuler, Laurens Meigue, Sicart Amat, Bonet d'Arna, Isarn Tesseire, Alet Daide, Grimal, Peire de Lort, Bernat Guibal, Esteve Guibal, Peire de Sotsterra, Ramon Ug, Ramon Pederos, Guiral Pagat, Bernat Mantell, Peire Dreiturer, Rotguer Guillem Maynes, Tripol Frodel, D. de la Cort, Ug Armera, Jhoan de Campairac, Esteve Rapi, Peire Paraire, Peire de Teillet, J. Oalric, Guillem Baud, Bernat de Fiac, Guillem Poderos, Berthomeu Canilla, Gota Meranet, Daide Gran, Ramon de la Garriga, W. de Miol, Amblard de Verdussa, Peire Guinno, W. Aimeric, Bernat de la Fenassa, Arnol de Cambon, Ramon Ermengau, Esteve Rafanell, Domergue de Marivol, Guillem Coilladaur, Ramon Roguer, Guillem Tondut, Ug de Miol, Ug Vinnal, Breto Godor teuler, Joan Roig, Bernat de Pozols, Gorgoil Durand de Salas, Benedeig Donat, Ameil del Soler, Ramon de Cantamerle, Campainnac, Bernat Teguer, Candeil, Durant Mercer, Esteve Veil, Bernat de Montclar, Esteve Alader, Arnal del Port vijol, Peire del Port, W. Fassabe, Peire Gauffre, P. Galco, P. Godor, Peire de Ligous vendemiaire, Bernat Fabre, Jorda Pannel, Durant Malfre, Ramon Aigui, Peire Guiral, Allegre Pollan, Rufel, B. Got, Peire Palaizi, Peire Andral, Marc Forner, P. Boiza, Isarn Elia, Ramon de la Garriga, Guill. Amar, Ramon Vinnal, Durant Devi, Clavel, Guillem Piñol, Baret, Guilem Bernat, Peire Gros de Maussac, D. del Prat, Peire Remeig, Bernat Remeig, Ramon Jhoan, Guillem Rizol, Aimeric de Foisseux, At Fabre, Ramon de Montagut, Peire Daide, P. Got, Robert de Reissac, Bernat Mascart, Ademar Elia, Ramon Maloure Bascol, P. Alader, Vidal Galco, Ug. Cellarer, Pons Bellabarba, W. Bou, Ermengau Geissa, Guillem Brunet, Durant de Gaillac, Ramon del Port, Polvereiras, Daide Cellarer, Bruninac, P. Teisseire, Daide Grimal, Gui de Laval, Boigas, Ramon Boger, Peire de Canaveil, Durant Teisseire, Sicart de Verdussa, P. Bes, Guillem Vidal, Peire Moliner, R. Boizeza, P. Pic, Guiral Alader, P. so fraire, Bernat Fadel, Guillem de Lavaur Colum, Guiral de Monclar, P. Donat Boc, Jhoan Botet, Peire Pelegri, Isarn Rater, Johan de Campainnac, P. de las Portas, Beg Jove, Bernat de Montagut, Ramon Bonet, Isarn Fresquet, Guillem de Reissac, Bernat de Lior, Bernat Airal, Arnal de Peirafigua, Pons Fenassa, P. Berdan, Peire Vedia, P. Vidal, Gui del Cuersen, Guillem Gasquet, Ermengau d'Orban, Bernat Isarn lo Comte, Daide Gafur, P. Daide, Bernat Mercer, Daide Boizeza, Daide d'Alos, Peire Bertran, P. Teisseire, W. de Lavaur Rius, Pons de Vilamainna, Berenguer Rizol, Ug de la Font, P. de Campainnac, P. de Toloza, P. Rufel, Ermengau Fabre, Guiral Alader, Verdussa Guiral, Maria Galco, Benedeig Galco, Bonet da Meillan, Ameil de

Cambirac, Jhoan Geisa, Bernat Alader, Michel Poltoig, Peire Arnal, P. Maurell, Peire Cadolla, Guiral Elia, Jhoan Amic, P. Isarn, Bernat Veguer, Gaugi Vivarellas, Guillem Viscaro, Bernat Amic torner, Isarn Gairart, Bernat Gairart, Guiral de la Tausca, Isarn Teisseire, R. de Campainnac, Bonome Durant, Brandoi, Bernat Boier, Sicart Arnal, P. de la Sainna, Guillem Galco, Vidal Roiguer, Durant Vierna, Guillem de Sant-Marcel, P. Jhoan, Ramon de Cabanas, Durant de Mazeiras, Bernat Fumet, R. Berenguer, Ramon Capdemail, P. de Cabo, Gui Fumet, P. Gros, Guillem Mercer, Ug de Prunet, Guillem Mercer, Benedeig Rafell, Bernat de Campainnac, Jhoan Esteve, P. Matfre, W. de Montagut, Vedia Ug, Peire Fabre, Arnal de Castlus, Ramon Jorda, Jhoan de las Gotinas, Guiral Cadolla, Marc del Bosc, Ramon de Reissac, Beg Teisseire, P. de Lentin, Guillem d'Arpio, P. Tron da Meillau, Peire de Valgilada, Jhoan Gasc, P. Ug, Ramon Celler, Bernat Amic, Bernat Capdemail, P. Comte, Marc Forner, Ug de Reissac.

(Archives de l'évêché d'Alby, fonds Doat, n° 105, fol. 97.)

Traduction de la charte des conventions stipulées entre l'évêque et les prud'hommes d'Alby.

In nomine Domini Jesu Christi..... Ceci est la charte d'accord et d'établissement que firent tous les prud'hommes de la ville d'Alby avec Guillaume Pierre l'évêque d'Alby, et lui avec eux accordèrent et établirent tous ensemble ceci communément : que nul homme de la ville ne frappe aucun homme dedans ni dehors avec le couteau, ni avec lance, ni avec épée, ni avec aucune arme; et s'il le faisait, celui qui le fera verra confisquer ses biens et ses honneurs au profit de l'évêque, et son corps sera livré à la justice du sergent de l'évêque et des hommes de la ville, et celui-là ne cherchera dans une église aucune garantie; et si celui qui aura fait le coup s'échappait, seront traduits en justice ses enfants et ses frères, s'il en a, et, s'il n'a pas de frères, ses oncles et ses neveux, fils de frère et de sœur; et si quelqu'un rencontrait celui qui aura fait le coup fuyant, et pouvant le retenir, ne l'aura pas fait, tout en sachant qu'il aura fait le coup, celui-là sera traduit en justice. Mais s'il était certain que le coup fût fait avec une pierre ou un bâton et qu'il ne fût pas mortel, qu'on prenne l'homme qui l'aura fait et qu'on le retienne jusqu'aux décisions prises par connaissance de l'évêque et des prud'hommes de la ville. On frappera de la même peine tous ceux qui, étant poursuivis, fermeront leur maison dans la ville; et on ne retiendra publiquement ni secrètement dans cette ville aucun étranger dont on ait du doute; si on ne le faisait pas, que l'on affirme pour lui qu'il ne fait aucun mal en cette ville au dedans ni au dehors; et si quelqu'un le garde et qu'il arrive du mal, celui qui l'aura gardé sera poursuivi personnellement, dès que l'on aura été averti.

Et cet accord et cet établissement doit être tenu en tout temps, et il fut fait au temps que Vedian Echart était prévôt de l'église de Sainte-Cécile, avec son conseil et avec le conseil de Gaillard, qui était prévôt de l'église de Saint-Salvi. Ont juré cet accord et cet établissement Guillaume Oalric, Raymond Isarn Prennac, Hugues de Gabriac, etc. etc.

VII.

Acte par lequel Guillaume Petri, évêque, permet à Albia, fille de Guiraud de la Taosca, d'établir un moulin au-dessus du pont d'Alby.

[illegible].

Conoguda causa sia als homes que aquesta quarta veiran ni audiran, que en Guillem Peyre, bisbe d'Albi, doni a vos Albia, filla den Guirant de la Taosca, et à tots homes aqui vos o volrats que vos poscats far un moli e mounar sobrel pont davas la vila d'Albi, entrel moli den Guillem Oalric el moli Sotira. D'aquesta guisa vos fas aquest do que vos devets far lo moli el devets tener con dreg de totas res, e la ziesida deven aver meg per meg; e aquest molis no dona ces ni servizi, ni deure far en paissera; e de tot aquest de sobredig serei vos guirens. SS. Daide Reg, Guillem Ug, Bertran de la Capela, en Bertran so fil, Guillem Bou, Berenguer Risol, Peire Gui, Bernat Vegueir, Peironet de Peiregous, Peire Arnal, Jacme da Meillan, Johan Bou, Azemar Alrae, Raimon Gerela.

Petrus scripsit anno Domini millesimo ducentesimo secundo.

E aisso fo lauzat en la sala ou jais lo bisbe, de long lo portal de la gleisa de Sanct-Salvi.

(Archives de l'évêché d'Alby, fonds Doat, n° 105, fol. 180.)

Traduction de l'acte précédent.

Soit chose connue aux hommes qui verront ou entendront cette charte que moi Guillaume Pierre, évêque d'Alby, je donne à vous Albia, fille de Guiraut de la Toasca, et à tous hommes à qui vous voudrez, la permission de faire un moulin et d'y moudre le grain au-dessous du pont, sous la ville d'Alby, entre le moulin de Guillaume Oalric et le moulin Sotira. Je vous fais ce don de cette manière que vous devez construire le moulin et le tenir en état de toutes choses, et nous devons en partager les revenus par moitié; et ce moulin ne doit ni cens ni service, et ne doit faire aucune écluse. Je vous serai garant de tout ce don susdit. SS. Daide Rey, Guillaume Hugues, Bertrand de la Chapelle, etc. Et cela fut approuvé dans la chambre où couche l'évêque, le long du portail de l'église de Saint-Salvi.

VIII.

Acte par lequel les clercs de l'église d'Alby prient l'évêque Guillaume Petri de prendre l'administration de leurs biens et de remplir la charge de prévôt.

In mense Novembris MCCV.

Notum sit omnibus hoc instrumentum cernentibus quod post mortem Ademari Guillelmi, præpositi ecclesiæ Albiensis, convenerunt omnes clerici ipsius ecclesiæ in capitulum, et vocaverunt et rogaverunt Guillelmum Petrum ipsius ecclesiæ episcopum, et concesserunt ei ut ipse administret et fideliter ministrari faciat res ejusdem ecclesiæ quæ ad cellarium pertinent, et concesserunt ei ut locum præpositi haberet, ita tamen ut post mortem Guillelmi Petri episcopi liceat clericis ipsius ecclesiæ præpositum eligere, et hoc quod cum eo specialiter faciunt nullum præjudicium generetur quin successores ipsius episcopi ipsum quem clerici elegerint præpositum instituant et constituant; et hanc concessionem fecerunt Raimundus de Fraxinello ejusdem ecclesiæ sacrista, et Augerius, et Bernardus Airebaldi, et Ugo Cellararius, et Deodatus Rex, et Bernardus Grossus, et Petrus de Valle, et Bernardus Vassaldi, et Petrus de Valgilada, et Guillelmus Golmars, et Ad. de Sancto Dionisio, et Guillelmus de Cambalaira, et R. de Abirac, et Guillelmus Gravas, et Bernardus de Domolenx, et Ugo de Prunet, cum consilio et voluntate Gaillardi ejusdem ecclesiæ archidiaconi, anno D. N. Jesu Christi millesimo ducentesimo quinto, anno pontificatus ejusdem Guillelmi Petri episcopi vigesimo, in mense novembris. SS. G. Oalric, Isarn de Sestairol, Ramon Oalric, Ponz Bernat, G. Ug, P. de Cambairac, Ermengau Geissa, Bernat de la Fenaça, P. Daide, Johan Fenaça, P. de Maseiras, D. Vierne, Isarn Maler, P. Comte, R. Ermengau, Isarn Geissa, Phil. Morgues, Andreu Borrel, G. Ugo lo jove, R. de la Grava, Guiral Cadolla, P. de Gresellas, G. de Montagut, G. Bou, P. Aludier, Bernat Aludier, Johan Bou, G. de Foissenx, R. Cellier.

Et totum hoc fuit factum in capitulo beatæ Ceciliæ.

(Archives du chapitre de l'église cathédrale Sainte-Cécile d'Alby, fonds Doat, n° 105, fol. 186.)

IX.

Le prévôt et le chapitre de Sainte-Cécile d'Alby accordent à Durand, leur évêque, les maisons où il habitait, situées sur le Tarn, pour en jouir durant sa vie seulement.

VII° idus Januarii MCCXXXVI.

Noverint universi praesentes et futuri quod nos P. praepositus et Capitulum Sanctae Ceciliae sedis Albiensis, volumus et concedimus venerabili Patri et D., Dei gratia episcopo Albiensi, ad vitam suam domos in quibus ipse moratur, quae sunt super Tarnum; ita quod quamdiu vixerit eas teneat sine aliqua contradictione pacifice et quiete, et post decessum suum ad nos cum omni melioratione quam ipse in eis fecerit libere revertantur; et hanc gratiam dignitati non facimus sed personae.

Nos vero D. dictus recognoscimus dictas domos ad dictum Capitulum integre pertinere et usufructuario nomine ad vitam nostram eas per dictum Capitulum possidere.

In cujus rei testimonium praesentes litteras sigillorum nostrorum munimine, nos praedicti Durantus episcopus et P. praepositus et Capitulum Albiense, duximus roborandas.

Datum Albiae, septimo idus Januarii, anno Domini millesimo ducentesimo trigesimo sexto.

(Archives du chapitre de l'église cathédrale Sainte-Cécile d'Alby, fonds Doat, n° 105, fol. 367.)

X.

Déclaration de l'évêque Guillaume Petri portant que le chapitre de son église a droit d'élire et d'instituer conjointement avec lui les archidiacres.

XVI° kalendas Julii MCCXXIII.

In nomine D. N. Jesu Christi anno ejusdem Incarnationis millesimo ducentesimo vigesimo tertio, decimo sexto kalendas Julii. Noverint universi Christi fideles praesentem paginam inspecturi, quod nos G., Dei gratia Albiensis episcopus, rememorantes statum regiminis nostrorum praedecessorum et nostrum, ne discessionis ira in futurum concipiatur, profitemur, recognoscimus et concedimus quod Capitulum ecclesiae Sanctae Ceciliae nostrae sedis tantumdem habet in institutionem archidiaconorum Albiensis dioecesis quantum et nos, et quod nos, vel alius successor noster, non debemus neque possumus instituere archidiaconos sine Capitulo neque Capitulum sine nobis; quod enim ad omnes pertinet debet ab omnibus comprobari, praeterea electus in archidiaconum debet esse canonicus Capituli supradicti.

Et ut omnia praescripta semper maximum robur firmitatis in perpetuum obtineant, sigillum nostrum et contra-sigillum apponi fecimus huic cartae.

(Archives du chapitre de l'église cathédrale Sainte-Cécile d'Alby, fonds Doat, n° 105, fol. 241.)

XI.

Ordonnance de Gautier, évêque de Tournay et légat du saint-siége, relative à l'entrée des légats dans la ville d'Alby.

IX° kalendas Aprilis MCCXXIII.

In nomine D. N. Jesu Christi, nos Vualterius, Tornacensis episcopus, Dei gratia apostolicæ sedis Legatus, plurium habito consilio sapientium salubri provisione statuimus ut cum Legatum apostolicæ sedis vel aliam personam cui processio debetur intrare contigerit civitatem, primo in ecclesia Sancti Salvii Albiensis ad processionem ob ejusdem Sancti reverentiam admittatur, deinde in ecclesia Sanctæ Ceciliæ cathedrali ratione dignitatis et honoris præcipui ad processionem ultimo recipiatur. Legatus tamen apostolicæ sedis cum civitatem subierit memoratam super processione recipienda suæ voluntatis arbitrium exequatur.

Actum Albiæ, anno ab Incarnatione Domini millesimo ducentesimo tricesimo primo, nono kalendas Aprilis.

(Archives du chapitre de l'église cathédrale Sainte-Cécile d'Alby, fonds Doat, n° 105, fol. 330.)

XII.

Lettres de G. Regitius, prieur de Sainte-Marie des Tables de Montpellier, par lesquelles il mande au prieur de Sainte-Martianne et au curé de Saint-Salvi, du diocèse d'Alby, de citer par-devant lui Guillaume du Puy, Guibert Ichard et quelques autres, en vertu d'une bulle du pape Innocent IV.

Pridie nonas Augusti versus.

G. Regitius, prior beatæ Mariæ de Tabulis in Montepessullano, judex delegatus a D. Papa, dilectis in Christo Guillelmo priori Sanctæ Martianæ et Petro capellano Sancti Salvii Albiensis diœcesis salutem in Domino. Noveritis nos litteras D. Papæ recepisse sub hac forma.

Innocentius episcopus, servus servorum Dei, dilecto filio priori ecclesiæ Sanctæ Mariæ de Tabulis in Montepessullano Magalonensis diocesis salutem et apostolicam benedictionem. Conquestus est nobis præpositus ecclesiæ Albiensis quod Guillelmus de Podio et Aymericus Raynaldi milites, Maurinus Guino et Guillelmus Augerii et quidam alii laici Albiensis civitatis et diœcesis manus injecerunt in eum, Dei timore postposito, temere violentas; iidem quoque super decimis redditibus et rebus aliis injuriantur eidem. Ideoque discretioni tuæ per apostolica mandamus quatenus si de hujusmodi manum injectione tibi constiterit dictos sacrilegos, tamdiu appellatione remota, excommunicatos publice nuncies, et facias ab omnibus arctius evitari donec passo injuriam satisfecerint competenter et cum tuarum testimonio litterarum ad sedem venerint apostolicam absolvendi; super aliis vero audias causam, et appellatione remota debito fine decidas faciens quod decreveris per censuram ecclesiasticam firmiter observare; testes autem qui fuerint nominati, si se gratia, odio vel timore subtraxerint, censura simili appellatione cessante compellas veritati testimonium perhibere. Datum Perusii, decimo kal. Aprilis, pontificatus nostri anno decimo.

Unde cum nos meminerimus nos authoritate dictarum litterarum D. Papæ per dictum priorem Sanctæ Martianæ citasse Guillelmum de Podio militem, Maurinum Guinon, Guillelmum Augerii et Folbertum et Guibertum Yehardi militem de Castro veteri civitatis et Albiensis diœcesis, ut XII kal. Julii, coram nobis, in domo nostra, comparerent præposito et capitulo Sanctæ Ceciliæ Albiensis de jure responsuri, quod quia facere neglexerunt, iterato vobis prædictis priori Sanctæ Martianæ et Petro capellano Sancti Salvii mandamus quatenus prædictos Guillelmum de Podio militem, Maurinum Guinon, Guillelmum Augerii et Folbertum et Guibertum Yehardi militem Albiensis diœcesis ex parte nostra peremptorie citetis, assignantes eisdem unam diem pro omnibus, volentes parcere partium laboribus et expensis quatinus XIV kal. octobris apud Montempessulanum in domo nostra compareant coram nobis prædictis præposito et capitulo Albiensibus de jure responsuri. Alioquin nos procedemus in negocio ipso quantum de jure fuerit sicut contra contumaces procedendo, et ut nihil super delegatione nostra dubitare possitis, volumus et mandamus quod vobis originale Dom. Papæ delegationis nostræ rescripti ostendatur, et quidquid super prædictis feceritis nobis per nostras litteras intimare curetis.

Datum apud Montempessulanum in domo nostra, anno Domini MCCLIII, pridie nonas Augusti.

(Archives du chapitre de l'église cathédrale Sainte-Cécile d'Alby, fonds Doat, n° 106, fol. 103.)

XIII.

Vidimus fait par l'official de Bourges de l'élection de Bernard de Combret, prévôt de Sainte-Cécile, pour évêque de l'église d'Alby, en remplacement de Durand.

MCCLIV.

Universis præsentes litteras inspecturis officialis curiæ Bituricensis salutem in Domino. Noveritis nos anno Domini MCCLIV, die veneris ante festum omnium Sanctorum, vidisse decretum electionis factæ de venerabili viro Bernardo de Combreto in ecclesia Albiensi, non cancellatum, non abolitum, in aliqua sui parte cum sigillo communi regio et bono, et compluribus aliis sigillis pendentibus in eodem decreto, verbo ad verbum, sub hac forma.

In nomine D. nostri Jesu Christi, anno Incarnationis ejusdem MCCLIV, die veneris ante festum sancti Laurentii, pateat universis quod ecclesia Sanctæ Ceciliæ sedis Albiensis pastoris solatio destituta, D. Durante bonæ memoriæ, quondam episcopo Albiensi, viam universæ carnis ingresso, et sequenti die sabbati, corpore ipsius tradito ecclesiasticæ sepulturæ, et propter multa pericula quæ ratione moræ contingere poterant ex causis variis et diversis, et propter necessitatem ejusdem ecclesiæ, missa de Sancto Spiritu in eadem ecclesia cathedrali solemniter celebrata, et convocatis omnibus qui fuerant evocandi, et in ejusdem ecclesiæ capitulo omnibus canonicis congregatis de electione futuri pontificis tractaturis, et invocata Spiritus Sancti gratia, placuit omnibus canonicis dicti capituli per viam scrutinii provideri viduatæ ecclesiæ de pastore. Et sic fuerunt electi ab ipso collegio tres fide digni, videlicet Bernardus de Combreto, præpositus dictæ ecclesiæ

Albiensis, et Petrus Maliani, prior claustralis, et Bernardus Malerii, archidiaconus Albiensis. Et omnes et singuli de capitulo concesserunt eisdem plenariam potestatem ut ipsi secreto et sigillatim vota seu voluntates cunctorum et sui ipsorum exquirerent et in scriptis redigerent, et redacta publicarent. Postea in communi qui tres prædicti secreto et sigillatim vota seu voluntates omnium et singulorum et sui ipsorum audiverunt et examinaverunt, et in scriptis diligentissime redegerunt in hunc modum.

Ego Berengarius, archidiaconus Albiensis, nomino Bernardum de Combreto, præpositum nostrum in pastorem et episcopum Albiensem et in eum consentio.

Ego Raymundus Ugonis, præpositus de Viancio, nomino, etc.

Ego Raymundus de Fraissinello, sacrista ecclesiæ Albiensis, nomino, etc.

Ego Bonetus Taillefer, camerarius dictæ ecclesiæ Albiensis, nomino, etc.

Ego Guillermus Viguerii, prior Sanctæ Martianæ et cellerarius, nomino, etc.

Ego Raimundus de Gresellis, canonicus dictæ ecclesiæ et presbiter, nomino, etc.

Ego Robertus de Abiraco, presbiter et canonicus ejusdem ecclesiæ Albiensis, nomino, etc.

Ego Petrus Escafredi, presbiter et canonicus ejusdem ecclesiæ cathedralis, nomino, etc.

Ego Joannes Boteti, presbiter et canonicus ejusdem ecclesiæ Albiensis, nomino, etc.

Ego Isarnus Maler[illegible], diaconus et canonicus ejusdem ecclesiæ Albiensis, nomino, etc.

Ego Deodatus Manenti, presbiter et canonicus ejusdem ecclesiæ Albiensis, nomino, etc.

Ego Petrus Raimundi de Posols, presbiter et canonicus ejusdem ecclesiæ Albiensis, nomino, etc.

Ego Bernardus de Cassanhis, diaconus et canonicus ejusdem ecclesiæ Albiensis, nomino, etc.

Ego Pontius Viguerii, subdiaconus et canonicus ejusdem ecclesiæ Albiensis, nomino, etc.

Ego Bernardus de Combreto, præpositus sæpe dictæ ecclesiæ Albiensis, nomino virum religiosum abbatem Galliacensem in pastorem et episcopum Albiensem et in ipsum consentio.

Ego Bernardus Malerii, archidiaconus Albiensis, nomine Bernardum de Combreto, præpositum nostrum, in pastorem et episcopum Albiensem et in ipsum consentio.

Ego Petrus Maliani, prior claustralis ejusdem ecclesiæ Albiensis, nomino, etc.

Quo facto de voluntate prædictorum omnium et singulorum existentium in capitulo mox in communi, voluntates eorumdem omnium publicarunt, et post modum diligenti collatione habita invenerunt quod omnes et singuli de capitulo nominaverant Bernardum de Combreto, præpositum sedis Albiensis, et in eum unanimiter consenserant, ut eligeretur in pastorem et episcopum Albiensis ecclesiæ, excepto eodem præposito Albiensi qui virum religiosum abbatem Galliacensem nominaverat, licet solus. Et sic incontinente Bernardus Malerii, archidiaconus Albiensis supra dictus, concessa sibi et Petro Maliani, priori supradicto, a toto capitulo ut eligeret potestate vice sua et vice prioris supra dicti consocii sui qui sibi super hoc commiserat vices suas, et vice omnium de capitulo, et de mandato et consensu et voluntate totius ejusdem capituli, invocata Spiritus Sancti gratia, elegit dictum Bernardum de Combreto, præpositum sedis Albiensis, virum religiosum et utique probatum, morum honestate præclarum, litterarum scientiæ præditum, et in temporalibus et spiritualibus circumspectum, et valentem et scientem jura ecclesiæ tueri, in pastorem et episcopum Albiensem, dicens in hæc verba :

Ego Bernardus Malerii, archidiaconus prædictus, auctoritate et potestate mihi et priori socio meo supra dicto a toto capitulo concessa, vice mea et ejusdem prioris socii mei, et voluntate et mandato totius capituli : *In nomine Patris et Filii et Spiritus Sancti, amen,* Bernardum de Combreto, præpositum sedis Albiensis, eligo in pastorem et episcopum Albiensem.

Cui electioni idem præpositus Albiensis post multas instantias consensit et eamdem approbavit. In quorum omnium testimonium et majorem roboris firmitatem, nos omnes prædicti sigillum nostri capituli præsenti decreto diximus apponendum.

Et ego dictus Berengarius archidiaconus prædictis omnibus interfui et consentii ut supra scriptum est, et manu propria subscripsi et sigillum meum apposui.

Et ego dictus præpositus de Viancio, etc.

Et ego dictus sacrista, etc.

Et ego dictus camerarius, etc.

Et ego dictus prior Sanctæ Martianæ, etc.

Et ego dictus R. de Gresellis, etc.

Et ego dictus rector Sancti Stephani (Rob. de Abiraco?), etc.

Et ego P. Escafredi, etc.

Et ego prædictus Joannes Boleti, etc.

Et ego dictus Isarnus Malerii, etc.

Et ego dictus Deodatus Manenti, etc.

Et ego dictus Petrus Raimundi, etc.

Et ego dictus B. de Cassanhis, etc.

Et ego dictus Pontius, etc.

Et ego dictus Bernardus archidiaconus supradictus, etc.

Et ego dictus prior claustralis, etc.

(Archives de l'évêché d'Alby, fonds Doat, n° 106, fol. 118.)

XIV.

Lettres du chapitre de Bourges à Bernard de Combret, après l'hommage fait par ce prélat à l'archevêque de Bourges.

Die Martis post pascha MCCLV.

Universis præsentes litteras inspecturis Decanus et capitulum Bituricense salutem in Domino. Noveritis quod cum episcopus

Albiensis teneat a reverendo patre Philippo, Dei gratia Bituricensi archiepiscopo, Aquitaniæ primate, in feudum civitatem Albiensem, castra, villas et alia jura ad civitatem prædictam pertinentia, idem Dom. archiepiscopus, Dom. B. episcopo Albiensi, et ejus successoribus promisit quod dictum feudum non alienabit, nec extra manum suam ponet; quod si contrarium faceret, vult quod episcopus et successores sui, qui pro tempore fuerint, eo ipso a feudo sint immunes, et eidem episcopo feudum solvit, remittit et quittat, nec alienatio obtinere possit alicujus roboris firmitatem. Nos autem præmissa omnia grata et rata habentes, in cujus rei memoriam et majorem tractitudinem præsentes litteras dedimus dicto episcopo sigilli nostri munimine roboratas.

Datum die Martis post Pascha, anno Domini MCCLV.

(Archives de l'évêché d'Alby, fonds Doat, n° 106, fol. 116.)

XV.

Jean de Sully, archevêque de Bourges et primat d'Aquitaine, se conformant à une bulle du pape Urbain IV, permet à l'évêque d'Alby de transiger avec le roi, touchant la justice temporelle de la cité d'Alby.

La bulle du pape est datée des ides de Décembre, la deuxième année de son pontificat. Les lettres de consentement de l'archevêque sont du jeudi après la Pentecôte MCCLXIV.

Johannes, permissione divina Biturricensis archiepiscopus, Aquitaniæ primas, universis præsentes litteras inspecturis salutem. Noveritis nos litteras D. Papæ recepisse sub his verbis quæ sequuntur:

Urbanus episcopus, servus servorum Dei, venerabili fratri archiepiscopo Biturricensi salutem et apostolicam benedictionem. Significavit nobis venerabilis frater noster episcopus Albiensis, quod cum dudum inter ipsum et carissimum in Christo filium nostrum illustrem Regem Franciæ, super temporali jurisdictione civitatis Albiensis vel parte ipsius, quam idem Rex ad se spectare asserit, quamquam idem episcopus et prædecessores sui Albienses episcopi, qui fuerunt pro tempore, ipsam exercuerint a tempore cujus memoria non existit, suborta tamen materia quæstionis, dictus episcopus et Albiensis ecclesia occasione hujus sustinuerunt multa dampna et injurias ac subierunt gravia onera expensarum. Cum autem idem Rex et episcopus, sicut accepimus, intendant compositionem inire, nos de te qui ejusdem episcopi metropolitanus existis, et a quo ipse, sicut asserit, hujusmodi jurisdictionem tenet in feudum, gerentes fiduciam pleniorem fraternitati tuæ per apostolica scripta mandamus quatenus eidem episcopo ineundi compositionem super hoc cum eodem Rege, si ecclesiæ ipsi expedire videris auctoritate nostra licentiam largiaris, non obstante si ad id non intervenerit capituli Albiensis assensus, nisi eum denegarent ex rationabili causa præstare.

Datum apud Urbem Veterem, idus Decembris, pontificatus nostri anno secundo.

Cum igitur nos auctoritate prædicta moneri fecerimus venerabile capitulum Albiense, ut proponerent causas rationabiles, si quas haberent, quare non expediret ecclesiæ Albiensi compositionem inire super præmissis cum D. Rege secundum traditam nobis formam, quam eis exhiberi fecimus, et quare ad compositionem ineundam super præmissis suum præstare denegarent assensum; et ipsi nullam causam rationabilem prætenderint, nos quia prædictæ ecclesiæ Albiensi expedire videtur prædictam compositionem inire, non obstante quod ad id non intervenerit capituli Albiensis assensus, eidem episcopo ineundi compositionem super præmissis cum domino Rege auctoritate prædicta licentiam ducimus largiendam. In cujus rei testimonium præsentes litteras sigilli nostri munimine fecimus roborari.

Datum anno Domini millesimo ducentesimo sexagesimo quarto, die Jovis post Penthecostem.

(Trésor des chartes de Carcassonne : Registrum curiæ Franciæ, fonds Doat, n° 106, fol. 213.)

XVI.

Transaction entre le roi saint Louis, d'une part, et Bernard, évêque d'Alby, d'autre part, suivant le pouvoir donné à ce dernier par le pape et l'archevêque de Bourges, touchant les confiscations des biens des hérétiques et *faidits* de la cité d'Alby, et touchant les adultères, larcins et autres crimes.

In vigilia beati Nicholai hiemalis, mense Decembris MCCLXIV.

De nova compositione super hæresibus et faidimentis civitatis Albiensis facta inter Dominum Regem et episcopum Albiensem.

Bernardus, Dei gratia Albiensis episcopus, universis præsentes litteras inspecturis salutem in filio Virginis gloriosæ. Notum facimus quod, cum orta esset materia quæstionis inter illustrem dominum Ludovicum Francorum regem ex una parte, et nos ex altera, super jure et jurisdictione civitatis Albiensis vel parte ejusdem et quibusdam aliis, tandem dictus dominus ex Rei nos de speciali licentia a reverendo patre Johanne, Dei gratia Bituricensi archiepiscopo, auctoritate apostolica nobis data super dicta quæstione ad amicabilem compositionem devenimus, prout in litteris dicti domini Regis plenius continetur, quarum litterarum tenorem de illo ad verbum præsentibus duximus inserendum.....

Suit la transaction publiée par M. Compayré, commençant par ces mots : *Ludovicus, Dei gratia Francorum rex*..... et finissant ainsi : *Actum Parisius anno Domini millesimo ducentesimo sexagesimo quarto, mense decembris;* après quoi, l'évêque reprend :

Hanc autem compositionem supra scriptam nos dictus Bernardus, Albiensis episcopus, pro nobis et successoribus nostris, de licentia supradicta cum dicto domino Rege fecimus et ratam habemus et habebimus perpetuo atque firmamus. In cujus rei testimonium sigillum nostrum præsentibus duximus apponendum.

Datum Parisius, anno Domini millesimo ducentesimo sexagesimo quarto, die Veneris, in vigilia beati Nicholai hiemalis, mense Decembris.

(Trésor des chartes de Carcassonne : Registrum curiæ Franciæ, fonds Doat, n° 106, fol. 215.)

XVII.

Accord entre Guillaume, évêque d'Alby, et les chanoines de Sainte-Cécile, au sujet du moulin Bordoles du Botet.

IX° kalendas Decembris MCLXXII.

Aiso es carta d'acorder que fero li canorgui de Sancta Cecilia ab Guillem lo bisbe d'Albi del moli Bordoles den Botet que es sobre el pont contra la vila d'Albi. Li canorgui de Sancta Cecilia dono et asolvo a Guillem lo bisbe d'Albi et a tots sos successors aquo que avian a far el moli sobredits, so es la quarta parts de la moudura ab la quarta part de la messio de la paxeire et ab la meitat de la messio del moli que devo far, e Guillem lo bisbe d'Albi dona e lauda sus el moli davant dits a tots les canorgues de Sancta Cecilia que aras i so madenant i servan quatre sestiers de froment cad ans per ces a la Sanct Andreu a la mesura que aras cor ad Albi, e per aquest ces sobrescriont li canorgui de Sancta Cecilia dono et asolvo e guerpisso a Guillem lo bisbe d'Albi et a tots sos successors tot aquo que ava far el moli sobrescriont, sens reteguda que noi fero de neguna re foras dus sols et oeit deniers de que Botet lo molinier del moli lor deu cad ans per ces per la meitat de la molinaria, e li canorgui no devo far neguna messio al moli per aquest ces. — S. Garsias Pellis e Vesia Eichart et Isarn Galco et Ugo de Gabriac e Daide de Prenniac e Daide de Taur.

Feria quinta nono kalendas Decembris, in anno ab Incarnatione Domini millesimo centesimo septuagesimo secundo, W. scripsit.

(Archives du chapitre de l'église cathédrale Sainte-Cécile d'Alby, fonds Doat, n° 105, fol. 79.)

Traduction de l'accord entre l'évêque et les chanoines de la cathédrale au sujet du moulin Bordoles de Botet.

Ceci est la charte d'accord que firent les chanoines de Sainte-Cécile avec Guillaume, évêque d'Alby, du moulin Bordoles de Botet qui est au-dessus du pont, contre la ville d'Alby. Les chanoines de Sainte-Cécile donnent et abandonnent à Guillaume, évêque d'Alby, et à tous ses successeurs, ce qu'ils possèdent au moulin susdit, savoir la quatrième part de la mouture avec le quart des frais de la paisselle (l'écluse), et avec la moitié des dépenses du moulin qu'ils doivent faire. Et Guillaume, évêque d'Alby, donne et loue sur le moulin susdit à tous les chanoines de Sainte-Cécile, qui à présent y sont demeurants et servants, quatre setiers de froment chaque année pour cens à la Saint-André, d'après la mesure qui a cours maintenant à Alby. Et pour le cens ci-dessus écrit, les chanoines de Sainte-Cécile donnent, abandonnent et cèdent à Guillaume, évêque d'Alby, et à tous ses successeurs, tout ce qu'ils avaient à faire au moulin mentionné ci-dessus, sans s'y faire aucune réserve, si ce n'est deux sous et huit deniers que Botet, le meunier du moulin, leur doit chaque année pour cens pour la moitié de la meunerie; et les chanoines ne doivent faire aucuns frais au moulin pour ce cens. S. Garcie Pellis, Vesian Eichart, etc.

XVIII.

Sentence arbitrale rendue entre l'évêque et le chapitre d'Alby, d'une part, et les consuls et habitants de la ville, d'autre part, sur quelques points de l'administration, sur l'exécution de la justice, etc.

Die Mercurii post festum sancti Mathei apostoli MCCLXXI.

Super iis de quibus est compromissum in nos, ab episcopo Albiensi pro se et ecclesia sua, ex una parte, et consulibus et universitate Albiensi, ex alia, ita pronunciavimus, ordinamus, diffinimus, seu statuimus prout sequitur :

Si super criminibus quæ pœnam sanguinis irrogant fuerit inquesta facienda, fiet per baiulum episcopi; sed tenebitur vocare duos, vel tres, vel plures de probis hominibus civitatis, quibus præsentibus fiet inquesta. Qui jurabunt quod non revelabunt ea quæ audierint in inquisitione quousque sit incontinenti judicium faciendum.

Si sit judicandus malefactor qui hujusmodi crimen dicitur commisisse, baiulus ad judicium faciendum tenebitur vocare de probis hominibus civitatis ad minus viginti vel plures quos crediderit non amicos, vel consanguineos, vel etiam inimicos malefactoris judicandi, et lecta inquisitione coram ipsis, vel audita confessione ipsius malefactoris, interrogabit a quolibet proborum hominum ab eo vocatorum utrum malefac[illegible] sit absolvendus vel condampnandus, vel quid de eo sit faciendum; si condampnandus, quæ pœna sit ei infligenda. Et audito eorum consilio id in quo major pars eorum consenserit, tenebitur judicare vel facere judicari. Et si vocati ab ipso omnes vel aliqui eorum nollent venire vel respondere de judicio faciendo, vocabit alios cives non suspectos, sic superius dictum est, quousque sit completus numerus supradictus. Et si vel isti vocati vel aliqui ipsorum nollent venire, vel venientes nollent respondere, loco non venientium vel non respondentium poterit vocare alios etiam foraneos quos crediderit non suspectos, de quorum consilio vel majoris partis eorum tenebitur judicare vel facere judicari. Sententiam autem sicut fieri consuevit executioni mandabit vel faciet demandari.

Si alicui opponatur crimen quod pœnam sanguinis irrogat, per baiulum episcopi vel ejus locum tenentem capi poterit. Sed si assecuraverit de stando juri per sufficientes fidejussores, secundum qualitatem delicti non detinebitur, nisi crimen esset notorium seu manifestum, vel propter hoc esset fugitivus. Si vero sit graviter diffamatus, super hoc poterit detineri usque ad octo dies, et nisi interim convictus fuerit de crimine sibi imposito, dimittetur sub fidejussoria cautione, ut dictum est.

Præco per consules et probos homines eligetur, et episcopo sicut domino præsentabitur qui ab eo juramentum recipiet quod in officio illo fideliter se habebit, tam erga episcopum quam erga cives; et præconisabit ex parte episcopi et proborum hominum sicut est hactenus consuetum; nec refutabitur ab episcopo, nisi sit suspectus de hæresi vel alias infamis persona, vel inimicus episcopi manifestus.

Consules eligent duos probos viros ad custodiendum obventiones pontis, vel si non sint consules, alii duodecim probi viri civitatis qui coram episcopo, vel ejus baiulo et consulibus qui præsentes erunt, vel coram probis viris prædictis qui præsentes erunt, jurabunt quod fideliter custodient obventiones prædictas ad expendendum in usus pontis et alios usus villæ communes, et quod contra episcopum vel ecclesiam Albiensem nihil de dictis obventionibus expendent. Qui duo viri ad finem cujuslibet anni reddent comptum sive rationem coram consulibus qui præsentes erunt, vel si non sint consules, coram duodecim probis viris et coram baiulo episcopi, quem consules vel probi viri vocare ad hoc tenebuntur et recipere, si voluerit interesse.

Quando creandi erunt consules et consiliarii eorum, congregato pallamento ut moris est, homines de qualibet guaychia civitatis eligent duos probos viros in consules et alios duos in consiliarios. Qui præsentabuntur episcopo, et episcopus recipiet juramenta ab eis quod ipsi jura episcopi et ecclesiæ Albiensis et etiam civitatis fideliter observabunt et officium illud fideliter exequentur. Jurabunt etiam alia quæ jurare consueverunt et insuper quod de obventionibus pontis nihil expendent vel expendi pro posse suo sustinebunt contra episcopum vel ecclesiam Albiensem.

Si quis furatus fuerit pisces in vivario, cuniculos in garena, columbos in columberio, gallinas vel anseres extra domos; tamen si de die, decem solidos Raymundenses solvet episcopo pro emenda; si de nocte, triginta solidos, vel, si non possit solvere, ponitur in pilorino a prima usque ad meridiem publice, vel in scala, et nihilominus satisfaciet dampnum passo.

Quando ponendi erunt forestarii ad custodiendum vineas, ortos et similia, eligentur forestarii per consules seu probos homines Albiæ, et postea præsentabuntur episcopo vel ejus baiulo seu locum ejus tenenti, qui recipiet ab eis juramentum quod prædictas res fideliter custodient et officium istud fideliter exercebunt, et episcopo et etiam consulibus jura sua fideliter intimabunt.

Si quis furatus fuerit racemos vel fructus sine panerio, sacco vel vase alio; si de die, sexdecim denarios Raymundenses reddet; si de nocte, quinque solidos, qui inter cives et forestarios, prout moris est, dividentur. Si vero cum panerio, sacco vel vase alio furatus fuerit, si de die, decem solidos Raymundenses reddet pro emenda; si de nocte, trig nta solidos, et nihilominus restituet dampnum passo; ita tamen quod de qualibet emenda decem solidos seu triginta prædictorum, cives habebunt quinque solidos : residuum autem totum episcopo remanebit. Si quis autem de prædictis cum sacco vel vase furentibus solvendo non fuerit, ponetur in pilorino a prima usque ad meridiem publice, vel in scala de furco. Autem quolibet prædictorum cujus pœna non excedit decem solidos credetur juramento unius soli forestarii.

Si præconisatum fuerit de purgandis carreriis et immundiciis non inmittendis, qui præconisationi non obtemperaverit infra tres dies, vel contrarium præconisationi fecerit, per episcopum vel ejus baiulum seu locum ejus tenentem compelletur duodecim denarios reddere probis hominibus Albiensibus, quorum interest carrerias mundari, et nihilominus per captionem rerum obtempérare per episcopum, vel ejus baiulum seu locum ejus tenentem compelletur.

Si baiulus seu locum ejus tenens intellexerit vel credat aliquem uti falsa mensura, vocatis duobus probis hominibus vel tribus quos secum ducat ad locum, poterit capere mensuram et cum illis defferet eam publice ad pilam; et ibidem vocatis tribus de consulibus cum venerint sive non vocatis aliis probis viris mensurabitur; et si falsa munita fuerit, si sit mensura vini, totum vinum dolii quod vendebatur et etiam ipsum dolium episcopo applicabitur. Si sit mensura olei, dimidiam summatam episcopo reddet qua illa mensura utebatur. Si vero sit mensura bladi, vel salis, fructus vel alterius grani quod mensurari consuevit, viginti solidos Raymundenses reddet episcopo pro emenda. Si sit mensura pannorum, unam cannatam de meliori panno qui erit in operatorio vel in stallo ubi falsa mensura munita fuerit reddet episcopo pro emenda. Et in omnibus prædictis casibus falsa mensura per baiulum vel locum ejus tenentem frangetur.

Idem in quolibet falso pondere dicimus faciendum hoc, salvo quod episcopus ab illo qui falso pondere utebatur, habebit triginta solidos Raymundenses pro emenda.

Quod diximus de falsis ponderibus et mensuris idem dicimus de pane exposito ad vendendum. Si minor quam debeat inveniatur, hoc salvo quod panifex non aliter punietur, nisi quod tota coctura panis hujusmodi per baiulum vel ejus locum tenentem ad domum Dei vel leprosorum mittetur, vel aliis pauperibus erogabitur.

Si baiulus vel ejus locum tenens, præsentibus tribus vel pluribus probis hominibus, invenerit carnificem carnes non sanas pro sanis vel alias pro aliis vendere, carnes hujusmodi leprosis vel pauperibus erogabit, et carnifex reddet episcopo duodecim denarios Raymundenses pro emenda. Si vero carnes mortitivas sive quæ propria morte decesserint vendidit, vel venales exposuerit, et de hoc convictus fuerit, alias prout justum fuerit, per episcopum vel ejus baiulum punietur.

In creatione notariorum publicorum ad contractus civiles, vocabit episcopus consules et eorum consiliarios et alios probos homines de civitate usque ad viginti vel amplius, de quorum consilio et assensu vel majoris partis eorum, episcopus instituet notarium vel notarios, et ab eis in præsentia prædictorum recipiet juramentum quod notarii publici et institutione sua facere consueverunt.

Si quis in civitate Albiensi decesserit intestatus cujus hæredes non appareant, baiulus episcopi vel ejus locum tenens bona banniat, et vocatis consulibus, vel si non sint consules, vocatis aliis duodecim probis viris de civitate, conscribi faciant bona prædicta, et de consilio eorum qui præsentes erunt, tradantur in custodia duorum proborum virorum qui jurabunt se fideliter custodire bona prædicta; et si noluerint consentire in aliquos probos viros, baiulus vel locum ejus tenens tradere poterit se solum dicta bona custodienda duobus probis viris de civitate, qui similiter jurabunt. Et si nullus hæres apparuerit infra annum et diem, ex tunc episcopo dicta bona liberabuntur. Si vero infra annum et diem aliquis comparuerit vel etiam post qui se probaverit hæredem, eidem dicta bona reddentur.

Custodiam clavium portarum civitatis habebit episcopus sicut dominus civitatis. Verumtamen vocatis consulibus qui præsentes erunt in villa, vel si non sint consules, vocatis duodecim probis viris de civitate, de consilio prædictorum qui venire voluerint, eliget sex probos viros civitatis quibus tradet claves ad custodiendum, scilicet claves unius portæ uno, et sic de aliis. Si vero consules vel alii probi viri vocati nollent venire vel consulere, præfatus episcopus custodes eliget de probis hominibus dictæ villæ. Qui custodes jurabunt in manu episcopi, coram consulibus vel probis viris vocatis qui præsentes erint, quod fideliter eas custodient et eis in præjudicium vel damnum episcopi et ecclesiæ Albiensis et civitatis seu civium seu regni Franciæ non utentur, et quod portas aperient ad mandatum episcopi quando ipse vel sua familia intrare voluerit vel exire. Quos custodes vel aliquos ipsorum amovere poterit dictus episcopus quando sibi videbitur expedire, et illi tenebuntur sibi reddere claves quas tenebant, sed loco cujuslibet amoti tenebitur sine dilatione aliorum de consilio consulum præsentium vel duodecim proborum hominum civitatis, si non essent consules, subrogare et illi claves tradere. Et si consules qui præsentes erunt vel duodecim probi viri vocati nollent sine dilatione consulere, episcopus faciet interim per alios custodiri illas claves quas illi qui amoti fuerant custodiebant. Episcopus etiam a prædictis custodibus et a quolibet eorum claves cum viderit expedire poterit petere, et ipsi eidem tradere tenebuntur; et dictus episcopus eas tenebitur restituere prædictis custodibus tempestive; maxime autem tenebuntur eas episcopo tradere in adventu quolibet Biturricensis archiepiscopi, cui dictus episcopus tenetur claves civitatis tradere prima die qua intrat civitatem archiepiscopus, in recognitionem superioris dominii temporalis.

Prohibemus autem ne cives confratrias vel colligationes inter se faciant juramentis vallatas.

De exercitu vero, vel cavalgata, et de pila, et de aliis de quibus supra non ordinavimus vel pronunciavimus, nihil ad præsens immutamus, sed nostræ ordinationi reservamus. Inhibemus tamen ne pendente ordinatione nostræ dictæ pilæ ædificium immutetur, dilatando, vel exaltando, vel ipsum lapideum faciendo; et ne cives in salario dictæ pilæ interim conveniant pro tractantibus communibus civitatis.

Præcipimus autem partibus, sub pœna in compromisso apposita, et in virtute præstiti juramenti, quod præmissa universa et singula observent fideliter et faciant observari, et contra ea non faciant vel aliquod prædictorum, reservanda nobis potestate declarandi si quid super prædictis, vel aliquo præmissorum, vel ad ea pertinentium fuerit declarandum.

In cujus rei testimonium et ad præmissorum omnium perpetuam firmitatem sigillum nostrum præsentibus duximus apponendum.

Actum et datum Albiæ, in ecclesia Sanctæ Ceciliæ sedis Albiensis, in pleno pallamento dictorum civium et universitatis, et præsente dicto episcopo, anno Domini millesimo ducentesimo sexagesimo nono, die Mercurii post festum Sancti Matthei apostoli.

(Archives de l'évêché d'Alby, fonds Doat, n° 106, fol. 273.)

XIX.

Statuts faits par Raymond de Fraissenel, prévôt, et par les chanoines de Sainte-Cécile, en présence et du consentement de Bernard, portant organisation du chapitre dans le cas où l'église serait sécularisée.

III° nonas Februarii MCCLXXVI.

In nomine sanctæ et individuæ Trinitatis, Patris et Filii et Spiritus Sancti, beatæ Mariæ semper virginis, sanctæ quoque Ceciliæ virginis et martyris, in cujus honorem nostra major Albiensis ecclesia fundata est, nos Raymundus de Fraxinello præpositus, Berengarius de Montejovis et Bernardus de Cassanhis archidiaconi, Pontius Amati sacrista, Amblardus Ademarii camerarius, Ermengaudus Hugonis, præpositus de Viancio, magister Raymundus de Canalibus decretorum doctor, magister Guillelmus Fenassa, Pontius Viguerii, Raymundus Briccius, Bern. Oliverius, Ermengaudus de Cassanys, B. de Panato, Raymundus de Romegueriis, P. Trolheti, Augerius Broza, G. Viguerii, Joannes Manentis, Gaillardus de Paulinhio, Ermengaudus Boisset, Robertus de Varenis, canonici Albienses, qui omnes congregati sumus capitulum majoris ecclesiæ Albiensis, ad perpetuam rei memoriam...

Ut et personis solennibus locus ipse fiat habilior et ex his sequatur ejus commodi et honoris promotio, et cultus divini nominis digne multiplicatis servitoribus recipiat incrementum, de reverendi patris et domini nostri domini B. Dei gratia Albiensis episcopi consilio et assensu, statuimus et ordinamus concorditer pro nobis et successoribus nostris, quod si mutationi status ejusdem ecclesiæ de regulari scilicet qui nunc est in secularem assensu apostolicæ sedis adsit, deinceps sit ipsa ecclesia secularis, et quod sint triginta et una præbende inibi, et totidem canonicatus, quorum triginta erunt pro triginta canonicis, et una quæ superest cum canonicatu episcopi qui est modo, et eorum qui fuerint episcopi in futurum Albienses, episcopis ipsis vocem habentibus in tractatibus omnibus sicut unus ex aliis canonicis ecclesiæ Albiensis; qui episcopus etiam et successores ipsius perpetuo dictos omnes canonicatus et præbendas libere conferant quandocumque et quotiescumque vacabunt, nullius assensu vel consilio etiam requisito. Hoc idem facient de omnibus dignitatibus, personatibus, et officiis qui sunt et quandocumque et quotiescumque fuerint in ecclesia supra dicta et incontinenti mutationis status obtenta licentia ut est dictum, episcopus qui nunc est vel qui tunc erit supplebit de canonicis secularibus eis qui de nobis superstites fuerint se computato numerum supradictum. et deinde cedentibus vel decedentibus nobis loco cujuslibet nostrum semper substituet usque ad eundem numerum seculares; qui omnes instituendi et substituendi in eorum novitate antequam recipiantur ab aliis promittent episcopo qui nunc est, et qui pro tempore fuerit, fidelitatem et obedientiam manualem, et jurabunt eidem episcopo præsentem ordinationem se perpetuo inviolabiliter servaturos, post quam promissionem et juramentum recipientur ab omnibus canonicis aliis libere absque omni contradictione cujuspiam. Nos etiam qui nunc sumus faciemus de promissione præmissa idem per omnia cum a nostri obedientia præpositi fuerimus absoluti, et omnes tam nos post absolutionem prædictam quam alii idem semper faciemus cuilibet episcopo denuo succedenti.

Qui præpositus, si nos ab obedientia absolvat, retineat omnia capituli libere quamdiu vixerit quæ nunc habet; sed ejus in dicta præpositura successor nibil de bonis communibus vel quæ nunc præpositus qui modo est a capitulo percipit habeat, præbenda excepta, nec se de aliquo ex præposituræ officio vel dignitate penitus intromittat, nisi de eo solummodo quod ab episcopo qui nunc est vel qui pro tempore fuerit cum consensu capituli extiterit communiter ordinatum; archidiaconatus vero qui nunc sunt dividentur in quatuor, sic quod eorum quilibet in duobus sit, etiam tesaurarius pro sacrista et cantor pro camerario ac succentor, ita quod omnes dignitates et personatus prædicti sub prædicto canonicorum numero includantur et bona quæ nunc sunt communia distribuantur communiter æqualibus portionibus inter nos canonicos qui nunc sumus et qui deinceps instituti fuerint usque ad numerum supradictum. Redditus beneficiorum etiam omnium quæ ad nostram collationem nunc spectant, cedentibus vel decedentibus illis ex nobis qui aliquid ex his nunc habent, ex collatione hujusmodi volumus quod sint communes, sic quod inter omnes qui canonici fuerint de cætero dividantur, retentis ad episcopi Albiensis qui est et qui pro tempore fuerit arbitrium competentibus in beneficiis hujusmodi vicariis.

Nos etiam prædicti præpositus et archidiaconi et sacrista et alii canonici omnia et singula quæ nunc tenemus singulariter vel recipimus de his quæ spectant ad capitulum percipiemus et retinebimus plenarie dum vivemus. Valebit autem præbenda cujusque canonici quinquaginta libras turonenses, quantum sufficere poterunt facultates communes, cum dicti fructus redacti, ut est dictum, fuerint in communi, de quibus quinquaginta libris turonensibus erunt pro grosso quindecim quas illi tantum recipient qui annis singulis in dicta ecclesia vel in scholis continue vel interpolate tribus mensibus residentiam facient personalem, et quod a quinquaginta libris supradictis superest distribuatur illis solummodo qui interesint horis canonicis vel minutionis causa tribus diebus aberint, vel medicinati aut infirmi fuerint; quibus non obsit absentia, quantum ex ea causa se patenter noverint impediri, dum tamen sint in civitate juxta quod ab episcopo qui est, vel qui pro tempore fuerit, semel pro omni succedenti tempore de ipsis distributionibus extiterit ordinatum, ad hæc volumus quod quilibet ex canonicis supradictis unum vicarium habeat qui, cum canonicus præsens non fuerit, medietatem distributionum recipiat, quas idem canonicus ex absentia sua perdet; alia vero medietas usibus totius capituli non distribuenda singulis sed profitura communiter applicetur. Unus etiam vicarius non sit plurium absentium uno et eodem tempore sed unius, nec committatur dicta vicaria per aliquem alicui clerico moranti cum alio præsente canonico, si unus tantum clericus maneat apud eum, sed si plures omnibus ex pluribus committi valeat præter uni. Præpositus insuper qui nunc præest, quamdiu præpositus fuerit, laudamenta rerum quæ a capitulo tenentur pro dimidia habeat, sicut solet, prædicta omnia et singula valitura pro nobis et nostris successoribus perpetuo laudamus, ordinamus, statuimus et approbamus ea omnia, recipiente dicto dom. episcopo præsente, consentiente et approbante sub conditione præmissa ac pro se et suis omnibus successoribus Albiensibus episcopis acceptante. Et ne contra ea vel aliqua ex eis veniamus vel impetremus aut impetrato utamur communiter vel divisim, cum omni solemnitate promittimus a nobis singulis, corporali ad sancta Dei Evangelia præstito, in manu dicti domini episcopi tenentis Evangelia, juramento.

Actum Albiæ, in camera dicti domini episcopi, nobis omnibus ibidem coram eo ad capitulum propter hoc specialiter congregatis, anno Domini MCCLXXVI. tertio nonas februarii. In cujus rei testimonium ordinationem præsentem sigilli nostri munimine fecimus roborari.

dictum dominum episcopum de suo ibidem faciendo apponi rogantes ad perpetuam præmissorum omnium roboris firmitatem.

Nos vero prædictus episcopus prædicta omnia et singula approbantes et acceptantes prout in superioribus continetur, ea servare et servari facere promittimus atque ea laudamus et recipimus pro nobis et successoribus nostris, et in signum hujus atque probationem perpetuam præsentibus ad petitionem dicti capituli sigillum nostrum duximus apponendum.

(Archives du chapitre de l'église cathédrale Sainte-Cécile d'Alby, fonds Doat, n° 106, fol. 399.)

XX.

Procès-verbal constatant que Guillaume de Monestier fit évader un prisonnier arrêté et renfermé dans une maison par un sergent de Bernard, évêque d'Alby.

Die Martis post festum beati Nicholai MCCLXXXVII.

Coneguda causa sia a tots homes que come Durans Guastri, sirvens aissi coma es dih de la cort del redoblable payre en Christ del seinhor Bernat, per la gracia de Diou avesque d'Alby, tengues en una maio a Monestier Guillem del Claus, laqual maio es desots coffrontada, que es en la jurisdictio del seinhor avesque soberdih segon que es dih, en laqual maio lo dih Guillem del Claus era arrestats; el dih Durans Guastri li tenia que dizia que navia mandemen, lo seinhor Guillem de Monestier pres lo dih Guillem del Claus e dih li : Vas sa de par lo rey, el gitet de la maio soberdicha e l'hostec audih Durant Guastri que le tenia; el contrastava de part lo seinhor avesque soberdih; laqual maio se coffronta ab lort de na Ugua de la Nauza. Signum Isarn Pilot. Ue Landes.

Actum die Martis post festum beati Nicholay, anno Domini millesimo ducentesimo octuagesimo septimo. Et ego Doatus de Pelleriis, publicus notarius Monasterii, requisitus ex meo officio a dicto Duranto Guastri publicum instrumentum facere ex prædictis, hoc scripsi et signavi.

(Archives de l'évêché d'Alby, fonds Doat, n° 107, fol. 356.)

Traduction du procès-verbal de délivrance de Guillaume du Claus.

Soit chose connue à tous les hommes que, comme Durand Guastri, sergent, ainsi qu'on dit, de la cour du redoutable père en Jésus-Christ du seigneur Bernard, par la grâce de Dieu évêque d'Alby, retenait en une maison à Monestier Guillaume du Claus, laquelle maison est ci-dessous confrontée, qui est en la juridiction du seigneur évêque susdit, suivant ce qu'on dit, en laquelle maison ledit Guillaume du Claus était arrêté, ledit Durant Guastri l'y retenant en disant qu'il en avait l'ordre, le seigneur Guillaume de Monestier prit ledit Guillaume du Claus et lui dit : Va-t'en de par le roi, et il le renvoya de la maison susdite et l'enleva audit Durand Guastri qui le retenait. Celui-ci s'y opposa au nom du seigneur évêque susdit. Ladite maison touche au jardin de la femme Hugues de la Nauze. S. Isarn Pilot, Hugues Landes.....

XXI.

Giles Camelin mande au bailli de Cordes de faire exécuter la transaction passée entre le roi, Bertrand de Lautrec et l'évêque d'Alby, touchant la justice haute et basse de tout le territoire, depuis la rivière du Tarn jusqu'à Cordes et au château de Lescure.

Die Veneris ante festum Nativitatis Domini MCCLXXXI.

Egidius Camelini, canonicus Meldensis, clericus et procurator domini regis Franciæ, dilecto suo baiulo Corduæ salutem et dilectionem. Cum constet nobis per litteram domini nostri regis et per compositionem factam inter claræ memoriæ dom. Philippum regem Franciæ et dom. Bertrandum vicecomitem Lautricensem ex una parte, et venerabilem patrem dominum episcopum Albiensem ex altera, videlicet quod omnia quæ sunt a medio fluminis Tarni in parte illa ubi rivus qui dicitur vulgariter de Stretas intrat dictum flumen, et ab ingressu dicti rivi in dicto flumine ascendendo directe usque ad summitatem montis quæ supereminet dicto loco et vocatur vulgariter de Domalenco, et ibidem continuando dictam summitatem usque ad oratorium stratæ publicæ vallis Caprerizæ, qua itur de Cordua versus Albiam et est in conspectu civitatis Albiæ, et de dicto oratorio usque ad viam proximam super montem vallis Caprerizæ quæ incipit prope dictum oratorium, et ab eadem via per quam itur versus castrum de Scuria descendendo usque ad dictum rivum inter dictum montem vallis Caprerizæ et montem qui dicitur Calureel, et a dicto rivo directe usque versus ecclesiam beatæ Mariæ de la Drecha et territorium castri de Lescura et ibidem usque ad civitatem Albiæ et territorium civitatis ipsius quod est ultra Tarnum, sunt et esse debent civitatis Albiæ et de pertinentiis, territorio et districtu ipsius, et quod inter dicta loca episcopus Albiensis habet et habere debet jure suo ubique inter dictos terminos merum et mixtum imperium et omnem jurisdictionem altam et bassam, et si quid juris dominus rex et dictus dominus Bertrandus habuerunt seu habere debuerunt inter loca prædicta de quibus erat quæstio inter dominum regem et vicecomitem et præfatum episcopum, eadem ex causa compositionis dicto episcopo fuerunt remissa, unde mandamus vobis quatinus omnibus adjudicatis per dictam compositionem et concessis dicto episcopo faciatis ipsum episcopum gaudere et eadem etiam sibi recognosci eo modo quod hactenus recognita fuerunt dicto domino episcopo, vel domino regi, vel Bertrando supradicto quæ inter terminos inveneritis prædictos; præterea, si in castro de Monteirato et in villa de Garda, cum manso de Vouta, cum omnibus pertinentiis locorum prædictorum, cum aliis per eamdem compositionem dicto episcopo adjudicatis, per compositionem prædictam domini nostri regis cum omni mero et mixto imperio et omni jurisdictione alta et bassa faciatis ipsum episcopum gaudere et ea habere et sibi recognosci prout in littera dicti domini nostri regis videbitis contineri, retentis ad manum regiam incursibus hæresum et faidimentorum, si quæ prius dictam compositionem obvenient in locis de Garda et de Monteirato vel quæ venient in futurum.

Datum die Veneris ante festum Nativitatis Domini, anno Domini millesimo ducentesimo octuagesimo nono.

(Archives de l'évêché d'Alby, fonds Doat, n° 107, fol. 390.)

XXII.

Nomination des consuls de la ville d'Alby, avec le serment prêté par eux à l'évêque le jour de leur élection.

xiv° kalendas Septembris MCCLXXXV.

Anno Dominicæ Incarnationis millesimo ducentesimo octuagesimo quinto, decimo quarto kalendas septembris currente, die dominica post festum Assumptionis beatæ Mariæ, congregato in ecclesia beatæ Ceciliæ civitatis Albiæ ad vocem tubæ, ut moris est, civitatis ejusdem parlamento coram reverendo in Christo patre domino B. Dei gratia episcopo Albiensi, ad creandum et eligendum in eadem civitate consules et consiliarios, fuerunt in dicto parlamento de singulis gachis civitatis prædictæ electi per dictum parlamentum et creati per dictum dominum episcopum consules et consiliarii videlicet inferius nominati, scilicet : de gacha de Verdussa, consules Petrus Thalafer et Raymundus Molinerii, consiliarii Hugo Donadei et Berengarius Broza. Item de gacha de Vicano, consules Bernardus Cazas et Jacobus Corregier, consiliarii Bernardus Auster et Joannes de Tholosa. Item de gacha ecclesiæ Sanctæ Martianæ, consules Michael Viletas et Guillelmus Peyrerii, consiliarii Jacobus Fumeti et Vitalis Boc. Item de gacha sancti Affricani, consules Petrus Rigaudi et Bartholomæus Fenassa senior, consiliarii Poncius Nicholaus et Petrus Capus. Item de gacha de Cumba, consules Guillelmus Galcho et Bartholomæus Fenassa, filius quondam Arnaudi Fenassa, consiliarii Arnaudus Garcias et Petrus Dyonisii. Item de gacha sancti Stephani, consules Bernardus Fenassa et Guiraldus de Orto, consiliarii Petrus Aymerici et Petrus Bauderii.

Qui omnes et singuli consules et consiliarii superius nominati, electi in publico, ut supra dictum est, parlamento rite atque solemniter, ut est moris, congregato, prædicto domino episcopo nominati ac etiam præsentati per universitatem prædictam, ac etiam admissi et creati per dictum dominum episcopum, super sancta Dei Evangelia corporaliter ab eis et eorum quolibet sponte tacta, juraverunt quod ipsi jura dicti domini episcopi et Albiensis ecclesiæ et civitatis prædictæ etiam diligenter et fideliter custodient et servabunt et quod sua officia fideliter exequentur. Juraverunt etiam tam prædicto domino episcopo quam mihi etiam, Hugoni Radulfi notario infrascripto, stipulantibus vice et nomine episcopi et ecclesiæ Albiensis sub ypotheca omnium rerum suarum, et prædictæ universitatis promiserunt omnia prædicta et singula diligenter et fideliter facere, attendere et complere, et facere alia omnia ad quæ secundum compositionem dicti domini episcopi et prædictæ universitatis tenentur tam consules et consiliarii quam probi homines Albienses seu universitas supra dicta; juraverunt etiam ut supra consules et consiliarii supradicti quod si eos ultra unum annum ab hodie computandum consulum et consiliariorum officio contigerit quod eo utantur quamdiu placuerit prædicto domino episcopo tantummodo et non ultra astricti ad præmissa omnia observanda ac etiam facienda sub virtute juramenti supra præstiti ab eisdem. Et dictus B. Fenassa dixit quod non se astringebat ad officium consulum nisi tantum ad unum annum.

Actum ut supra in præsentia et testimonio domini Raymundi de Fraxinello præpositi ecclesiæ Albiensis, magistri Raymundi de Canalibus præpositi Viantii, Bernardi de Cassaneis archidiaconi Albiensis, Bernardi Oliverii canonici ecclesiæ Albiensis, discreti viri magistri Guillelmi Paguani officiarii curiæ Albiensis, magistri B. de Malvis judicis curiæ secularis Albiæ dicti domini episcopi, Raymundi Bauderii, Philippi Arici militis, Aymerici de Foissets, Poncii Hugonis, Joannis Bauderii, Petri vicecomitis de Grezellis, Guillelmi Brosa, Duranti Malavilla, Petri Galconis, Arnaldi Raterii, Amati Adalguerii, Poncii Jordani, Albiæ notarii, et domini Petri Lamberti legum doctoris.

(Archives de l'évêché d'Alby, fonds Doat, n° 107, fol. 313.)

XXIII.

Permission donnée par le prévôt et le chapitre de la cathédrale aux consuls de la ville de faire bâtir une muraille sur le bord du Tarn, au-dessus des moulins appartenant au chapitre.

IIIº idus Aprilis MCCXCV.

Coneguda causa sia a tots homes que nos Guillem de Montjous, preboide de la gleia dAlby, per nos e per nostre capitol e per nostres successors preboides de la dicha gleia, volem et autrejam per tots temps ab aquesta present publica carta, a vos autres Berenger Broza, Ramon Baudier, Johan de Solomiac, Jacme Fumet, Berthomieu Fransa, Isarn Capela et Guillem Golfier, cossols que ets de la cieutat dAlby, presens recebens e stipulens per vos et e nom de la universitat de la dicha cieutat dAlby que vos autres e nom de la dicha universitat e la dicha universitat poscats far e fassats mur de teula o de quius voillats sobre la broa de Tarn, que es sobre los molis Taniers nostres et de nostres parteriers, entro el estanc segon de las majos den Amaihn Luega, loquel estanc es vas Tarn, retegut a nos et a nostres successors preboides et a nostre capitol que nos, del mur sobredig que dizen que poscats far e fassats e fora vas Tarn, poscan bastir e far bastir et aver jeissetz et intradas et issidas als bastimens et a las majos que i faran sul dig mur, et el mur o el loc del mur no mermam la plassa nill cami comunal et aiam fermamen sul dig mur no mermam la plassa nill cami comunal.

Et nos autres cossols sobredigs Berenger Broza, Ramon Baudier, Johan de Solomiac, Jacme Fumet, Berthomieu Fransa, Isarn Capela e Guillem Golfier, coma cossols de la cieutat dAlby, per nos e per la universitat dels homes de la cieutat dAlby sobredicha, autrejam et aproam a vos dig seinhe Guillem de Montjous preboide per vos e per vostres successors preboides, e per vostre capitol de la dicha gleia dAlby, receben tot aisso o micills sobredig es per vos, e volem eus autrejam vos stipulan e receben como sobredig es que tot en aissi sia servat e gardat per tots temps come sobredig es, en renoncian cadun o part de nos sobredichs, a tot ajutori de drég e de faig ab que neguna part de nos sen pogés deffendre o en controvenir.

Actum Albiæ, septimo idus Aprilis, in domo ecclesiæ Albiensis, anno Domini millesimo ducentesimo nonagesimo quarto, Philippo rege Francorum regnante et Bernardo episcopo Albiensi, in præsentia et testimonio dominorum Pontii Amati, archidiaconi, Armengaudi Moisseti, Guirberti Yebardi, canonicorum prædictæ ecclesiæ, Pontii Byas, Iterii Delperier presbiterorum, Guillelmi Rodes, Petri Mauri, Johannis Cotaut, Thomæ Baruti, Raimundi Fresqueti, Bartholomæi Fenassa, Petri Ademarii, et mei Guillelmi Panose, publici notarii Albiensis, qui hanc cartam recepi, scripsi et in publicam formam redegi, eamque signo meo signavi.

(Archives du chapitre de l'église cathédrale Sainte-Cécile d'Alby, fonds Doat, n° 108, fol. 33.)

Traduction de la permission donnée aux consuls par le prévôt de la cathédrale.

Soit chose connue à tous, que nous Guillaume de Montjous, prévôt de l'église d'Alby, pour nous et pour notre chapitre et pour nos successeurs prévôts de ladite église, voulons et octroyons pour toujours, par cette présente charte publique, à vous autres Bérenger Brose, Raymond Baudier, Jean de Solomiac, Jacques Fumet, Barthélemy France, Isarn Chapelain et Guillaume Golfier, qui êtes consuls de la cité d'Alby, présents, recevant et stipulant pour vous et au nom de l'université de ladite cité d'Alby, que vous autres, au nom de ladite université, et ladite université, puissiez faire et fassiez un mur de tuile ou de ce que vous voudrez, sur la rive du Tarn, au-dessus des moulins Taniers, qui sont à nous et à nos fermiers, jusqu'au second étang des maisons d'Amaing Luega, lequel étang est vers le Tarn, réservant pour nous, nos successeurs prévôts et notre chapitre, qu'au susdit mur que nous disons que vous pourrez faire et fassiez, en dehors vers le Tarn, nous puissions bâtir, faire bâtir et avoir des entrées et sorties aux bâtiments et aux maisons que nous ferons sur ledit mur et le mur ou le lieu du mur ne devant pas diminuer la place ni le chemin communal, et que nous puissions avoir fermeture sur ledit mur, sans amoindrir nullement la place ni le chemin public.

Et nous autres consuls susdits Bérenger Brose, Raymond Baudier, Jean de Solomiac, Jacques Fumet, Barthélemy France, Isarn Chapelain et Guillaume Golfier, comme consuls de la cité d'Alby, pour nous et pour la totalité des hommes de la cité d'Alby susdite, octroyons et approuvons à vous seigneur Guillaume de Montjous prévôt, pour vous et pour vos successeurs prévôts et pour votre chapitre de ladite église d'Alby, recevons tout cela, ou mieux est dit ci-dessus par vous, et voulons et vous octroyons à vous, stipulant et recevant, comme il est dit ci-dessus, que tout ce qui est mentionné ici soit observé et gardé à toujours, comme il est dit ci-dessus, en renonçant chacun, ou partie de nous susdits, à toute aide de droit et de fait avec lequel quelqu'un de nous puisse se défendre ou susciter des différends.

Actum Albiæ, septimo idus Aprilis.....

XXIV.

Acte contenant un relevé des justices, alleux et autres droits appartenant à l'évêque d'Alby dans la cité et ses dépendances.

Sans date.

Notum sit omnibus hominibus quod episcopus Albiensis habet per totam villam Albiæ justitias et firmantias de omnibus super quibus quærimoniæ ei ab aliquo factæ fuerint; tamen si quærimonia prius facta fuerit dominis Castri Veteris super debitis vel super conviciis, vel super possessionibus ab aliquo, exceptis omnibus hominibus qui sunt ordinati et religiosi, et exceptis familiis eorum, et exceptis militibus, et exceptis illis omnibus qui sunt de genere Augeriorum et Guiquernorum, et exceptis omnibus illis qui sunt de genere Oalricorum, et exceptis illis qui sunt de genere Gorgoilliorum, quia omnes isti sunt specialiter episcopi et soli episcopo debent dare fidantias et justitias.

De omnibus aliis si prius domini Castri Veteris facta fuerit quærimonia super conviciis et super debitis et super possessionibus habent fidantias et justitias, et in illis non habet partem episcopus. Habet etiam solus episcopus, sine aliquo partiario, omnes publicationes villæ; et si aliquis in villa Albiæ furtum fecerit vel homicidium, vel si aliquis fuerit deprehensus in adulterio, omnia eorum publicari debent et applicantur specialiter fisco episcopi, et corpora malefactorum in voluntate procuratoris episcopi sunt. Omnes effusiones sanguinis episcopi sunt vel procuratoris ipsius. Omnes controversiæ matrimoniorum, testamentorum et ultimarum voluntatum et pignorum et omnium specialium rerum episcopi sunt. Omnes usurarii debent jurare ad commonitionem episcopi quod judicio episcopi satisfaciant de omnibus usuris quas acceperunt, et nisi fecerint omnia bona eorum episcopi sunt. Si quis in villa Albiæ intestatus moritur et hæredem non habuerit omnia bona sua episcopi sunt.

Debet etiam solus episcopus in villa Albiæ mandata sua vel prohibitiones facere et voce præconis facere proclamari. Debet etiam solus episcopus in villa Albiæ claves omnium portarum habere et tenere, vel ille cui consilio proborum hominum villæ episcopus tradiderit.

Habet etiam solus episcopus in salino, in unaquaque hebdomada quatuor cupas salis, antequam aliquid de salino exeat. Habet etiam solus episcopus in salino, a festo Beati Andreæ apostoli usque ad Natale Domini, de omnibus bestiis oneratis quæ veniunt ad salinum unam palmadam salis. Habet solus episcopus in omnibus bestiis quæ veniunt de ultra pontem ad salinum, a festo beati Andreæ apostoli usque ad Natale Domini, unum denarium. Habet etiam episcopus per totum annum saumadas lignorum quæ venerint ad vendendum pro uno nummo R. exceptis hominibus qui in villa habitaverint. Habet etiam episcopus in unoquoque figulo qui affert ollas ad vendendum, unoquoque sabbato, unam ollam.

Omnes molendini de supra ponte ultra Tarnum et citra Tarnum sunt in dominio episcopi.

Vinea de Avor quæ Tunica vocatur episcopi est. Mansus qui vocatur de Pug Gambier cum omnibus pertinentiis suis episcopi est. Mansus qui vocatur Cleeis cum omnibus pertinentiis suis episcopi est. Terra quæ vocatur Albas Peyras episcopi est. La Ferrassaria et quidquid ad eam pertinet de dominio episcopi est. Villa de Florentin de dominio episcopi est. Villa de Barsac et tota parroquia de Barsac alodium episcopi est. Villa d'Entremons et tota parroquia d'Entremons alodium episcopi est. Villa de Denat et tota parroquia de Denat alodium episcopi est. Totus honor qui vocatur Borsenguas alodium episcopi est. Mansus de Lux qui est prope villam de Polan alodium episcopi est. Mansus qui vocatur de Mausac cum omnibus pertinentiis suis alodium et de dominio episcopi est.

In villa de Aussac et in hominibus de Aussac habet episcopus octo sextarias avenæ unoquoque anno. Villa de Rolliac alodium episcopi est; et castrum Sancti Amantii de Valtoret alodium episcopi est. Prata quæ vocantur Episcopalia, quæ sunt ultra pontem de la Fenassa, alodium episcopi sunt. Totus honor Fuxii alodium episcopi est, et in una parte habet episcopus quinque solidos R., et isti debent persolvi vespera Natalis Domini. Terra illa quæ vocatur lo Deves episcopi est. Ecclesia de Mulas et tota villa illa alodium episcopi est. Totus honor de la Valleta alodium episcopi est. Totus honor de Cantausol alodium episcopi est. Totus mansus qui vocatur Guodenx alodium episcopi est; et totum Claus Bistbals episcopi est. Tota terra de ultra ponte, a vineis de Pestraus usque ad rivum de Pragor, sicut vertices montium usque ad Tarnum discernunt, alodium episcopi est.

Castellum de Monestier, et castellum de Caramaus, et castellum de Montirat, et omnes honores quæ pertinent ad dominium supradictorum castrorum, alodium episcopi sunt.

Tota villa de Viroc et tota parroquia in alodio episcopi est. Villa de Calmar et tota parroquia alodium episcopi est. Villa de Meillau cum omnibus pertinentiis suis alodium episcopi est. Villa de Caissac et tota parroquia alodium episcopi est. Totus honor des Perteils cum omnibus pertinentiis suis alodium episcopi est. Villa de Tersug cum omnibus pertinentiis suis alodium episcopi est. Villa de Tritviell cum omnibus pertinentiis suis alodium episcopi est. La Isarnia cum omnibus pertinentiis suis alodium episcopi est. Villa de Grantol cum omnibus pertinentiis suis alodium episcopi est. Villa d'Arnac cum omnibus pertinentiis suis alodium episcopi est. Villa de Sarmazas cum omnibus pertinentiis suis alodium episcopi est.

(Archives du chapitre de l'église cathédrale Sainte-Cécile d'Alby, fonds Doat, n° 108, fol. 80.)

XXV.

Acte par lequel les habitants du faubourg du Bout-du-Pont d'Alby reconnaissent qu'ils font partie du consulat de la ville et sont de la juridiction de l'évêque.

xi° kalendas Maii MCCXCVI.

In Christi nomine, anno Incarnationis ejusdem millesimo ducentesimo nonagesimo sexto, scilicet undecimo kalendas maii, regnante illustri Philippo rege Francorum, et reverendo in Christo patre et Domino nostro B. Dei gratia episcopo existente.

Noverint universi per hoc publicum instrumentum quod ego Guillelmus Daraith, et ego Stephanus Macarelli tenturerii, et ego Petrus de Rossiaco, et ego Ramundus Truc, et ego Guillelmus Audegerii, et ego Guillelmus Roqueblant, et ego Isarnus Rotundi, et ego Petrus Clerici, et ego Guillelmus Saureti, et ego Guillelmus Combreti, nos omnes prænominati, de capite, vel suburbio, aut barrio Capitis pontis Albiæ de ultra Tarnum, et quisque nostrum pro se, et in solidum pro nobis et pro aliis ejusdem loci sponte et scienter confitemur et in veritate recognoscimus cum hoc publico instrumento vobis Berengario Brosa, Guiraldo de Ato, Jacobo Fumeti, Ramundo Bauderii, Bernardo Amati, Guillelmo Golferii et Isarno Capellæ consulibus hujus civitatis Albiæ et loci prædicti, nos et totum barrium dicti loci de ultra pontem Tarni Albiæ esse de communitate et universitate dictæ Albiæ civitatis, de gachis de las Combas et de Sancto Africano, et esse de consulatu et sub consulatu vestro et dictæ civitatis et de foro et jurisdictione ac imperio domini episcopi Albiensis, sicut tota cætera civitas; et nos debere teneri et singulos habitatores dicti barrii contribuere talliis et expensis communibus prædictæ civitatis et aliis necessitatibus; et retroactis temporibus usque ad hæc tempora, nos fuisse prædicti consulatus et dictæ civitatis; et fatemur vobis ita fuisse retro perpetuo observatum, et nulli alii consulatui nos fuisse unquam nec nunc esse obligatos nec alii communitati villæ alterius; et ita nos fatemur fuisse retro usque ad hæc tempora obligatos, et nunc et quemlibet nostrum perpetuo obligamus vobis consulibus supradictis præsentibus pro vobis et pro aliis consulibus et universitate prædictæ civitatis.

Nos vero prænominati consules prædictæ civitatis Albiensis fatemur vobis prænominatis dicti loci Capitis pontis Albiæ supra dicti, pro nobis et pro aliis consulibus et universitate prædictæ civitatis, sic retro subfuisse vos et alios dicti barrii et ipsum barrium nostro consulatui et nostræ prædictæ civitati, et cæteros de dicta civitate et vos et alios habitatores dicti barrii recipimus in subditos dicti domini episcopi et dicti consulatus, prout unam partem prædictæ civitatis et in nostram universitatem ipsius civitatis, promittentes vobis pro vobis et pro aliis dicti barrii nos pro nobis ut consules et pro universitate nostra prædictæ civitatis, vobis et aliis de dicto barrio subvenire ut aliis hominibus prædictæ civitatis ad expensas nostras communes et onera vestra communia præsentia et futura etiam suportare et vos regere sicut cæteros homines civitatis Albiæ prælibatæ.

In testimonium vero et majorem firmitatem prædictorum nos consules et nos de dicto barrio antedicti vicissim concedimus ad æternam memoriam hoc publicum instrumentum.

Actum Albiæ anno et die quibus supra, in præsentia, audientia et testimonio magistri Johannis Constantii juris periti, Raimundi Sobirani, Deodati de Casellis, Petri Guidonis, Duranti Aurisci, ac mei Petri Psalleti, notarii publici Albiensis, qui, cum prænominatis testibus præmissis interfui et ad instantiam et requisitionem tam consulum civitatis quam aliorum barrii prædictorum hanc cartam publicam inde recepi, scripsi et in formam publicam redegi, ac meo sequenti signo signavi.

(Archives de l'évêché d'Alby, fonds Doat, n° 108, fol. 55.

XXVI.

Requête adressée au pape Nicolas III par le prévôt et le chapitre de la cathédrale d'Alby, pour obtenir la sécularisation de leur église.

XIIII kalendas Februarii MCCLXXVII.

Sanctissimo Patri ac Domino N...... ....præpositus et capitulum ecclesiæ Albiensis,.................. decessoris vestri tempore meminimus nos scripsisse tunc vos pro subsidio interpellantes devote ad interponendas partes vestras apud illum qui præerat ut nobis dignaretur concedere quod de mutatione status nostræ ecclesiæ sincera mente piis affectionibus zelo ferventi honoris Domini unanimiter petebamus. Verum quia altitudo divini consilii humano generi providendo ad evangelizandum Sion tum potestatis plenitudine in summitate specte vos provexit, ut sic possitis nunc ex vobis concedere quod tunc pendebat ex præsidentis alterius potestate ad Sanctitatis Vestræ pedes recurrimus confidenter, humili ac devota instantia concorditer postulantes, ut petitionem quam per discretum virum magistrum Guillelmum de Amana, procuratorem nostrum, alias fecimus, quam etiam absque præsenti insertione tenoris cum sub sigillo nostro tam Vestræ Beatitudini exhibendum dictus habeat procurator, stantes illi quam per ipsum misimus, præsentialiter iteramus ad exauditionis gratiam benignitate solita dignetur admittere sublimitas apostolicæ sanctitatis in hoc etiam ut alias scripsimus, non nobis sed communiter in ævum posteris petimus profuturum. Quare et absque suspicione nostra procedit petitio et a Sanctitate Vestra favorabilius concedenda, ad quæ promovenda dictum magistrum Guillelmum procuratorem nostrum facimus, a constitutione non intendentes discedere quam de eo ad hoc idem antea feceramus. Conservet vos Dominus ecclesiæ suæ sanctæ p[illegible] tempora longiora.

Data Albiæ, anno Domini millesimo d[illegible]tesimo septuagesimo septimo, decimo quarto kalendas Febru[illegible]

(Archives de l'évêché d'[illegible]onal, n° 107, fol. 27.)

XXVII.

Lettres de Raymond, évêque de Rodez, et d'Étienne, évêque de Mende, commissaires députés par le pape Nicolas III, pour informer de l'état et du revenu de l'église d'Alby au sujet de la demande de sécularisation de cette église [1].

viii° idus Martii mcclxxviii.
La bulle du pape rapportée dans cet acte est ainsi datée : vi° idus Decembris pontificatus nostri anno primo.

Sanctissimo patri ac Domino Nicholao, summa providentia sacrosanctæ Romanæ ac universalis ecclesiæ summo pontifici, Raymundus Ruthenensis et Stephanus Mimatensis episcopi subditi ejus humiles et devoti cum omni subjectione et reverentia devota pedum oscula beatorum Sanctitatis Vestræ litteras recepimus in hæc verba :

Nicholaus, episcopus, servus servorum Dei, venerabilibus fratribus R. Ruthenensi et Stephano Mimatensi episcopis ac dilecto filio P. abbati Tutellensi Lemovicensis diocesis, salutem et apostolicam benedictionem.

Romana ecclesia quæ super universis ecclesiis obtinet divina institutione primatum, circa singulas maternæ diligentiæ curas sedula vigilans, earum profectibus velut sollicita mater ardenter intendit, studens ea penitus submovere per quæ ipsæ ecclesiæ sustinere possint circa spiritualia seu temporalia nocumenta, et illa efficaciter agere quorum suffragio eis in augmentum Deo propitio valeat provenire.

Ex parte si quidem dilectorum filiorum præpositi et capituli eccle-

[1] Outre Raymond de Calmont et Étienne, le souverain pontife avait encore désigné, comme troisième commissaire, Pierre de Coral, abbé de Tulle ; mais ce dernier put se dispenser de concourir à la mission qui lui avait été confiée, et les deux évêques de Rodez et de Mende s'acquittèrent seuls de l'enquête ordonnée par le pape.

siæ Albiensis, ordinis Sancti Augustini, fuit propositum coram nobis quod licet hactenus eadem ecclesia ordinata fuerit regularis, ita quod ordo et regula Sancti Augustini debentur inibi observari. Cum speraretur per hoc eamdem ecclesiam posse in statu prospero conservari, postmodum super seminante zizania humani generis inimico inter personas in ecclesia ipsa degentes et gravibus inde dissentionibus ac scandalis suscitatis, divini nominis cultus ibidem minuitur et statutorum regularium observantiæ quasi totaliter negliguntur. Sicque ecclesia ipsa habens ad præsens viginti et unum duntaxat canonicos regulares, quamquam de ipsius facultatibus possent triginta et uni canonicis secularibus præbendæ congruæ assignari, carensque domibus et aliis officinis hujusmodi regularibus opportunis, quæ ministris idoneis indigerent, per quorum scientiam et industriam fides catholica robur posset suscipere et adversus hæreticæ pravitatis labe respersos solido protectionis clypeo communiri, cum quamplures in partibus illis sint de hæreseos crimine diffamati, tum ob hoc, tum etiam pro eo quod propter religionis nexum, vix aliqui habentes litterarum scientiam competentem, aut alias ad defensionem jurium ejusdem ecclesiæ idonei, volunt in ea institui in spiritualibus et temporalibus, non modicam patitur lesionem, et nisi ei per apostolicæ sedis providentiam celeriter succurratur irreparabile incurrere poterit detrimentum.

Quare memorati præpositus et capitulum Albiense nobis humiliter supplicarunt ut cum verisimiliter præsumatur, quod per canonicos seculares, si de ipsis dicta ecclesia reformetur, ab hujusmodi imminentibus sibi dispendiis relevari poterit, in suis defendi juribus, ac alias quoad spiritualia et temporalia salubriter gubernari, quod per ipsos seu alios sui ordinis posse fieri non speratur providere in hac parte indemnitati ejusdem ecclesiæ, paterna diligentia curaremus venerabili fratri nostro episcopo Albiensi, per nostras litteras injungendo, ut circa reformationem status diligenter intendens authoritate nostra statueret ac etiam ordinaret ut prædictis canonicis regularibus in ipsa ecclesia remanentibus subjectis regulæ supradictæ, loco ipsorum cedentium vel decedentium subrogarentur canonici seculares, instituendo etiam ex nunc tot canonicos seculares quot prædictis regularibus computatis triginta et unius canonicorum numerus in eadem ecclesia observandus perpetuo inibi compleretur, sufficientibus et distinctis præbendis cuilibet ex ipsis secularibus canonicis de facultatibus ipsius ecclesiæ assignatis, ac alias circa præmissa ageret prout utilitati ac honori præfatæ ecclesiæ dignosceret expedire.

Nos igitur quibus cura omnium ecclesiarum immanet generalis, et qui ejusdem ecclesiæ salubrem ac prosperum statum totis desideriis sollicite affectamus, volentes super hoc paterna sollicitudine providere, quia nobis plene non constitit de præmissis, discretioni vestræ de qua gerimus fiduciam in Domino pleniorem per apostolica scripta mandamus, quatinus personaliter apud ecclesiam prædictam convenientes, et habentes præ oculis solum Deum, authoritate nostra de ipsius ecclesiæ facultatibus et quantæ in ea dignitates seu personatus, quantique valores annui quilibet personatuum seu dignitatum hujusmodi necnon una quoque dictarum præbendarum esse valeant, ac aliis præmissis omnibus et etiam alias de statu ejusdem ecclesiæ ac circunstanciis universis de quibus super hoc fore inquirendum vobis videbitur, diligenter ac sollicite inquiratis contradictores authoritati nostra appellatione postposita compescendo, et quæ super his inveneritis vel senseritis aut alias videritis expedire secundum Deum et vestras conscientias, quas super hoc intendimus onerare, nobis per vestras litteras harum seriem continentes fideliter intimetis, ut ex hujusmodi vestro processu in hac parte instructi quod super hoc secundum Deum ipsius ecclesiæ honori ac utilitati expediat securius agere valeamus. Quod si non omnes his exequendis potueritis interesse, duo vestrum ea nihilominus exequantur.

Datum Romæ, apud Sanctum Petrum, sexto idus decembris, Pontificatus nostri anno primo.

Ad ecclesiam igitur prædictam prout ordo prædictæ litteræ continebat kalendas martii, anno Domini millesimo ducentesimo septuagesimo octavo personaliter accedentes, et citatis episcopo præposito et canonicis omnibus Albiensibus qui adesse poterint ad crastinum, videlicet sexto nonas martii, ut in majori ecclesia Albiensi coram nobis personaliter comparerent, ipsa die et in loco prædicto, eis præsentibus omnibus, duobus canonicis dumtaxat exceptis, uno qui dicebatur esse Parisius causa studii, et alio qui in civitate Albiæ erat infirmitate detentus, prædictas publicavimus litteras ac ad petitionem ipsorum eis copiam earum fecimus et articulorum quos ex ipsis formaveramus litteris super quibus juxta mandati seriem ad informationem conscientiarum nostrarum inquirere volebamus, legimus etiam et publicavimus coram ipsis quandam aliam litteram venerabilis et religiosi viri abbatis Tutellensis, cujus tenor talis est.

Universis præsentes litteras inspecturis P. Dei gratia Tutellensis abbas salutem in Domino. Propter debilitatem corporis nostri et negotiorum inevitabilium quæ habemus, executioni mandati apostolici facti reverendis patribus Dominis Ruthenensi et Mimatensi episcopis et nobis, pro inquirendo statu ecclesiæ Albiensis ad Dominum nostrum summum pontificem, in reformatione facienda ipsius ecclesiæ instruendum intendere non valemus. Quod tam dictis dominis collegis nostris quam universis etiam præsentium testimonio intimamus, quas inde fieri fecimus et nostri sigilli munimine roborari.

Datum kalendas februarii, anno Domini millesimo ducentesimo septuagesimo octavo.

Inspectis igitur post hæc per ipsos canonicos litteris prælibatis, et deliberatione habita super eis et articulis supradictis, recognoverunt concorditer uno seu duobus ex ipsis pro omnibus proponentibus quod ea intimaverant et intimari fecerant quæ in narratione prædictæ litteræ continentur et ea vera esse et sibi placere dixerunt, et quod ab illis non recedebant sed in eis potius persistebant. Quo audito ad inquirendum processimus de omnibus in dictis litteris contentis et de statu etiam ecclesiæ et aliis circumstanciis de quibus nobis expediens visum fuit juxta traditam nobis formam.

Et tandem invenimus cum eisdem seu eorum majoribus et aliis notis et fide dignis personis quod, secundum ordinationem factam inter episcopum et capitulum Albiensem, facultates quæ in casum illum debent evenire ipsi Albiensi capitulo, si efficiatur Albiensis ecclesia secularis, sunt et erunt tanti valoris redactis in communi omnibus illis quæ sunt per diversas administrationes distributæ, et illis etiam quæ nunc sunt in communi quod ex eis fieri poterunt in ipsa ecclesia plenarie triginta et una præbendæ quarum quælibet poterit valere quinquaginta libras Turonenses annuatim, et octo præterea dignitates seu personatus qui tamen comprehendantur sub prædicto numero præbendarum, quorum quinque videlicet præpositura et quatuor archidiaconatus præter communem præbendam valebit et valere poterit quilibet annis singulis centum libras Turonenses; tres vero residui personatus videlicet thesauraria, cantoria et succentoria valebit quilibet ultra communem præbendam sexaginta libras Turonenses annuatim.

Et præter ea quod propter dissentiones canonicorum ejusdem ecclesiæ Albiensis, quæ ibidem a longis citra temporibus perduraverunt, ex quibus invasiones, seditiones et scandala plurima vulnera et ignis immisiones et alia mala plurima processerunt, et propter etiam personarum defectum, eadem ecclesia passa est et patitur multas et magnas tam in spiritualibus quam temporalibus læziones; nam ut de temporalibus lesionibus taceatur, secundum assertionem juratam plurium invenimus et quasi notorium habetur in civitate et diocesi Albiensi quod inibi de obedientia et de regulari observantia ad aliquem modum tolerabilem non curatur, nec officinas habent procul dubio regularibus opportunas prout fide didicimus occulata, licet refectorium tale quale ubi pauci ex eis comedunt in communi, claustrum tamen habent sufficiens, sed dormitorium nullo modo in quo jaceant vel jacerint diu; imo jacent per cameras et domos proprias licet infra septa pro majori parte sicut possunt, et aliqui eorum etiam extra septa in civitate in domibus propinquorum, quod quidem dissolutionis occasionem et religionis direptionem non modicam eis præbet, et in tantum etiam eorum aliqui in religionis statu se asserunt vacillare quod ut jurati deponentes dubitare se dicant an sit Albiensis ecclesia regularis.

Invenimus etiam cum præmissis quod divinus cultus est diutius in dicta ecclesia propter eorum dissentiones multiplices diminutus, imo etiam quod dolentes referimus aliquotiens fere penitus derelictus; invenimus insuper quod dicta Albiensis ecclesia indiget de bonis et litteratis personis canonicorum secularium reformari maxime propter robur fidei orthodoxæ, et quod non speratur quod per illos dictæ ecclesiæ canonicos, qui numero sunt tantum ut invenimus viginti et unus habentes vocem in capitulo, et unus multum juvenis non habens vocem, vel professionis suæ alios sic possit in statum debitum reformari sicut per canonicos seculares, quia nec qui vellent regulares effici sic litterati et providi ut seculares propter nexum religionis possent de facili inveniri. Considerantes igitur præmissa omnia et alia quæ nos vidimus et audivimus per nos ipsos terramque diffamatam de hæresi et suspectam merito quæ personis honestis litteratis et prudentibus ad robur fidei et exemplum bonorum operum indigeret, ac reformationem ejusdem ecclesiæ sic esse difficilem, quod quasi impossibilem, sicut estimare possumus, quia Vestra Sanctitas de præmissis inquirendis et intimandis quod inde nobis visum existeret nostras conscientias oneravit, oneri sic imposito nos submittentes devote, non intendentes per hoc grati esse hominibus, sed soli Deo, et pro eo ejus vicario, cujus causa agitur, reddere debitum in conscientiæ puritate securi dicimus credere firmiter dictæ ecclesiæ et Albiensi diocesi plurimum expedire quod reformetur de canonicis secularibus idoneis scientia et prudentia et in vita usque ad numerum supradictum canonicis qui nunc sunt remanentibus, eo modo quo ut Sanctitatis Vestræ litteræ continent ipsi alias petierunt, erigetur enim si sic fiat, ut firmiter credimus, dicta ecclesia in templum Domini vivis ac politis lapidibus ad laudem divini nominis sacri cultus augmentum, robur fidei, morum institutionem et utilitatem communem omnium Sanctitatis Vestræ ministerio divinitus fabricatum.

Datum Albiæ, octavo idus martii, anno Domini millesimo ducentesimo septuagesimo octavo.

(Archives de l'évêché d'Alby, fonds Doat, n° 107, fol. 31.)

XXVIII.

Supplication de l'archevêque de Bourges, ainsi que des évêques de Clermont et de Limoges, adressée au pape Martin IV, pour la sécularisation de l'église cathédrale d'Alby.

VIII° kalendas Martii MCCLXXXIII.

Sanctissimo Patri ac domino domino M., summa providentia sacrosanctæ Romanæ et universitatis ecclesiæ summo pontifici suo, S. Bituricensis, archiepiscopus Aquitaniæ primas, G. Claromontensis, G. Lemovicensis[1] episcopi ejus humiles subditi et devoti, cum omni subjectione, reverentia, honore pedum oscula beatorum. Pro petitione quam de mutando statu suæ ecclesiæ Sanctitati Vestræ faciunt præpositus et capitulum Albiense, juxta rescriptionem quam inquisitores super hoc remiserunt a sede apostolica deputati, humiliter supplicamus ut eam dignetur admittere ad exauditionis gratiam sublimitas apostolicæ societatis; credimus enim, si sic fiat, ut petitur, dictam ecclesiam in spiritualibus et temporalibus ad laudem Dei et stabilitatem fidei incrementa plurima, favente Domino, breviter susceptivam. Conservet vos Dominus ecclesiæ suæ sanctæ per tempora longiora.

Datum anno millesimo ducentesimo octuagesimo tertio, octavo kalendas martii.

(Archives de l'évêché d'Alby, fonds Doat, n° 107, fol. 28 verso.)

[1] Les trois prélats qui écrivirent cette supplique au pape étaient : 1° Simon de Beaulieu, appelé au siége archiépiscopal de Bourges depuis 1281, qui fut élevé à la dignité de cardinal en 1294, et qui mourut trois ans plus tard à Orvieto; 2° Guy de la Tour, évêque de Clermont depuis l'an 1250 et qui mourut en 1286; 3° Gilbert de Malemort, qui avait été élu évêque de Limoges en 1275 et qui finit ses jours en 1294.

XXIX.

Procuration donnée par le prévôt et le chapitre de l'église cathédrale d'Alby à deux chanoines pour aller en cour de Rome solliciter leur sécularisation.

XIIIº kalendas Aprilis MCCCXXXVIII.

Noverint universi præsentes pariter et futuri, quod nos magister Raimundus de Canalibus, præpositus, totumque capitulum ecclesiæ Albiensis, nos Pontius Amati, sacrista, Pontius Viguerii, prior Sanctæ Martianæ, Bernardus de Panato, prior de Avallatis, Petrus Troilleti, Augerius Brose, Ermengaudus Moysseti, Petrus Maurelli, legum doctor, Bermundus de Calomonte, Arnaudus de Panato, Petrus Andreæ, Bernardus Austuronis, Philippus Amati, Aimericus de Canalibus, Nicolaus de Fraxinello, Petrus Viguerii, Raimundus Hugonis, Guirbertus Ichardi et Petrus de Portu, canonici ejusdem ecclesiæ, nos omnes et singuli congregati, ut moris est, ad capitulum faciendum, ordinamus, facimus et constituimus certos et speciales nostros procuratores sindicos vel actores, religiosos viros Bernardum Oliverii, priorem de Posolis, et Guillelmum Calveti, canonicos nostros et quamlibet eorum insolidum, ita quod non sit melior conditio occupantis ad sciendam voluntatem domini nostri summi pontificis in quo statu velit ecclesiam nostram Albiensem esse, videlicet in regulari in quo hactenus fuit et est, vel etiam seculari, et ad impetrandum litteram super responsione quam dicitur fecisse dictus dominus noster summus pontifex magistro Guillelmo de Montejovis, præposito Mancii, procuratori nostro super præmissis in curia Romana a nobis constituto, dantes prædictis procuratoribus nostris vel alteri eorum plenam et liberam potestatem faciendi, supplicandi et impetrandi quoad præmissa omnia et singula quæ nos in præmissis, si præsentes in curia romana essemus, facere, supplicare vel impetrare possemus, gratum et firmum perpetuo habituri quicquid per prædictos procuratores nostros vel alterum eorum in præmissis actum impetratum fuerit seu etiam procuratum. Et prædictos procuratores et alterum eorum, ut prædictum est, ad præmissa constituimus, non revocantes magistrum Guillelmum de Montejovis prædictum, super prædictis a nobis ut dictum est procuratorem constitutum, nec alium vel alios si quem vel quos super præmissis antea constituimus, etiam procuratores nostros prædictos magistrum Guillelmum de Montejovis absentem, Bernardum Oliverii et Guillelmum Calveti præsentes et volentes; et quilibet eorum insolidum ad supplicandum domino papæ quod nos auctoritate ipsius conferre possimus personatus et beneficia vacantia in ecclesia nostra, quorum collatio, secundum statuta Lateranensis concilii, est ad sedem apostolicam devoluta, prohibentes nos præpositus prædictus et in veritate obedientiæ præcipientes, ne aliquis de nostris canonicis per se vel alium sibi vel alii singularem impetrationem de prædictis personatibus vel beneficiis in curia romana vel legati Franciæ præsumat facere seu etiam procurare. In cujus rei testimonium et ad majorem firmitatem præmissorum, nos præpositus et capitulum ecclesiæ Albiensis sigilla nostra præsentibus apponi fecimus seu appendi.

Acta fuerunt hæc in choro ecclesiæ Albiensis, ubi consuevit capitulum congregari, anno Nativitatis Domini millesimo ducentesimo octuagesimo octavo, duodecimo kalendas aprilis.

(Archives du chapitre de l'église cathédrale Sainte-Cécile d'Alby, fonds Doat, n° 107, fol. 249.)

XXX.

Bulle du pape Nicolas IV enjoignant à l'évêque d'Alby de conférer les ordres à certains chanoines nouvellement élus. Le saint-père y parle de l'enquête faite sous son prédécesseur pour la sécularisation de la cathédrale; mais il déclare cependant qu'il ne change encore rien par cette bulle à l'état du chapitre.

XIII° kalendas Februarii, pontificatus nostri anno secundo.

Nicholaus episcopus, servus servorum Dei, venerabili fratri episcopo Albiensi salutem et apostolicam benedictionem. Exposita nobis dilectorum filiorum præpositi et capituli ecclesiæ Albiensis, ordinis Sancti Augustini, petitio continebat quod hostis iniquus semina suæ iniquitatis disseminans in personis ipsius ecclesiæ, dudum graves animorum suscitavit discoherentias, et caritatis sinceritatem jurgiis gravius, proh dolor! sauciavit, et adeo quod in ecclesia obedientis humeris a jugo debitæ disciplinæ semotis dirumpebatur passim nervus enormiter observantiæ regularis, et divinæ laudis in ipsa frequentia lentescebat, propter quod dicti præpositus et capitulum ut statum ipsius ecclesiæ a naufragio dissolutionis averterent, ne collapsa spiritualiter posset etiam temporaliter naufragari, ad apostolicæ sedis super hoc providentiam recurrentes, felicis recordationis Nicholao papæ, prædecessori nostro, supplicarunt, ut eidem ecclesiæ de reformationis salutaris remedio provideret, statum ejusdem salubriter immutando. Idem vero prædecessor volens, solita ejusdem sedis maturitate procedere in præmissis, certis personis per suas litteras sub certa forma mandavit, ut super his et aliis articulis inquirerent et sentirent circa illa prædecessori fideliter rescriberent memorato. Cumque inquisitores præfati, comperta in inquisitione super hoc per eos habita, prædecessori retulissent præfato, postmodum quampluribus ex canonicis ejusdem ecclesiæ sublatis de medio qui consenserant in prædictis dicti præpositus et capitulum, ad quos canonicorum receptio in ipsa ecclesia dicitur pertinere diligentius attendentes, quod prædicta ecclesia canonicorum et ministrorum defectum non modicum sustinebat, ac propterea cupientes obsequiis ipsius ecclesiæ interim opportunos deputare ministros, quosdam clericos in eadem ecclesia receperunt in canonicos et in fratres. Verum tu illos, pro eo quod hujusmodi pendente negotio eorum receptio intervenit, recusas ad ordines promovere ac alia in eadem ecclesia exercere; sic receptis præsentibus quæ ad tuum spectant officium, instanter et humiliter requisitus, quare præpositus et capitulum memorati provideri sibi super hoc et eidem ecclesiæ de salutari remedio per sedem apostolicam suppliciter postularunt. Nos autem licet non intendamus ad præsens per hoc circa mutationem status ejusdem ecclesiæ aliquid ordinare, nolentes tamen quod ipsa ecclesia occasione prædicta defectum sustineat ministrorum vel officii tui debito defraudetur, fraternitati tuæ per apostolica scripta mandamus quathinus prædictos canonicos ab eisdem præposito et capitulo sic receptos, dummodo aliud canonicum non obsistat, statutis temporibus ad omnes ordines quos nondum recepisse noscuntur, sublato difficultatis obstaculo, promovere procures et alia omnia quæ ad tuum spectant officium; etiam canonicis ipsis taliter receptis præsentibus in eadem ecclesia exercere ut expedit non omittas, sic te in hoc devote ac efficaciter habiturus ut exinde non immerito valeas commendari. Nosque quod per te in hac parte fieri volumus alii committere non cogamur.

Datum Romæ, apud Sanctam Mariam majorem, decimo tertio kalendas februarii, pontificatus nostri anno secundo.

(Archives du chapitre de l'église cathédrale Sainte-Cécile d'Alby, fonds Doat, n° 108, fol. 13.)

XXXI.

Statuts de la cathédrale d'Alby faits par Guillaume de Montjoux, prévôt de l'église, et les chanoines réguliers du chapitre. A la suite se trouve l'approbation de l'évêque Bernard, qui confirme ces statuts, sauf toutefois la décision du pape, dans le cas où il voudrait séculariser l'église d'Alby.

xiv° kalendas Februarii mccxc.

Noverint universi hoc præsens publicum instrumentum inspecturi quod nos G. de Montejovis, præpositus ecclesiæ Albiensis, Poncius Amati, sacrista ejusdem ecclesiæ, Poncius Viguerii, prior ecclesiæ Sanctæ Marianæ Albiæ civitatis, B. de Panato, prior de Avallatis, B. Oliverii, prior de Pozols, Petrus Troilheti, Augerius Broza, Armengaudus Moysseti, magister Petrus Maurelli doctor legum, Bermundus de Calomonte, Petrus Andreæ, Raymundus Hugonis, Nicolaus de Fraxinello, Arnaldus de Panato, Bernardus Austurotis,

Guirbertus Ichardi, Guillelmus Calveti, Philippus Amati, Petrus Viguerii, Aimericus Canals, Sicardus Alamanni, Petrus de Portu, Bernardus Frotardi, Guillelmus Canals et Gailhardus de Paulinio, canonici Albienses in choro nostræ ecclesiæ pro capitulo et ad capitulum congregati, ordinamus et statuimus sponte et assensu unanimo, ad honorem Dei, et beatæ Mariæ matris ejus, et beatæ Ciciliæ Virginis, et ad utilitatem nostræ ecclesiæ ac pro majori unitate, caritate et pace, cum domino nostro episcopo qui nunc est et ejus successoribus episcopis Albiensibus perpetuo conservandis, quod tam ipse quam omnes ejus successores futuri episcopi Albienses ex nunc et continue in futurum sic interfuerint, ut canonicus omnibus et singulis tractatibus nostri capituli si commode interesse potuerint; et voluerint tam in electionem præpositi quam receptionem canonicorum collatione vel institutione beneficiorum, ecclesiarum, prioratuum, dignitatum, personatuum, officiorum omnium, pariter archidiaconatuum quorum ordinationem de canonicis ecclesiæ nostræ faciendam, ad eum solum et successores ejus spectare volumus.

Et ordinamus quod quidquid non contrarium juri, de expresso consensu episcopi et præpositi cum toto capitulo vel majore parte ipsius fuerit ordinatum, plenum robur obtineat firmitatis, aliter facta vel ordinata nullius penitus sint momenti, ita tamen quod episcopus cum ipsum abesse contigerit extra diocesim, teneatur facere vicarium vel vicarios, unum vel duos vel plures de capitulo, quorum unus nomine suo consentiat, vel dissentiat quotiescumque aliquo casu seu aliqua necessitate eminentibus capitulum celebrare contigerit; quo vicario vel vicariis absentibus possint præsentes non obstante hujusmodi absentia perficere, quod incumbet nisi tunc demum talia in ipso capitulo tractarentur quæ episcopum tangerent, utpote in electione præpositi, receptione canonicorum, collatione beneficiorum et statutis faciendis vel removendis.

Volumus etiam et concedimus quod sigillum capituli in arca tribus firmata clavibus in sacristia ecclesiæ nostræ conservetur, de quibus clavibus unam tenebit episcopus qui nunc est et successores, vel in eorum absentia longinqua personæ idoneæ quas dimittent, et aliam tenebit præpositus, tertiam tenebit qui per episcopum, præpositum, vel totum capitulum, vel majorem partem ipsius, de canonicis ejusdem ecclesiæ fuerit ordinatus; quod omnes etiam canonici ecclesiæ nostræ qui ad prioratus, ecclesias, personatus, dignitates, beneficia, aut officia quæ spectant ad collationem vel institutionem seu ordinationem præpositi et capituli quod fuit in majori nostra ecclesia, vel extra ubicumque eligentur, ut præmittitur, seu ad regendum ordinati vel instituti fuerint, curam habeant illarum animarum quæ sunt in parrochia illius ecclesiæ, prioratus, beneficii, personatus, dignitatis aut officii cujuscumque conditionis existat, quam de manu recipiat episcopi qui pro tempore fuerit, cui ad præfatam curam debet per præpositum et capitulum ordinatus vel institutus ut præmittitur præsentari, qui etiam jurabit episcopo fidelitatem et obedientiam promittet pro cura sibi commissa; et quod omnes ecclesiæ capitulo nostro tam ab antiquo quam de novo collatæ conferantur canonicis ecclesiæ nostræ, non obstante compositione olim facta per bonæ memoriæ dominum D. quondam episcopum Albiensem et prædecessores nostros, præpositum et capitulum Albiense, quam quantum ad duo proximo ordinata ultra voluimus non valere, ita tamen quod post curæ receptionem et juramentum ut præmittitur præstiturum, curati hujusmodi possint habere in subsidium curæ suæ conducticios sacerdotes idoneos, qui ab episcopo vel ab eo cui de hoc potestatem dederit, de anno in annum, vel de synodo in synodum, prout curatis utilius videbitur, tanquam procuratores eorum curam recipiant animarum.

Et hæc autem omnia et singula fieri voluimus et concedimus nobis in eadem ecclesia et ipsa ecclesia remanentibus in statu regulari in quo nunc sumus, et esse perpetuo affectamus, hæc omnia communi consensu et plena concordia ordinamus perpetuo valitura. Et nos prædicti qui capitulum facimus omnes et singuli, præmissa omnia et singula pro nobis et successoribus nostris firma tenere et nullomodo occasione vel causa contravenire tempore aliquo, et non fecisse vel dixisse quo minus valeant nunc et semper vel facturos aut dicturos in futurum directo vel indirecte, per impetrationem dispensationis vel per usum ipsius impetratæ forsan per alium vel etiam ultro missæ juramus ad sancta Dei Evangelia a nobis omnibus et singulis corporaliter tacta.

Actum Albiæ, in choro ecclesiæ supradictæ, decimo quarto kalendas februarii, anno Domini millesimo ducentesimo nonagesimo, regnante domino Philippo rege Francorum et præsidente domino B. episcopo Albiensi, præsentibus ad hoc vocatis specialiter et rogatis discretis viris domino R. Pagani legum doctore, archipresbitero de Insula ac officiali curiæ Albiensis, domino Guillelmo de Montiliis, rectore ecclesiæ de Affiaco, domino Bernardo Salas, rectore ecclesiæ de Enargiis, Guillelmo Loberii, Raymundo Aonda, Guillelmo Virgilii, Johanne de Fesqueto presbiteris, Isarno de Mounacho, rectore ecclesiæ de Cuoya, et me Petro Vallesii, publico Albiensi notario, qui una cum prædictis testibus omnibus universis et singulis supradictis præsens fui, et requisitus et rogatus per dictos dominos canonicos, hoc præsens publicum instrumentum recepi, scripsi et in formam publicam redegi et signo meo sequenti signavi.

Nos vero B. Dei gratia Albiensis episcopus, præmissa nobis et nostris successoribus oblata et concessa pro nobis et eis gratanter recepimus, et quod de ecclesiis tam novis quam antiquis dandis deinceps canonicis ut in superioribus continetur, approbamus et sic debere fieri ut præmittitur, ex certa scientia confirmamus. Si tamen remanserit nostra Albiensis ecclesia et quamdiu remanserit regularis, salve etiam voluntate domini nostri summi pontificis, de ordinatione ipsius ecclesiæ quantum ad statum dimittendum regularem vel faciendum etiam secularem et salvo in aliis jure nostro. In cujus rei testimonium et ad majorem omnium prædictorum firmitatem habendam sigilli nostri munimine hoc præsens publicum instrumentum fecimus roborari.

(Archives du chapitre de l'église cathédrale Sainte-Cécile d'Alby, fonds Doat, n° 108, fol. 7.)

XXXII.

Réquisition faite à trois cardinaux par le procureur de Bernard, évêque d'Alby, par le prévôt et les représentants du chapitre de la cathédrale, de procéder à la sécularisation de l'église d'Alby, suivant la commission qui leur en avait été donnée par le pape Boniface VIII.

VI° idus Januarii MCCXCVII.

In nomine Domini amen. Anno ejusdem millesimo ducentesimo nonagesimo septimo, indictione septima, sexto idus januarii, pontificatus domini Bonifacii papæ octavi anno secundo, constitutis coram reverendis in Christo patribus dominis Dei gratia Geraldo Sabinensi, et Mathæo Portuensi episcopis, ac Mathæo sanctæ Mariæ in porticu diacono cardinali, discreto viro magistro Pontio de Sancto Justo, procuratore venerabilis in Christo patris domini B. episcopi Albiensis, ac religiosis viris Guillelmo de Montejovis, præposito, et Bernardo Oliverii ac Guillelmo Calveti, canonicis ecclesiæ Albiensis ac procuratoribus capituli ipsius ecclesiæ, prout per ipsorum procuratoria plenius appareat, ac præfato magistro Pontio procuratore dicti Albiensis episcopi petente, ut super ordinatione mutandi ejusdem ecclesiæ Albiensis statum de regulari in sæcularem facta inter dictos episcop... et capitulum, et ad ipsam procederent prout eis commissum erat per sanctissimum patrem dominum Bonifacium divina providentia summum pontificem, respondit præpositus supradictus et requisivit præfatos dominos cardinales ut ipsi viderent ordinationem eamdem, et si erant aliqua ibi corrigenda pro honore capituli memorati illa corrigerent, prout eis idem dominus papa duxerat committendum, et quod super hoc facerent eidem domino papæ referre curarent.

Et tunc præfatus dominus Mathæus diaconus cardinalis interrogavit eos, si placebat eis ut ad mutationem status dictæ ecclesiæ Albiensis procederet præfatus dominus papa secundum ipsam ordinationem et supplicationem super hoc sibi factam; et responderunt præfatus magister Pontius, procurator dicti Albiensis episcopi, quod sic, et procuratores capituli supra dicti quod similiter placebat eis et quod emendaret et corrigeret in ipsa ordinatione quidquid sibi videretur et placeret emendandum et corrigendum fore, personis tamen regularibus præsentibus remanentibus in ipsa Albiensi ecclesia in eo statu quo nunc sunt, prout in ipsis ordinatione et supplicatione plenius continetur. Præpositus vero prædictus dixit quod similiter placebat ei, assignatis per eum primitus cuilibet cardinalium ipsorum singulas cedulas quas in crastinum eis se daturum dixit, ad informandum eos super ipsa ordinatione et pro honore et commodo personarum capituli tam præsentium quam substituendarum personarum secularium in ecclesia memorata.

Actum Romæ apud Sanctum Petrum, in capella ipsius domini papæ, coram dominis cardinalibus supradictis, præsentibus fratre Aimerico de Salis, priore de Sestairolio, Albiensis diocesis, Bernardo Austuronis, canonico Albiensi, et Berengario Alamanni clerico, et multis aliis clericis et laicis familiaribus cardinalium prædictorum.

Et ego Joannes de Pontecurvo, apostolica et imperiali auctoritate notarius, prædictis interfui, ipsaque de mandato prædictorum dominorum cardinalium et rogatu procuratorum et præpositi prædictorum, scripsi et publicavi meoque signo consueto signavi.

(Archives de l'évêché d'Alby, fonds Doat, n° 108, fol. 70.)

XXXIII.

Donation faite par les chanoines de la cathédrale à leur évêque du lieu où est située l'ancienne église.

Kalendas Februarii MCCXCVII.

Noverint universi hoc præsens publicum instrumentum inspecturi quod infra scripti domini canonici Albiensis ecclesiæ, pro capitulo et ad capitulum in choro ipsius ecclesiæ congregati, videlicet dominus

Bermundus de Calomonte, Bernardus Oliverii sacrista, Sicardus Alamanni, Armengaudus Moisseti, Petrus Trolheti, Arnaudus Panati, Guitbertus Ychardi, Petrus Andreæ, Aimericus de Canalibus, Petrus Viguerii, Guillermus de Canalibus, Philippus Amati, Petrus de Portu, Bernardus Oliverii canonici, donaverunt et cessionem fecerunt de loco ubi ecclesia antiqua est situata, prout est limitata, reverendo patri in Christo domino B. episcopo Albiensi præsenti, ut canonico dictæ ecclesiæ præsenti et recipienti pro se et ejus successoribus episcopis Albiensibus, sub hac conditione videlicet, si ecclesia Albiensis fieret secularis; si vero remaneret regularis, quod dicta donatio nulla esset nec teneret nullo modo. Testibus præsentibus dominis Guillermo de Castronovo, Johanne de Rocolis, Pontio Amelii, Johanne Raufelli, Petro Engilrandi, Duranto Alberti presbitero, Petro de Falguayrolis subdiachono.

Actum in dicto choro, kalendas februarii, anno Domini millesimo ducentesimo nonagesimo septimo.

Et eadem die et anno, domini Aragon Brosa, Galhardus de Paulinio et Raymundus Hugonis, canonici dictæ ecclesiæ, qui præsentes non interfuerunt ex causa, prædictam donationem approbaverunt et ratificaverunt, ratam atque firmam habere voluerunt.

Actum in ecclesia prædicta et in domo Raymundi Hugonis. Testes Johannes Raufelli, Guillermus Talhaferi, Pontius Bias et magister Petrus Valesii, publicus Albiensis notarius, qui dictum instrumentum in nota recepit, et in prothocolo suo posuit, sed morte preventus illud non perfecit [1].

(Archives de l'évêché d'Alby, fonds Doat, n° 108, fol. 78.)

[1] Quelques années après, Berand de Fargues, étant évêque d'Alby, se fit délivrer copie de cet acte par Guillaume Rocca, notaire, successeur de Pierre de Valois.

XXXIV.

Table du prix du setier de blé (mesure de Paris), depuis l'année 1202, avec la valeur du marc d'argent fin de douze deniers, sous chaque règne, servant à faire l'évaluation des anciens prix en monnaie du XVIIIe siècle.

Cette table, dont j'ai trouvé l'indication dans le *Répertoire des titres du chapitre de Sainte-Cécile d'Alby* (tome III, page 101) fait par Me Serrès, fendiste de ce chapitre, existe dans les archives de la préfecture du Tarn (série 2 G, n° 71). Lorsque j'en signalai l'existence dans mon rapport à M. le ministre de l'instruction publique et des cultes, je fus frappé de l'importance de ce document, et j'en fis lever une copie exacte afin de l'étudier avec soin; mais je reconnus aussitôt qu'il renfermait bon nombre d'inexactitudes, d'erreurs ou de lacunes.

En remontant aux sources, soit pour reviser, soit pour compléter ce travail, je ne tardai pas à me convaincre également que la table que j'avais sous les yeux avait été, du moins en grande partie, empruntée à l'excellent ouvrage publié en 1746 sous ce titre : *Essai sur les monnoies, ou Réflexions sur le rapport entre l'argent et les denrées.* L'auteur, Dupré de Saint-Maur, membre de l'Académie française et maître de la cour des comptes, y recueillit un grand nombre de faits relatifs à la valeur vénale de la terre et de ses fruits, ainsi que la valeur du marc d'argent sous chaque règne et année par année. Ce livre, auquel j'ai eu moi-même particulièrement recours, m'a servi à rectifier la table manuscrite, et j'ai, en outre, complété ce travail en puisant d'excellentes notes dans un ouvrage de M. C. Leber, qui a été couronné par l'Institut et qui devrait se trouver dans toutes les bibliothèques. L'*Essai sur l'appréciation de la fortune privée au moyen âge* est trop riche de documents curieux et d'appréciations intéressantes, portant sur des chiffres exacts, pour ne pas être recommandé aux personnes qui voudraient connaître les variations des valeurs monétaires et le pouvoir de l'argent au moyen âge.

Je n'ai négligé aucun renseignement historique, manuscrit ou imprimé pour un pareil examen; mais c'est principalement dans les deux ouvrages que je viens de signaler que j'ai puisé mes nouvelles indications. Cependant, malgré tout mon désir d'être exact, je crains que mes tables ne contiennent encore plusieurs erreurs, et je compte sur l'indulgence de mes lecteurs, qui comprendront sans doute la difficulté d'arriver à la perfection dans une œuvre de cette nature.

En résumé, mon travail de vérification, qui ne devait d'abord porter que sur quelques points, est devenu une révision complète qui a nécessité de nombreuses additions. La table que je donne ici a donc tellement changé de forme, elle a subi de telles modifications qu'elle diffère complétement aujourd'hui du manuscrit existant dans les archives d'Alby. C'est presque un nouvel ouvrage auquel les notes que j'y ai jointes donneront, je pense, un intérêt tout particulier.

J'aurais pu sans doute rectifier également les mesures de capacité; mais la vérité historique voulait que je conservasse les dénominations en usage au temps passé. Je crois devoir dire aussi, à ce sujet, que l'ancien setier de Paris, *sextarius*, représente environ 155 litres de notre mesure actuelle : on s'en sert encore habituellement sur le marché de Paris, où toutes les transactions se font, pour se conformer au nouveau système métrique, à la mesure d'un hectolitre et demi. Je terminerai, enfin, en faisant remarquer aux personnes qui voudraient faire l'évaluation des revenus du chapitre que les grains se vendaient presque toujours au-dessus du prix fixé dans les baux ou de celui pour lequel on les délivrait aux chapitres, qui possédaient des fonds de terre affermés en blé. C'est là un point qui n'est pas sans importance et qui mérite d'être pris en considération toutes les fois qu'on veut examiner avec soin les pièces relatives aux revenus ecclésiastiques en grains de toute espèce.

On trouvera à la suite de cette table, comme complément, un petit tableau du prix des grains vendus sur la place publique d'Alby, depuis 1754 jusqu'à l'année 1783. Ce nouveau travail a été extrait d'un des registres de la ville d'Alby, et j'ose espérer qu'il aura également quelque intérêt pour certaines personnes.

ANNÉES.	PRIX du setier de blé.			PRIX commun ou moyen.			PRIX du marc d'argent.			ÉVALUATION du setier en monnaie du XVIIIe siècle.		
	liv.	sous	den.	liv.	sous	den.	liv.	sous	den.	liv.	sous	den.
PHILIPPE-AUGUSTE.												
1202[1]	»	5	7	»	6	8	»	»	»	»	»	»
1222	»	»	»	»	»	»	2	10	»	»	»	»
LOUIS VIII.												
1226	»	»	»	»	»	»	2	14	7	»	»	»
LOUIS IX.												
1256	»	6	4	»	7	»	»	»	»	3	11	»
PHILIPPE LE HARDI.												
1283	»	»	»	»	»	»	2	14	»	»	»	»
1285	»	»	»	»	»	»	2	18	»	»	»	»
PHILIPPE LE BEL.												
1289	»	6	3	»	7	10	2	18	»	»	»	»
1290	»	8	4	»	»	»	»	»	»	»	»	»
1293	»	»	»	»	»	»	3	8	3	»	»	»
1294	»	9	8	»	»	»	3	12	»	»	»	»
1303	»	»	»	»	»	»	3	7	1	»	»	»
1304[2]	2	»	»	2	»	»	8	7	»	13	»	»
1306	»	»	»	»	»	»	4	»	»	»	»	»
1312[3]	»	16	3	»	16	1	3	15	»	»	»	»
1313	1	12	»	»	»	»	2	14	7	»	»	»
1314	»	10	»	»	13	»	4	»	»	8	16	»
LOUIS LE HUTIN.												
1315	2	10	»	2	10	»	4	»	»	33	18	»
1316	»	17	»	»	[illegible]	»	4	»	»	11	16	»

[1] Brussel, dans son *Examen de l'usage des fiefs*, nous donne le compte général des revenus tant ordinaires qu'extraordinaires du roi en 1202, et nous apprend que le setier de blé valait alors 6 sous 8 deniers.

[2] L'ordonnance de Philippe le Bel, rendue en mars 1304, porte : « Nul, sous peine « de confiscation de biens, ne vendra le setier de meilleur froment, mesure de Paris, « plus de 40 sols parisis, et le setier d'autre moindre blé à proportion. Le setier des « meilleures fèves et du meilleur orge sera vendu 30 sols parisis ; le setier de la meilleure avoine, 20 sols ; le setier du meilleur son, 10 sols parisis, et les autres grains en proportion. » Mais cet établissement d'un maximum, dans des temps de grande cherté, eut pour effet d'empêcher l'approvisionnement des marchés, et une nouvelle ordonnance du roi permit quelques jours après aux marchands de tirer le prix qu'ils pourraient de leurs grains.

[3] Le prix moyen est fixé ici d'après les *Comptes de l'abbaye de Longchamps*, souvent consultés par Dupré de Saint-Maur et auxquels nous puisons après lui.

ANNÉES.	PRIX du setier de blé.			PRIX commun ou moyen.			PRIX du marc d'argent.			ÉVALUATION du setier en monnaie du XVIIIe siècle.		
	liv.	sous	den.	liv.	sous	den.	liv.	sous	den.	liv.	sous	den.
PHILIPPE LE LONG.												
1318	1	»	»	»	»	»	»	»	»	»	»	»
1321	»	»	»	»	»	»	5	7	6	»	»	»
CHARLES LE BEL.												
1322	1	»	3	»	»	»	4	7	9	»	»	»
1323	»	15	7	»	18	»	4	7	»	11	4	»
1326	»	»	»	»	»	»	5	»	»	»	»	»
1327	»	13	9	»	»	»	6	»	»	»	»	»
PHILIPPE DE VALOIS.												
1328	»	17	3	»	15	»	6	»	»	6	16	»
1329	»	15	»	»	»	»	4	4	»	»	»	»
1330	»	»	»	»	»	»	8	»	»	»	»	»
1331	»	»	»	»	»	»	11	17	»	»	»	»
1332	»	11	9	»	»	»	»	»	»	»	»	»
1333	»	16	5	»	13	»	8	»	»	11	15	»
1335	»	10	4	»	»	»	»	»	»	»	»	»
1336	»	»	»	»	»	»	4	10	»	»	»	»
1337	»	12	5	»	12	6	4	10	»	7	10	»
1338	»	»	»	»	»	»	6	»	»	»	»	»
1339	»	15	»	»	15	»	7	10	»	5	8	»
1340	»	»	»	»	»	»	12	»	»	»	»	»
1341[1]	»	18	»	»	17	6	9	»	»	5	5	»
1342	1	4	5	1	4	5	15	»	»	28	19	»
1343	1	18	»	1	»	»	3	15	»	8	1	»
1344	»	13	10	»	12	»	3	15	»	8	13	»
1345	»	10	1	»	»	»	3	15	6	»	»	»
1347	»	15	4	»	15	2	5	»	»	8	4	»
1348	»	15	5	»	»	»	9	»	»	»	»	»
1349	»	»	»	»	»	»	6	»	»	»	»	»
JEAN LE BON.												
1350[2]	4	4	»	4	4	»	7	15	»	36	8	»

[1] On peut consulter pour le prix du marc d'argent, depuis le 1er mars 1319 jusqu'à la fin de l'an 1341, l'*Essai sur les monnoies*, de Dupré de Saint-Maur, p. 106 et suiv.

[2] Les variations du marc d'argent, qui devaient être si multipliées sous ce règne, commencèrent avec l'année 1350. Ainsi il était fixé au mois de janvier à 5 liv. 10 sous ; plus tard il descendit à 6 livres, puis à 4 livres 15 sous, pour remonter enfin à 9 livres.

ANNÉES.	PRIX du setier de blé.			PRIX commun ou moyen.			PRIX du marc d'argent.			ÉVALUATION du setier en monnaie du XVIIIe siècle.		
	liv.	sous	den.	liv.	sous	den.	liv.	sous	den.	liv.	sous	den.
1351[1]	8	»	»	8	»	»	12	»	»	89	9	»
1352[2]	»	»	»	»	»	»	11	»	»	»	»	»
1353	»	»	»	»	»	»	13	10	»	»	»	»
1354	1	9	4	1	9	4	6	»	»	13	14	»
1355	»	»	»	»	»	»	»	»	»	13	15	»
1356	1	6	»	»	17	8	12	»	»	19	»	»
1358	»	»	»	»	»	»	14	»	»	»	»	»
1359[3]	5	12	»	5	12	»	45	à	102	36	10	»
1360	1	5	»	1	5	»	16	»	»	»	»	»
1361	1	10	2	»	»	»	5	5	»	15	16	7
CHARLES V.												
1365	1	»	3	»	»	»	6	»	»	»	»	»
1369	1	14	2	»	»	»	»	»	»	»	»	»
1372[4]	»	12	»	»	8	»	5	16	»	3	15	10
1375	»	15	4	»	18	»	»	»	»	»	»	»
1376	»	11	3	»	9	2	»	»	»	»	»	»
CHARLES VI.												
1382	»	10	6	»	»	»	6	5	»	»	»	»
1384	»	»	»	»	»	»	6	5	»	»	»	»

[1] «En celuy an 1351, dit un manuscrit cité par Dupré de Saint-Maur, fut la plus «très-grande cherté de tous biens qu'homme qui lors vesquit eut one vu au royaume de «France et par espécial de grains ; car un setier de froment valoit par aucun temps en «la dite année 8 livres parisis ; un setier d'avoine, 40 sols parisis ; un setier de pois, 8 livres «parisis, et les autres grains à l'avenant.»

[2] A cette époque de luxe et de gêne, on changeait souvent le titre des monnaies d'or et d'argent, toujours plus ou moins altérées, et conséquemment le prix du marc variait d'un mois et même d'une semaine à l'autre.

[3] Personne n'ignore les malheurs de la France après la bataille de Poitiers, où le roi Jean tomba au pouvoir des Anglais. Jamais les ressources financières et commerciales ne reçurent une plus rude atteinte ; jamais l'épuisement du numéraire et de tout moyen de le remplacer ne causa plus d'embarras et de désordres dans l'administration du revenu public. L'altération des monnaies fut poussée au delà de toute mesure, et le peuple dut supporter tant de privations et de souffrances que certains chroniqueurs ont écrit, sans que le fait soit prouvé pourtant : «Le roi Jean mit le royaume en si grant povreté qu'il «y eut longtemps monnoye comme de cuir qui avoit un petit clou d'argent.» Le 23 mars 1359 (1360) le setier de bon froment valait 18 livres parisis. (*Essai sur les monnoies*, p. 218.)

[4] Voy. Règlement du prix du pain de juillet 1372, tome V de la collection des *Ordonnances*.

ANNÉES.	PRIX du setier de blé.			PRIX COMMUN ou moyen.			PRIX du marc d'argent.			ÉVALUATION du setier en monnaie du XVIIIe siècle.		
	liv.	sous	den.	liv.	sous	den.	liv.	sous	den.	liv.	sous	den.
1385	»	14	10	»	»	»	»	»	»	»	»	»
1389	»	»	»	»	»	»	6	15	»	»	»	»
1390	1	»	»	»	»	»	6	15	»	»	»	»
1397	»	13	2	»	»	»	»	»	»	»	»	»
1398	»	16	2	»	17	»	6	15	»	6	17	»
1405	»	18	2	»	»	»	6	10	6	»	»	»
1406	»	15	»	»	»	»	6	15	»	»	»	»
1410	1	5	»	»	»	»	7	10	»	»	»	»
1411	»	16	»	»	»	»	6	15	»	»	»	»
1413	»	13	1	»	13	1	11	14	»	3	4	»
1416[1]	»	15	»	»	»	»	11	4	»	»	»	»

[1] Charles VI, en 1391, avait établi le prix du pain pour les temps de disette, et il dut renouveler son ordonnance en 1415. À cette époque, on commençait en effet à entrer dans une période de cherté et de famine qui devait causer une grande mortalité et désoler la France pendant dix ans. «En ce temps, dit le *Journal d'un bourgeois de Paris*, «fut le pain très-cher; car le pain qu'on avoit pour 8 blancs valloit 5 sols parisis.» Cette cherté continua en 1416 et 1417; mais, l'année suivante, elle augmenta dans des proportions effrayantes. On paya le setier de blé tantôt 2 liv. 2 sous 7 den., 2 liv. 14 sous et même 4 et 5 livres; puis tout à coup on le voyait retomber, malgré la misère, à 18 sous 4 den. ou à 7 sous 6 den. Hâtons-nous de dire que les agriculteurs ne livraient leur grain à ce prix que parce qu'ils étaient alors envahis par les gens d'armes qui ravageaient le pays. Pour comble de malheur, une mortalité terrible vint décimer la population parisienne. «Tant en mouru vers la fin dudit moys (septembre) et si hastivement, «qu'il convint faire ès cimetières de Paris grans fosses, où on en mettoit trente ou quarante en chacune... En moins de cinq semaines trespassa en ville de Paris plus de cinquante mille personnes, et tant trespassa de gens que on enterroit quatre, ou six ou «huit chefs d'ostel à une messe à note.»

Cependant, le prix des denrées s'élevait toujours: à la fin de l'année, le setier de blé se vendit 8 livres, et cela s'explique en songeant que «cellui an demouroient les blés «et les advoynes à sayer (couper) tout autour de Paris, que nul n'y osoit aller pour les «Arminas (Armagnacs) qui tuoient tous ceux qu'ils povoient prendre qui estoient de «Paris.» L'année suivante, le prix du blé était monté à 11 et 12 francs d'or; on ne faisait point de pain blanc, et les pauvres gens ne mangeaient déjà plus que du pain de noix. En 1420, le setier de blé valut 32 livres et plus, et enfin on le vendit en 1421 jusqu'à 60 livres, équivalant à 185 livres, plus de trois fois ce que nous le payons dans les plus mauvaises années. Pour faire cesser un pareil état de choses, deux commissaires de la cour, MM[rs] Jean Aguenin et Quentin Massue furent autorisés à délivrer des greniers le meilleur blé pour 26 livres; puis, le 31 octobre 1421, une ordonnance royale établit un maximum pour le prix des denrées, marchandises et salaires d'ouvriers. Cette ordonnance ne causa que des troubles et des murmures, l'argent devint chaque jour plus rare, «et le povre peuple eut tant à souffrir de faim et de froit que nul ne le scet que Dieu.» Après tant de privations et de misère, les prix commencèrent à baisser de telle sorte qu'en 1425 le blé était retombé au taux où il était avant ces années de souffrance.

ANNÉES.	PRIX du setier de blé.			PRIX commun en moyen.			PRIX du marc d'argent.			ÉVALUATION du setier en monnaie du XVIIIe siècle.		
	liv.	sous	den.	liv.	sous	den.	liv.	sous	den.	liv.	sous	den.
1417	»	7	6	»	»	»	15	»	»	»	»	»
1418	5	»	»	»	»	»	24	»	»	18	6	8
1419	19	»	»	»	»	»	29	»	»	»	»	»
1420	32	»	»	»	»	»	40	»	»	»	»	»
1421	39	»	»	»	»	»	28	»	»	»	»	»
1422	26	»	»	»	»	»	6	15	»	»	»	»
CHARLES VII.												
1423	2	10	»	3	6	»	7	10	»	»	»	»
1426	»	17	»	»	»	»	8	5	»	»	»	»
1427	1	5	6	»	18	»	8	»	»	6	3	»
1428	»	13	»	»	»	»	11	»	»	»	»	»
1429	2	»	»	1	13	»	7	»	»	»	»	»
1430[1]	3	17	6	»	»	»	6	15	»	»	»	»
1431	2	»	»	3	7	2	8	»	»	22	15	»
1432	4	4	»	7	»	»	9	10	»	»	»	»
1433	1	14	»	»	»	»	»	»	»	»	»	»
1434	1	14	»	1	2	»	»	»	»	»	»	»
1435	»	13	»	1	2	4	8	»	»	7	11	»
1436	1	»	»	»	»	»	7	8	»	»	»	»
1437	5	»	»	1	18	4	9	»	»	»	»	»
1438	4	16	»	6	5	4	8	»	»	24	10	»
1439	5	9	»	8	10	»	6	8	»	»	»	»
1440[2]	1	2	»	»	16	»	7	17	»	1	18	4
1441	»	10	9	»	»	»	7	10	»	»	»	»
1443	3	»	4	2	7	8	8	»	»	16	3	»
1444	2	»	»	1	»	»	8	»	»	6	17	6
1446	»	10	»	»	»	»	9	»	»	»	»	»
1447	»	13	»	»	»	»	8	10	»	»	»	»
1448[3]	»	5	11	»	»	»	»	»	»	»	»	»

[1] Le prix du blé augmenta tellement vers la fin de cette année que le setier, qui ne s'était vendu que 40 ou 45 sous parisis, valut 70 sous et même 5 livres. Les boulangers recommencèrent, comme dix ans auparavant, à diminuer le poids du pain, fait avec une farine noire et malsaine.

[2] L'année précédente, le blé s'était vendu depuis 2 liv. 19 sous jusqu'à 9 livres; mais, en 1440, il y eut une telle abondance de tous les biens de la terre que le prix du setier tomba à 16 sous, de telle sorte que ceux qui avaient acheté pour leurs semences vendirent en moyenne cinq fois moins cher que le prix d'achat.

[3] Jamais jusque-là on n'avait vu le blé à un prix aussi minime, et l'on peut se convaincre par notre tableau qu'il ne subit point de grandes variations durant quelques an-

ANNÉES.	Prix du setier de blé.			Prix commun ou moyen.			Prix du marc d'argent.			Équivalent du setier en monnaie du XVIIIe siècle.		
	liv.	sous	den.	liv.	sous	den.	liv.	sous	den.	liv.	sous	den.
1449	»	18	»	»	8	»	9	»	»	9	8	10
1450	»	11	»	»	13	4	9	»	»	3	14	»
1452	»	8	1	»	9	»	9	»	»	4	10	9
1454	»	13	9	»	»	»	9	»	»	»	»	»
1457	1	»	1	»	»	»	»	»	»	»	»	»
1458	»	18	2	»	»	»	9	»	»	5	11	»
1459	»	17	6	»	16	6	»	»	»	»	»	»
1461	»	»	»	»	»	»	9	»	»	»	»	»
LOUIS XI.												
1462	»	11	8	»	»	»	8	16	»	»	»	»
1463	»	9	7	»	»	»	»	»	»	»	»	»
1464	»	5	»	»	11	7	9	»	»	3	9	»
1465	»	10	»	»	8	1	8	10	»	»	»	»
1466	1	1	8	»	»	»	»	»	»	»	»	»
1467	»	9	4	»	»	»	11	5	»	»	»	»
1469	»	9	1	»	»	»	»	»	»	»	»	»
1470	»	5	8	»	7	9	11	»	»	»	»	»
1471	»	11	»	»	11	»	11	5	»	2	13	»
1472	»	10	»	»	12	»	11	»	»	»	»	»
1473	»	10	»	»	[illegible]	»	11	»	»	»	3	4
1474	»	18	»	»	13	»	11	»	»	»	»	»
1475	»	»	»	»	»	»	10	11	4	»	»	»
1476	»	18	»	»	»	»	12	»	»	»	»	»
1477	1	1	»	»	18	6	»	»	»	»	»	»
1478	»	»	»	»	»	»	10	16	»	»	»	»
1481	1	»	»	»	»	»	»	»	»	»	»	»
1482	1	»	»	1	12	»	»	»	»	»	»	»
1483	»	»	»	»	»	»	12	»	»	»	»	»
CHARLES VIII.												
1484	»	»	»	1	5	»	10	6	»	6	5	»
1485	»	13	6	»	»	»	»	»	»	»	»	»
1486	1	6	1	»	»	»	»	»	»	»	»	»
1487	»	16	»	»	»	»	11	»	»	»	»	»
	»	»	»	1	5	»	10	16	»	6	5	»
1489	»	12	»	»	»	»	»	»	»	»	»	»

tées. « En celluy temps, dit le *Journal d'un bourgeois de Paris*, à l'an 1449, on avoit bon blé froment pour 8 sols et pour moins, et bon blé seigle pour 15 ou 16 blancs; mais on gaignoit peu. »

ANNÉES.	PRIX du setier de blé.			PRIX commun ou moyen.			PRIX du marc d'argent.			ÉVALUATION du setier en monnaie du XIXe siècle.		
	liv.	sous	den.	liv.	sous	den.	liv.	sous	den.	liv.	sous	den.
1493	4	12	»	»	15	»	12	»	»	3	8	9
1495	»	9	2	»	»	»	»	»	»	»	»	»
1497	»	»	»	»	»	»	11	»	»	»	»	»
LOUIS XII.												
1498	1	»	»	»	13	8	12	»	»	4	11	8
1499	1	6	8	»	4	»	12	15	»	»	»	»
1500	»	12	6	»	15	»	11	»	»	3	8	9
1501	1	4	»	»	»	»	»	»	»	»	»	»
1502	»	»	»	»	»	»	11	10	»	»	»	»
1508	1	»	»	»	16	9	»	»	»	»	»	»
1509	»	16	8	»	12	»	»	»	»	»	»	»
1510	»	6	6	»	»	»	»	»	»	»	»	»
1511	»	8	3	»	»	»	»	»	»	»	»	»
1512	»	18	»	»	11	»	11	9	»	8	12	9
1513	»	16	»	»	16	»	12	10	»	»	»	»
1514[1]	1	2	»	1	»	»	12	»	»	»	»	»
FRANÇOIS Ier.												
1515	2	8	»	3	4	2	12	»	»	16	10	»
1517	1	5	»	1	»	»	»	»	»	5	13	»
1518	1	[illegible]	»	»	»	»	13	»	»	»	»	»
1519	»	13	6	»	»	»	»	»	»	»	»	»
....	»	»	»	1	4	3	13	»	»	5	»	»
1520	1	5	10	»	»	»	13	»	»	5	1	7
1521	4	3	4	»	»	»	13	5	»	»	»	»
1522	3	»	»	3	7	9	13	»	»	16	8	»
1524	3	»	»	»	»	»	»	»	»	»	»	»
1525	[illegible]	»	»	»	»	»	13	»	»	4	4	8
....	[illegible]	»	[illegible]	»	19	9	13	»	»	3	19	»
1526	»	18	4	»	»	»	»	»	»	»	»	»
1527	1	2	11	»	»	»	»	»	»	»	»	»
1528	2	3	4	»	»	»	»	»	»	»	»	»
....	»	»	»	2	18	»	13	»	»	11	1	»
1529	3	14	3	4	10	»	»	»	»	»	»	»

[1] Budé, qui vivait sous Louis XII, nous dit que les grains sont en France à leur juste valeur lorsque le setier du meilleur froment se vend 25 sous tournois. Or, durant l'année 1518, il fut au-dessous de ce prix, puisqu'il déclare lui-même qu'il le vit varier de 20 à 22 sous. Ce chiffre nous est en outre confirmé par les registres du chapitre de Paris, où l'on trouve que le setier de blé fut acheté 16 sous parisis, somme égale à 20 sous tournois.

ANNÉES.	PRIX du setier de blé.			PRIX commun ou moyen.			PRIX du marc d'argent.			ÉVALUATION du setier en monnaie du XVIIIe siècle.		
	liv.	sous	den.	liv.	sous	den.	liv.	sous	den.	liv.	sous	den.
1530	2	11	1	2	5	»	»	»	»	»	»	»
1531	5	3	2	»	»	»	»	»	»	»	»	»
.....	»	»	»	3	12	6	13	»	»	19	6	»
1532	4	1	8	»	»	»	»	»	»	»	»	»
1533	2	»	10	2	6	»	13	»	»	8	9	4
1534	3	17	6	2	12	»	»	»	»	»	»	»
1535	2	»	10	2	3	4	»	»	»	8	9	4
.....	»	»	»	2	10	6	13	»	»	10	10	»
1536	3	»	»	2	18	»	»	»	»	»	»	»
1538	2	14	»	»	»	»	»	»	»	»	»	»
1539	3	15	3	»	»	»	13	10	»	»	»	»
1540	2	1	»	»	»	»	15	»	»	»	»	»
1541	2	2	6	»	»	»	»	»	»	»	»	»
1542	2	12	5	»	»	»	15	»	»	»	»	»
1543	2	18	4	2	17	2	15	»	»	10	6	10
1544	4	3	4	3	6	8	»	»	»	»	»	»
1545[1]	3	5	»	10	»	»	»	»	»	»	»	»
1546	2	10	»	»	»	»	15	»	»	11	»	»
HENRI II.												
1547	2	5	10	»	»	»	»	»	»	»	»	»
1548	2	10	5	»	»	»	»	»	»	»	»	»
.....	»	»	»	2	17	2	15	»	»	10	6	10
1553	2	3	4	»	»	»	»	»	»	»	»	»
1554	3	6	8	»	»	»	»	»	»	»	»	»
1555	3	7	11	»	»	»	»	»	»	»	»	»
1556	5	15	»	»	»	»	»	»	»	»	»	»
.....	»	»	»	5	14	2	15	»	»	20	18	2
1557	6	13	4	»	»	»	»	»	»	»	»	»
1558	3	6	8	»	»	»	»	»	»	»	»	»
FRANÇOIS II.												
1559	3	12	7	3	9	2	15	»	»	17	13	»
1560	3	15	»	»	»	»	15	»	»	18	15	»
CHARLES IX.												
1561	4	19	»	»	»	»	15	15	»	»	»	»
1562	6	»	10	6	4	2	15	»	»	21	9	»

[1] Les registres de Notre-Dame de Paris nous donnent également le prix de 8 liv. 6 s. 8 den. et Du Moulin, dans son *Traité des rentes* (t. II, p. 776), assure que le setier de blé, mesure de Paris, fut vendu cette année jusqu'à 12 livres.

ANNÉES.	PRIX du setier de blé.			PRIX commun ou moyen.			PRIX du marc d'argent.			ÉVALUATION du setier en monnaie du XIXe siècle.		
	liv.	sous	den.	liv.	sous	den.	liv.	sous	den.	liv.	sous	den.
1563	8	3	4	8	»	»	16	10	»	26	13	4
1564	3	18	»	4	»	»	16	10	»	13	6	8
1565	6	6	9	»	»	»	»	»	»	»	»	»
1566	10	7	9	»	»	»	»	»	»	»	»	»
1567[1]	8	15	»	»	»	»	»	»	»	»	»	»
1568	6	2	11	6	11	8	16	13	4	21	9	»
1569	5	8	4	»	»	»	»	»	»	»	»	»
1570	4	10	»	»	»	»	»	»	»	»	»	»
1571	6	»	5	»	»	»	»	»	»	»	»	»
1572	7	15	3	»	»	»	»	»	»	»	»	»
1573	14	15	»	14	7	6	17	»	»	46	17	»
HENRI III.												
1574	14	»	»	»	»	»	»	»	»	»	»	»
1575	6	12	6	»	»	»	21	5	8	»	»	»
1576	8	3	9	»	»	»	»	»	»	»	»	»
1577[2]	5	8	»	»	»	»	19	»	»	14	8	3
1578	5	16	3	6	6	4	21	5	8	16	8	»
1579	6	4	7	»	»	»	»	»	»	»	»	»
1580	6	5	»	»	»	»	19	»	»	»	»	»
1581[3]	5	13	9	»	»	»	20	12	»	15	8	3
1582	7	9	8	»	»	»	20	12	4	»	»	»

[1] Charles IX, qui avait signé plusieurs édits établissant un maximum sur le prix des denrées, consentit, le 4 février 1567, à signer, sur la demande du chancelier de l'Hôpital, un règlement général pour la police des grains, dans lequel on lit : « Le commerce des grains et transport d'iceux *de province à province du royaume seront libres* à un chacun, sans que l'on puisse y donner aucun empêchement. » Le roi Jean, dans des temps plus difficiles, avait été bien au delà de cette permission ; il donna, en 1360, la liberté à tous les habitants du royaume de porter les blés par terre et par eau, *partout où ils voudraient et en tout temps*. (Voy. t. IV des Ordonnances.)

[2] Le 21 novembre 1577, Henri III confirma le règlement établi en 1567 par Charles IX. Ce règlement portait que le setier de blé valant 30 sous tournois, les douze onces de pain blanc devaient se vendre 1 denier parisis, ce qui mettait la livre de blé à 1 denier tournois, et la livre de pain blanc à 1 denier tournois 2/3. Le pain bis et le pain bourgeois étaient également taxés, et cet acte nous prouve que le prix du pain était égal au prix du grain augmenté d'un tiers.

[3] Une ordonnance de Henri III, rendue en 1581 pour l'assiette des droits, fixe le prix du blé à 2 livres 10 sous, représentant, d'après la valeur du marc, 6 livres 18 sous 6 deniers.

ANNÉES.	PRIX du setier de blé.			PRIX COMMUN ou moyen.			PRIX du marc d'argent.			ÉVALUATION du setier en monnaie du XVIIIe siècle.		
	liv.	sous	den.	liv.	sous	den.	liv.	sous	den.	liv.	sous	den.
1583	7	11	3	»	»	»	»	»	»	»	»	»
	»	»	»	7	19	»	20	13	4	20	18	»
1584	8	10	»	»	»	»	»	»	»	»	»	»
1585	8	4	5	»	»	»	»	»	»	»	»	»
1586[1]	19	10	»	»	»	»	»	»	»	»	»	»
	»	»	»	29	16	8	20	13	4	78	18	»
1587[2]	30	»	»	»	»	»	»	»	»	»	»	»
1588[3]	»	»	»	»	»	»	»	»	»	»	»	»
1589	6	5	»	»	»	»	»	»	»	»	»	»
HENRI IV.												
1590[4]	11	18	9	»	»	»	»	»	»	»	»	»
	»	»	»	18	3	»	20	13	4	47	14	»
1591	30	6	8	»	»	»	»	»	»	»	»	»
1592	36	»	»	»	»	»	»	»	»	94	»	»
1593	18	»	»	»	»	»	»	»	»	»	»	»

[1] « En ce mois de may, dit l'Estoile, le septier de froment fut vendu sept et huit écus aux halles de Paris, où il y eut si grande affluence de pauvres mandians par les rues, mesme des pays étrangers, qu'on fut contraint de lever des bourgeois une aumône pour leur subvenir. » (*Journal de Henri III.*)

[2] « Le mercredy 3 juin, dit encore l'Estoile, le bled se vendit 30 livres, et aux villes circonvoisines jusqu'à 40 et 45 livres. On fut contraint d'envoyer deux mille pauvres en l'hospital de Grenelle, vers Vaugirard, pour y être nourris par le roy, qui leur faisoit tous les jours distribuer à chacun cinq sols; mais on les remit en l'état où ils estoient auparavant, pour ce que, se desrobans de là, ils venoient encor mendier par la ville. »

[3] *Mézeray* et *d'Aubigné* rapportent qu'en cette année il y eut une famine causée par les limaçons, qui avaient mangé les blés. Après la famine, la peste ravagea la population.

[4] On trouve dans le *Journal du règne de Henri IV* des détails curieux mais horribles sur l'état de souffrance et de misère de la population parisienne pendant le siège de Paris. La famine était si grande que l'on voyait les pauvres tomber de faiblesse à chaque pas et mourant de faim dans les hôpitaux, sur les fumiers et dans les rues. Le 23 juillet, plusieurs malheureux sortirent dans les fossés pour aller demander un peu de pain aux assiégeants; quelques jours après, plusieurs milliers de ces pauvres gens faisaient une sortie, non pour repousser l'ennemi, mais pour aller aux champs manger les herbes et les racines. Jusqu'à ce moment, ils avaient mangé les ânes, les chiens, les rats, sans oublier la peau, et ils se faisaient une farine avec des os de morts. On vit, enfin, des mères se nourrir avec la chair de leurs enfants morts de faim, et de riches bourgeois offrir jusqu'à deux mille écus d'un petit chien.

ANNÉES.	PRIX du setier de blé.			PRIX commun ou moyen.			PRIX du marc d'argent.			ÉVALUATION du setier en monnaie du XIXe siècle.		
	liv.	sous	den.	liv.	sous	den.	liv.	sous	den.	liv.	sous	den.
1595	26	»	»	»	»	»	»	»	»	»	»	»
1596	17	12	10	16	8	»	20	12	6	»	»	»
1597	15	19	2	15	16	9	»	»	»	»	»	»
1598	13	17	8	»	»	»	»	»	»	»	»	»
	»	»	»	11	9	6	20	12	6	30	5	»
1599	7	7	7	»	»	»	»	»	»	»	»	»
1600	7	2	9	7	6	»	»	»	»	»	»	»
1601	6	13	1	5	»	»	20	12	»	13	8	6
1602	6	18	5	7	13	7	22	»	»	»	»	»
1603	11	18	3	10	0	4	»	»	»	»	»	»
1604	7	12	5	8	11	»	22	»	»	21	»	»
1605	6	10	10	7	8	9	»	»	»	»	»	»
1606[1]	7	7	8	7	»	»	22	10	»	»	»	»
1607	7	8	10	6	11	3	»	»	»	»	»	»
1608	11	10	5	»	»	»	»	»	»	»	»	»
1609	10	1	7	8	8	»	»	»	»	»	»	»
LOUIS XIII.												
1610	7	11	4	»	»	»	»	»	»	»	»	»
1611	7	12	5	8	10	9	»	»	»	»	»	»
1612	7	14	10	»	»	»	»	»	»	»	»	»
1613	6	19	»	8	4	6	22	»	»	20	6	»
1614	7	18	6	»	»	»	»	»	»	»	»	»
1615	6	18	2	7	8	9	»	»	»	»	»	»
1616	7	1	8	7	18	4	»	»	»	»	»	»
1617[2]	7	16	»	9	1	3	»	»	»	»	»	»
1618	14	8	10	10	»	»	»	»	»	»	»	»
1619	8	17	7	»	»	»	»	»	»	»	»	»
1620	6	10	1	7	8	9	»	»	»	»	»	»
1621	8	11	7	»	»	»	»	»	»	»	»	»
1622	11	5	7	9	3	4	»	»	»	»	»	»
1623	10	17	»	10	9	6	22	»	»	25	17	»
1624	9	10	6	»	»	»	»	»	»	»	»	»
1625	9	9	7	8	6	8	»	»	»	»	»	»

[1] Le prix moyen donné sous cette date est emprunté aux registres de Notre-Dame de Paris.

[2] Le prix du blé, durant cette année, subit de très-grandes variations : au mois de janvier il était à 8 liv. 15 sous, et au mois de décembre on ne le payait pas moins de 12 liv. 9 sous 5 den.

ANNÉES.	PRIX du setier de blé.			PRIX commun au moyen.			PRIX du marc d'argent.			ÉVALUATION du setier en monnaie du XVIIIe siècle.		
	liv.	sous	den.	liv.	sous	den.	liv.	sous	den.	liv.	sous	den.
1626	16	16	»	»	»	»	»	»	»	»	»	»
1627	13	5	2	11	10	4	»	»	»	»	»	»
1628	9	18	»	8	10	»	»	»	»	»	»	»
1629	9	»	»	9	12	»	»	»	»	»	»	»
1630	10	13	7	»	»	»	»	»	»	»	»	»
1631	19	16	5	22	17	6	22	»	»	29	6	»
1632	15	7	2	16	13	4	»	»	»	»	»	»
1633	11	»	11	»	»	»	»	»	»	»	»	»
1634	9	5	»	9	19	2	»	»	»	»	»	»
1635	9	18	7	12	15	4	»	»	»	»	»	»
1636	11	13	4	»	»	»	27	10	»	»	»	»
1637	11	2	»	»	»	»	»	»	»	»	»	»
1638	10	10	»	10	7	2	27	10	»	20	9	»
1639	9	2	2	9	12	»	»	»	»	»	»	»
1640	9	8	5	»	»	»	29	6	»	»	»	»
1641	11	19	2	11	15	»	29	3	7	»	»	»
1642	12	2	5	11	2	»	29	3	7	22	8	»
LOUIS XIV.												
1643	17	17	9	19	3	4	28	13	8	»	»	»
1644	17	11	»	10	»	»	»	»	»	»	»	»
1645	11	4	5	13	15	»	28	13	8	26	1	»
1646	9	7	2	»	»	»	»	»	»	»	»	»
1647	12	13	7	13	4	»	»	»	»	»	»	»
1648	15	3	7	»	»	»	»	»	»	»	»	»
1649[1]	18	13	»	36	»	»	»	»	»	»	»	»
1650	20	10	5	22	4	4	28	13	8	42	2	»
1651	25	13	»	22	»	»	»	»	»	»	»	»
1652	24	13	»	»	»	»	»	»	»	»	»	»
1653	13	7	»	11	8	»	»	»	»	»	»	»
1654	12	10	»	»	»	»	»	»	»	»	»	»
1655	10	19	»	11	15	2	28	13	8	22	5	»
1656	10	7	6	»	»	»	»	»	»	»	»	»
1657	10	4	»	10	10	»	30	»	»	»	»	»
1658	12	19	6	17	8	»	»	»	»	»	»	»
1659	15	4	6	13	6	»	»	»	»	»	»	»

[1] Dupré de Saint-Maur, citant les lettres de la mère Angélique de Port-Royal, porte le prix du setier à 36 livres dans son tableau des variations arrivées dans le prix de diverses choses. (Voy. *Essai sur les monnaies*, p. 157.)

ANNÉES.	PRIX du setier de blé.			PRIX commun ou moyen.			PRIX du marc d'argent.			ÉVALUATION du setier en monnaie du XVIIIe siècle.		
	liv.	sous	den.	liv.	sous	den.	liv.	sous	den.	liv.	sous	den.
1660	17	8	»	25	4	»	»	»	»	»	»	»
1661[1]	26	11	»	22	13	»	28	13	4	43	18	»
1662[2]	33	9	»	25	»	»	»	»	»	»	»	»
1663	20	12	6	24	»	»	30	»	»	»	»	»
1664	17	2	»	12	»	»	»	»	»	»	»	»
1665	13	16	»	15	18	»	»	»	»	»	»	»
1666	12	19	»	19	7	3	28	13	4	19	12	»
1667	9	6	»	»	»	»	»	»	»	»	»	»
1668	7	19	»	8	14	»	»	»	»	»	»	»
1669	8	2	4	»	»	»	»	»	»	»	»	»
1670	8	8	7	9	10	»	»	»	»	»	»	»
1671	9	7	6	10	7	3	28	13	4	19	12	»
1672	9	15	»	»	»	»	»	»	»	»	»	»
1673	7	17	4	10	1	7	»	»	»	»	»	»
1674	9	9	1	11	3	»	»	»	»	»	»	»
1675	14	6	6	»	»	»	»	»	»	»	»	»
1676	10	4	»	10	10	»	»	»	»	»	»	»
1677	12	12	6	16	10	»	»	»	»	»	»	»
1678	16	9	6	»	»	»	32	»	»	»	»	»
1679	15	8	6	13	10	»	29	6	11	»	»	»
1680	12	18	6	12	»	»	»	»	»	»	»	»
1681	18	10	»	»	»	»	»	»	»	»	»	»
	»	»	»	12	11	»	28	15	»	23	16	»
1682	12	18	»	»	»	»	»	»	»	»	»	»
1683	11	6	6	»	»	»	31	»	»	»	»	»
1684	15	6	6	29	4	»	»	»	»	»	»	»
1685	16	1	»	12	»	»	»	»	»	»	»	»
1686	10	9	6	»	»	»	»	»	»	»	»	»
1687	10	13	»	8	8	»	»	»	»	»	»	»
1688	7	»	3	»	»	»	»	»	»	»	»	»
1689	7	13	3	10	4	»	31	2	»	»	»	»
1690	9	6	»	»	9	»	31	11	8	»	»	»
	»	»	»	9	13	6	»	»	»	16	14	»
1691	9	16	6	»	»	»	32	11	8	»	»	»

[1] La moyenne du marc de 1661 à 1683 peut être fixée à 31 livres. (Voy. Leber, *Essai sur l'appréciation de la fortune privée au moyen âge*, p. 190 et 197.)

[2] «La moisson n'a pas été bonne, dit Guy-Patin; le blé sera encore cher toute l'année..... Le pain est si cher qu'on craint une sédition.» (Voy. *Lettres*, p. 294 et 303.)

ANNÉES.	PRIX du setier de blé.			PRIX COMMUNS ou moyens.			PRIX du marc d'argent.			ÉVALUATION du setier en monnaie du XVIIIe siècle.		
	liv.	sous	den.	liv.	sous	den.	liv.	sous	den.	liv.	sous	den.
1692.	22	13	6	18	8	»	31	10	3	»	»	»
1693[1]	25	10	»	»	»	»	31	4	6	»	»	»
.....	»	»	»	30	8	»	»	»	»	53	19	»
1694.	30	6	»	»	»	»	34	19	7	»	»	»
1695.	18	6	6	16	5	»	»	»	»	»	»	»
1696.	18	15	6	15	9	»	34	19	7	28	»	»
1697.	17	5	»	21	»	»	»	»	»	»	»	»
1698.	21	12	»	»	»	»	34	19	7	»	»	»
1699.	26	19	6	24	2	»	»	»	»	38	9	1
1700[2]	23	18	»	»	»	»	33	1	5	»	»	»
1701.	15	13	»	16	16	»	32	11	4	»	»	»
1702.	12	10	6	12	»	»	36	19	3	»	»	»
1703.	11	15	6	14	8	»	35	19	9	»	»	»
1704.	11	9	6	»	»	»	38	18	1	»	»	»
.....	»	»	»	10	17	6	»	»	»	15	14	»
1705.	10	7	9	»	»	»	37	13	9	»	»	»
1706.	7	17	4	8	4	4	34	10	9	»	»	»
1707.	6	18	9	7	10	»	47	8	»	»	»	»
1708.	10	1	»	15	12	»	38	14	»	»	»	»
1709[3]	44	11	»	»	»	»	33	5	5	»	»	»
.....	»	»	»	49	10	6	»	»	»	63	17	»
1710.	40	10	»	»	»	»	31	12	4	»	»	»
1711.	17	8	6	21	12	»	43	12	8	»	»	»
1712.	20	17	»	23	14	»	43	12	8	»	»	»
1713.	28	11	6	»	»	»	43	12	8	»	»	»
.....	»	»	»	22	2	3	»	»	»	29	18	»
1714.	29	2	»	»	»	»	33	3	7	»	»	»
1715.	14	12	3	13	10	»	32	4	»	»	»	»

[1] Pendant les années 1693 et 1694 le setier de blé augmenta considérablement : le 3 octobre 1693 il se vendit 43 liv. 4 sous, et, le 3 juillet de l'année suivante, il était monté à 55 liv. 4 sous.

[2] Le prix du marc que nous donnons ici fut ainsi fixé au mois de juin ; avant cette époque, on lui avait donné trois prix différents depuis le mois de janvier. Quelques années plus tard, et jusqu'au 1726, on le vit changer souvent plusieurs fois dans un même mois.

[3] Le 5 octobre de cette année, le blé fut vendu 69 liv. 12 sous ; l'année suivante, au mois de janvier, il valait encore 55 liv. 4 sous.

ANNÉES.	PRIX du setier de blé.			PRIX commun ou moyen.			PRIX du marc d'argent.			ÉVALUATION du setier en monnaie du XVIIIe siècle.		
LOUIS XV.	liv.	sous	den.	liv.	sous	den.	liv.	sous	den.	liv.	sous	den.
1716	12	9	»	13	10	»	43	11	3	»	»	»
1717	9	19	9	10	4	»	45	12	3	»	»	»
1718	10	19	»	14	8	»	66	10	»	»	»	»
1719	14	7	3	14	3	»	61	1	9	11	19	»
1720[1]	20	11	»	»	»	»	110	16	»	»	»	»
1721	14	14	»	15	12	»	68	14	6	»	»	»
1722	16	1	»	»	»	»	63	14	6	»	»	»
1723	25	1	»	18	16	»	72	»	»	»	»	»
1724	24	19	6	»	»	»	52	12	»	»	»	»
....	»	»	»	26	16	»	»	»	»	15	14	»
1725	30	7	6	»	»	»	45	5	5	»	»	»
1726	26	11	»	25	10	»	54	6	6	»	»	»
1727	19	1	»	16	4	»	»	»	»	»	»	»
1728	22	16	6	»	»	»	»	»	»	»	»	»
1729	17	2	»	15	12	»	»	»	»	»	»	»
1730	15	13	6	»	»	»	»	»	»	»	»	»
....	»	»	»	15	13	»	54	6	6	15	14	»
1731	19	3	»	»	»	»	»	»	»	»	»	»
1732	13	8	6	12	6	»	»	»	»	»	»	»
1733	10	7	»	12	»	»	»	»	»	»	»	»
1734	11	6	»	»	»	»	»	»	»	»	»	»
1735	11	6	6	13	5	»	»	»	»	»	»	»
1736	13	17	6	13	1	»	»	»	»	»	»	»
1737	14	14	»	13	15	»	»	»	»	»	»	»
1738	18	15	»	18	»	»	»	»	»	»	»	»
1739	22	19	»	21	10	»	»	»	»	»	»	»
1740[2]	27	12	»	»	»	»	»	»	»	»	»	»
....	4	»	»	19	»	9	54	6	6	19	»	10
1741	38	2	»	27	»	»	»	»	»	»	»	»

[1] Le système de Law avait alors jeté la perturbation dans les finances; aussi le marc d'argent subit-il des variations incroyables. Au 1er janvier, il valait 61 livres et s'élevait en mars à 98; puis, il retombait à 70 au 1er mai pour remonter à 130 à la fin de juillet. Au mois de décembre, il ne valait plus, enfin, que 63 liv. 14 sous 6 den.; mais, en août 1723, il était fixé à 75 liv. 5 sous 5 den., et on le maintenait à ce taux jusqu'au 4 février 1724.

[2] Le setier du meilleur blé se vendit à la fin de l'année, au mois d'octobre, jusqu'à

ANNÉES.	PRIX du setier de blé.			PRIX commun ou moyen.			PRIX du marc d'argent.			ÉQUIVALENT du setier en monnaie du XVIIIe siècle.		
	liv.	sous	den.	liv.	sous	den.	liv.	sous	den.	liv.	sous	den.
1742	21	3	4	21	18	9	»	»	»	»	»	»
1743	11	16	9	12	»	»	»	»	»	»	»	»
1744	11	1	3	11	8	»	»	»	»	»	»	»
1745	11	6	6	15	»	»	54	6	6	»	»	»

30 livres. L'année suivante (1741), il subit de nombreuses variations et valut, en janvier, 46 livres; en février, 45; en mars, 33; en avril et mai, 35; en juin, 36; en juillet, 35; en août, 34; en septembre et octobre, 32; enfin, en novembre, il était retombé à 27 liv. 10 sous.

Tableau du prix moyen des grains vendus sur la place publique d'Alby, depuis l'année 1754 jusqu'à 1783.

ANNÉES.	BLÉ FROMENT.			SEIGLE.			AVOINE.			MÉTEIL.			MILLET.		
	liv.	sous	den.	liv.	sous	den.	liv.	sous	den.	liv.	sous	den.	liv.	sous	den.
1754...	10	10	»	6	10	»	6	»	»	8	10	»	6	»	»
1755...	11	»	»	7	»	»	6	5	»	9	»	»	6	8	»
1756...	13	»	»	9	5	»	5	10	»	11	»	6	6	16	»
1757...	15	»	»	11	»	»	5	5	»	13	»	»	8	»	»
1758...	20	»	»	16	»	»	7	10	»	18	»	»	13	4	»
1759...	18	»	»	16	»	»	5	10	»	16	»	»	13	4	»
1760...	17	»	»	13	»	»	6	10	»	15	»	»	12	16	»
1761...	10	10	»	7	10	»	4	»	»	9	»	»	6	»	»
1762...	14	5	»	9	»	»	6	»	»	11	11	6	8	16	»
1763...	19	»	»	13	15	»	6	10	»	16	15	»	12	»	»
1764...	16	»	»	12	»	»	7	»	»	13	»	»	9	12	»
1765...	24	»	»	18	»	»	10	»	»	21	»	»	16	»	»
1766...	28	»	»	16	8	»	10	10	»	19	10	»	14	»	»
1767...	18	10	»	14	5	»	7	»	»	16	7	»	12	»	»
1768...	22	»	»	15	»	»	8	10	»	18	»	»	11	12	»
1769...	23	»	»	19	»	»	8	»	»	22	»	»	16	»	»
1770...	25	»	»	22	10	»	11	»	»	22	10	»	19	»	»
1771...	23	»	»	18	10	»	10	»	»	22	15	»	20	»	»
1772...	25	»	»	17	»	»	9	»	»	21	»	»	19	4	»
1773...	22	10	»	16	»	»	8	10	»	19	»	»	12	4	»
1774...	24	»	»	18	»	»	10	10	»	18	10	»	14	16	»
1775...	16	»	»	11	»	»	7	10	»	13	10	»	8	16	»
1776...	23	»	»	17	»	»	8	10	»	19	10	»	16	»	»
1777...	32	»	»	23	»	»	10	»	»	25	10	»	25	»	»
1778...	21	»	»	17	»	»	8	»	»	19	»	»	12	»	»
1779...	15	»	»	9	»	»	8	»	»	11	10	»	8	16	»
1780...	20	»	»	11	»	»	9	»	»	15	10	»	11	»	»
1781...	26	»	»	20	»	»	10	10	»	21	5	»	16	»	»
1782...	22	»	»	20	»	»	10	5	»	21	»	»	17	»	»
1783...	18	»	»	14	»	»	6	10	»	13	10	»	11	12	»

TABLE

DES NOMS DE PERSONNES ET DE LIEUX

MENTIONNÉS DANS CE VOLUME.

A

Abirac, forteresse dont la garde est confiée à Guillaume Frotier, p. 63, 66.
Abirac (Robert d'), prêtre et chanoine, p. 205, 211.
Achery (D. Lucas d'), auteur du *Spicilegium*, p. xxvi, 51, 103.
Adalactis, fille d'Oddane, fait une donation, p. 17.
Adalard, abbé de Saint-Eugène de Vioux, p. 36.
Adalbert, p. 183.
Adalguier (Amat), p. 232.
Adélaïde, vicomtesse de Narbonne. Son testament, p. 19, 29.
Adelgaire de Penne, évêque d'Alby, p. 180.
Adémar, abbé de Castres, prête serment à l'évêque Durand, p. 16; est confirmé dans son élection, p. 89.
Adémar (Guillaume), prévôt de la cathédrale, fait faire une cession à Sainte-Cécile, p. 71; sa mort, p. 72.
Adémar (Pierre), p. 236.
Adémar (Raymond), p. 74.
Adolène ou Odolène, évêque d'Alby, p. 179.
Adrien V, pape, p. 155.

Aigrefeuille (Saint-Salvi d'), ses dîmes abandonnées à l'évêque, p. 126.
Aigui (Raymond), p. 201.
Aimera (Isarn), notaire, p. 141.
Aimeric, cède un alleu à l'évêque Miron, p. 10.
Aimeric, cardinal-diacre et chancelier, p. 199.
Aimeric (Sicard), témoin d'une donation faite par Raimond-Roger, p. 71.
Aimeric (W.), p. 201.
Aimal (Bernard), p. 201.
Aimeraud (Bernard d'), chanoine, p. 183, 205.
Alaman (Aimar d'), cède ses droits sur une chapelle de Notre-Dame, p. 19.
Alaman (Arnaud d'), fait une donation au chapitre, p. 6, 17; cède ses droits sur une chapelle, p. 19.
Alaman (Bérenger d'), clerc, p. 256.
Alaman (Doat d'), pris pour arbitre entre le vicomte Roger et Guillaume Petri, p. 70. — Un autre Doat d'Alaman restitue des dîmes usurpées, p. 136.
Alaman (Hélits d'), sœur consanguine de Sicard, épouse d'Amalric, vicomte de Lautrec, p. 132; abandonne les dîmes de diverses paroisses, p. 133.
Alaman (Pierre-Raymond d'), cède ses droits sur une chapelle, p. 19.
Alaman (Sicard d'), chanoine, p. 252, 257.
Alaman (Sicard d'), tient en fief du comte de Toulouse le château de Bonafous, p. xx, 98, 130; prend part au profit des raymondins albigeois, p. 99; signe un traité au sujet de la monnaie d'Alby, p. 106; fait un legs à Sainte-Cécile, p. 125; rend hommage à l'évêque, p. 130; cède le bail de la monnaie d'Alby, p. 131; sa mort, son testament, p. 132, 133.
Alanis (Raymond de), placé à la tête de l'infirmerie du chapitre, p. 83.
Albéric, cardinal-évêque d'Ostie, reçoit l'ordre de se rendre dans

l'Albigeois, p. 55, 56; dit sa première messe à Sainte-Cécile, p. 57; conclut un accommodement entre l'archevêque de Bordeaux et son chapitre, p. 58.

ALBERT (Durand), prêtre, p. 257.

ALBES-PEYRES (La terre d'), p. 237.

ALBIA, fille de Guiraud de la Taosca, autorisée à établir un moulin, p. 72.

ALDÉGUIER (M. D'), auteur d'une *Histoire de la ville de Toulouse*, p. 122.

ALDESUI (Bernard), chanoine de la cathédrale, p. XXXVIII.

ALLEGRE, p. 201.

ALOP (Daide D'), p. 201.

ALPHONSE, comte de Poitiers et de Toulouse, p. 107; reconnaît tenir en fief Castelnau de Bonafous de l'évêque Bernard de Combret, p. 122, 131.

ALPHONSE JOURDAIN, comte de Toulouse, donne en fief l'évêché d'Alby, p. 56; est informé du voyage de saint Bernard dans ses provinces, p. 56.

ALMODIS DE LA MARCHE, seconde femme de Pons, comte de Toulouse, p. 39.

ALRIC (Azemar), p. 206.

ALUDIER (Bernard, Étienne, Giraud et P.), p. 201, 202, 205.

AMADESC (Le Puy), faubourg considérable de la ville, p. 70.

AMAR (Guillaume), p. 201.

AMAT (Bernard D'), consul, p. 238.

AMAT (Philippe D'), chanoine, p. 248, 252, 257.

AMAT (Pons D'), archidiacre, p. 225, 234, 248, 251.

AMAT (Sicard), p. 200, 202.

AMBIALET (Château d'), chef-lieu politique de la vicomté d'Alby. Ses coutumes, p. 74, 79.

AMBIALET (Le vicomte D'), p. XXI.

AMBLARD, évêque d'Alby, p. 41, 179.

AMBOISE (Jacques D'), procureur de l'évêque Louis d'Amboise, p. XXVI.

Ambroise, évêque d'Alby, p. 177.
Amelii (Pierre), archevêque de Narbonne, p. 103.
Amelii (Pons), p. 257.
Amelius Ier, évêque d'Alby, reçoit en don certaines propriétés de Pons, comte d'Albigeois, p. 13; reçoit encore l'abbaye de Saint-Eugène de Vioux, p. 36; transige avec Pons II, comte de Toulouse, successeur de Raymond III, p. 48, 119, 179.
Amelius II, évêque d'Alby, a pour successeur Guillaume, p. 13, 39. Sous son épiscopat, on construit un pont, p. 40; assiste au concile de Bourges, p. 41; est témoin de la dédicace de l'église de Vendôme, p. 42.
Amelius Hugues, abbé de Castres, p. 188 et suiv.
Amiana (Guillaume de), chargé de soutenir la demande de sécularisation du chapitre, p. 121, 154; nommé pour la seconde fois procureur du chapitre, p. 155; sa mort, p. 157.
Amic (Bernard et Jean), p. 202.
Amiel del Soler, p. 201.
Amilhau (Paroisse d'), p. 136.
Anaclet, anti-pape. A un parti puissant dans Rome, p. 51; l'évêque d'Alby lui est fidèle, p. 52; Gérard, évêque d'Angoulême, est son légat en France, p. 53.
Anastase, le Bibliothécaire, signale la découverte des restes de sainte Cécile, p. 8.
Andral (Pierre), p. 201.
André (Pierre d'), chanoine. p. 248, 252, 257.
Anemius, évêque d'Alby, p. 177.
Angelvin, évêque d'Alby, p. 35, 179.
Anselme, cardinal-prêtre, p. 198.
Anthime, évêque d'Alby, p. 177.
Aonda (Raymond), p. 254.
Arcis (Hugues d'), sénéchal de Carcassonne, p. 103.
Aric (Philippe d'), p. 232.
Arlita (Pons), p. 200.
Armera (Hugues), p. 200.

Arnac (La ville d'), p. 238.
Arnaud, abbé de Cîteaux, engage Simon de Montfort à entreprendre le siége de Saint-Marcel, p. 77.
Arnaud (Pierre), p. 200, 202, 204.
Arnaud (Bernard d'), chevalier, prete serment à l'évêque, p. 129.
Arnaud Catalan. Voy. Catalan.
Arnaud de Cessenon, chanoine de Béziers, nommé évêque d'Alby, p. 48, 180.
Arnoul, archidiacre de Séez, puis évêque de Lisieux, p. 190.
Arpio (Pierre et Guillaume d'), p. 200.
Arreblay (Jean d'), sénéchal de Carcassonne et de Béziers, p. 148.
Arthès, village de l'Albigeois, p. 153.
Astaraguensio (B. de), archidiacre de Villelongue, p. xxxix.
At (Giraud d'), consul, p. 238.
Aton II, vicomte d'Alby et de Nîmes, p. 38, 73.
Audegier (Guillaume d'), p. 238.
Audiblac (Saint-Médard d'), paroisse, p. 158.
Auger, chanoine de la cathédrale, p. 183.
Auger (Adémar), p. 181.
Augier (B. d'), sacristain de Saint-Paul de Narbonne, vicaire général de Bernard de Castanet, p. 126.
Augier (Guillaume), p. 110. Famille d'Augier, p. 236.
Auriac (Territoire d'), p. 136.
Auriac (Durand d'), p. 239.
Auriac (Eugène d'), publie la *Description naïve et sensible de la fameuse église de Sainte-Cécile d'Alby,* par Mr Bernard de Boissonnade, p. xxiv. — *Recherches sur l'ancienne cathédrale d'Alby,* p. xl. — *Document inédit du xie siècle, émané d'un évêque d'Angoulême et relatif au diocèse d'Alby,* p. 14, 191.
Aussac (La ville d'), p. 237.
Auster (Bernard), conseiller, p. 231.
Austurgon (Bernard d'), chanoine, p. 248, 252, 256.
Auteuil (Pierre d'), sénéchal de Carcassonne, cite l'évêque à son

tribunal, p. 114; condamne les consuls d'Alby à une forte amende, p. 115; fait faire une nouvelle enquête en faveur du roi, p. 116.
Auvergne (Bénédict d'), p. 200.
Avanes (Guillaume de), chanoine, p. 194.
Avanes (Sainte-Cécile d'), d'Avas ou d'Avès, p. xi; cédée à la cathédrale d'Alby, par Benebert, p. 21, 23 et suiv. sa position, p. 25 et suiv.
Avenes, ancien château royal, p. xi, 25, 26.
Avizac (Bernard d'), p. 181, 184.
Avor (La vigne d'), dite la Tunique, p. 236.
Aymeric (Pierre), conseiller, p. 231.
Aymon, archevêque de Bourges, tient un concile, p. 41.

B

Baillet. Sa *Vie des saints*, citée p. 2, 8.
Baluze, auteur de l'*Histoire de Tulle*, p. 86, 110, 161.
Baronius, auteur des *Annales ecclesiastici*, cité p. 8.
Barrière (Isarn de la), p. 183.
Barsac (La ville et la paroisse de), p. 237.
Barut (Thomas), p. 234.
Bastide (Le château de la), p. 132.
Baud (Guillaume), p. 200.
Baudier (Pierre de), conseiller, p. 231.
Baudier (Raymond de), consul, p. 232, 233, 238.
Baudouin, évêque d'Alby, p. 178.
Baux (Agout de), sénéchal de Toulouse, lieutenant du roi en Languedoc, p. 153.
Beaujeu (Imbert de), connétable de France, p. 132.
Beaulieu (Simon de), archevêque de Bourges, sollicite le pape Martin IV en faveur du chapitre d'Alby, p. 157.
Beaumarchais (Eustache de), sénéchal de Toulouse, p. 132.
Bego, femme de Bernard Juvenis, p. 18.

Beissière (La femme), épouse d'un nommé Brostaion, est exhumée comme hérétique, p. 96.
Belhomme (M.), conservateur des archives du département de la Haute-Garonne, p. xxxv.
Bellebarbe (Pons), p. 201.
Benedict, archidiacre, fait une donation à Sainte-Cécile, p. xli, 21 et suiv.
Beraud, évêque d'Alby, p. 28.
Berbié (M. l'abbé), chanoine de Sainte-Cécile et secrétaire de Mgr l'archevêque d'Alby, p. xxix.
Berdan (P.), p. 201.
Bérenger. Ses biens confisqués par l'évêque, p. 81.
Berengère, fille de Frotard-Raymond, p. 74.
Berens (Frotard-Pierre de), p. 70.
Bernard, abbé de Gaillac, p. 189 et suiv.
Bernard, cardinal-prêtre, p. 198.
Bernard, évêque d'Alby, p. 10, 37, 179.
Bernard (Amblard), chanoine, p. 184.
Bernard (Guillaume et Pons), p. 201, 205.
Bernard (S.), abbé de Clairvaux, p. 52, 55 et suiv.
Bernard Aimar, achète la succession du siége d'Alby pour son fils, p. 13, 39.
Bernard-Aton IV, vicomte de Béziers et de Carcassonne, p. 13.
Bernard-Aton, vicomte de Nîmes et d'Alby, signe une convention relative à l'évêché d'Alby, p. 39, 41, 42.
Bernard de Capdenac, donne son fils à la cathédrale, p. 17.
Bernard Juvenis, donne la chapelle d'Ambialet, p. 18.
Bernis (Le cardinal de), archevêque d'Alby, reçoit un bullaire du pape Clément XIV, p. xxiv.
Bertlan (Pierre), est mis en possession de l'hôpital du Vigan, p. 78.
Bertrand, abbé de Castres, p. 178.
Bertrand, cardinal-légat, se fait restituer le château de Lescure, p. xxv, 80.

Bertrand, évêque d'Alby, p. 14, 54, 180.
Bertrand (Pierre), p. 201.
Bertrand (Pons de), damoiseau, prête serment à l'évêque, p. 129.
Bes (P.), p. 201.
Blanche de Castille. Envoie des commissaires pour prendre possession des états du comte de Toulouse, p. 107; reçoit un mémoire du sénéchal de Carcassonne, p. 108.
Blaye (Aycelin de), évêque d'Angoulême, p. 187.
Boc (Vital), conseiller, p. 231.
Boc (P. Donat), p. 201.
Boger (Raymond), p. 201.
Bois (Marc du), p. 202.
Boiseza (R. et Daide), p. 201.
Boisset (Ermengaud), chanoine, p. 225.
Boissonnade (Bernard de), avocat au parlement de Toulouse, auteur d'une *Description de Sainte-Cécile*, p. xxiv.
Boiza (P.), p. 201.
Bonafocens (Le Puy de), inféodé à Sicard d'Alaman, p. 99.
Bonafous (Le château de). Voy. Castelnau de Bonafous.
Bonet d'Arfa, p. 200.
Bonet de Milhau, p. 201.
Bonet (Raymond), p. 201.
Boniface VIII, pape, autorise Gilles Colonna, archevêque de Bourges, à se faire remplacer, p. 151; succède à Célestin V, p. 160; ordonne une enquête complète sur le chapitre d'Alby, signe la bulle de sécularisation, p. 161, 165.
Bonio (Bernard), p. 200.
Bordellis (Saint-Jean de), église, p. 93.
Borrel (André), p. 205.
Borsengues (L'honneur de), p. 237.
Botet, meunier du moulin Bordoles, p. 118; famille de Botet, *ibid.*
Botet (Jean), prêtre et chanoine de la cathédrale, p. 118, 201, 211.
Botet (Jean), hospitalier du Vigan, p. 73, 118.

Bou (Jean et Guillaume), p. 201, 204, 205.
Bourassé (L'abbé), auteur des *Cathédrales de France*, p. 20, 22, 167.
Bourges (Concile de), p. 115.
Boussac (M.), archiviste, p. xviii.
Boussondus, fils de Boussondus, chevalier, prête serment à l'évêque, p. 129.
Boissezon (B. de), p. 70.
Boyer (Bernard), p. 202.
Brens, commune de l'Albigeois, p. 32.
Brose (Aragon), chanoine, p. 257.
Brose (Auger), chanoine, p. 225, 248, 251.
Brose (Bérenger), conseiller, p. 231; consul, p. 233, 238.
Brose (Guillaume), p. 232.
Brostaion, condamné comme hérétique, p. 96.
Brunet (Guillaume), p. 201.
Bruni (Gérard), archiprêtre de la cathédrale, p. xxxviii.
Bruniquel (Bertrand, vicomte de), prisonnier de l'évêque, p. 114.
Brus (Pons), prêtre, p. 234, 257.

C

Cabalaira (Guillaume de), chanoine, p. 183, 205.
Cabanes (Raymond de), p. 202.
Cabrin (Paroisse de), p. 136.
Cadole (Géraud de), chevalier, prête serment à l'évêque, p. 129.
Cadolle (Giraud et Pierre), p. 202, 205.
Cahusac (Château de), p. 77.
Caissac (La ville de), p. 237.
Calmont (Bermond de), chanoine, p. 248, 251, 257.
Calmont (Raymond de), évêque de Rodez, nommé par le pape pour procéder à l'enquête sur la cathédrale d'Alby, p. 155 et suiv.
Calms (W. de), p. 200.

CALVET (Guillaume DE), chanoine de la cathédrale, délégué du chapitre pour solliciter sa sécularisation, p. 157, 248, 249, 252.

CAMBAIRAC (P. DE), p. 205.

CAMBORS (Arnold DE), p. 201.

CAMELIN (Gilles), chanoine de Meaux, procureur du roi dans le Toulousain et l'Albigeois, p. 131 ; inquiète l'évêque touchant la possession de divers domaines, p. 133 ; mande au bailli de Cordes de faire respecter la transaction passée entre le roi et l'évêque, p. 135.

CAMPAGNAC (Saint-Eusèbe de), paroisse, p. 136.

CAMPAIGNAC (Bernard, P., R. et Jean DE), p. 201, 202.

CAMPAIRAC (Jean DE), p. 200.

CAMPAUS (Sainte-Marie de), paroisse, p. 137.

CAMPENDU (Raymond DE), p. 103.

CANALS (Aimeric et Guillaume DE), chanoines, p. 248, 252, 257.

CANALS (Raymond DE), prévôt de la cathédrale, donne une procuration à deux chanoines, p. 157, 225, 232, 248.

CANAVEIL (Pierre DE), p. 201.

CANDEIL (Amelius DE), institué notaire public par Bernard de Castanet, p. 141.

CANILLE (Barthélemy), p. 200.

CANTAUSOL (L'honneur de), p. 237.

CANTEMERLE (Raymond DE), p. 201.

CAP (Pierre), conseiller, p. 231.

CAPDEMAIL (Bernard), p. 202.

CAPDENAC. Voy. BERNARD, UGA et ISARN.

CARLUS, village. Ses coutumes, p. XXII.

CARLUS (Saint-Claude de), paroisse, p. 158.

CARMES (L'église et l'hôpital de), p. 16.

CASELLES (Dieudonné DE), p. 239.

CASILLAC ou CAZILHAC (Bernard DE), évêque d'Alby, p. XXXII et suiv.

CASSAGNES (Bernard et Ermengaud DE), chanoines, p. 211, 225, 232.

CASTANET (Bernard DE). Détails sur son épiscopat, p. XXXV et suiv.

nommé évêque d'Alby, p. 126; quitte Rome, arrive à Alby, p. 128; reçoit la permission d'acquérir jusqu'à 200 marcs d'argent de revenu, p. 130; signe une charte de cession de la monnaie d'Albigeois, p. 131; en appelle au roi des persécutions de son procureur, p. 133; se fait restituer les dîmes usurpées, p. 136; signe un acte de vente, p. 138; fonde divers établissements religieux; pose la première pierre de l'église des Dominicains, p. 139; accorde aux ecclésiastiques le droit de disposer de leurs biens, p. 140; exige le serment du viguier royal, p. 141; passe une transaction avec les habitants de Réalmont, p. 142; prononce diverses condamnations, p. 143 et suiv. inquisiteur de la foi dans son diocèse, p. 146; assiste au concile de Bourges, p. 147; signe une ordonnance sur les droits de lods et ventes, p. 151; approuve de nouveaux statuts, p. 154; confirme diverses additions aux statuts, p. 159; envoie un fondé de pouvoirs à Rome, p. 160; procède à une répartition des biens de l'église, p. 162; reçoit en don le lieu où était située l'ancienne cathédrale, p. 165; nommé cardinal-évêque de Porto, p. 166; pose la première pierre de la cathédrale, p. 166 et suiv. abandonne le vingtième de ses revenus, p. 170, 180.

Castelnau (Le) ou Château neuf d'Alby, p. 4, 73 et suiv.

Castelnau de Bonafous. Château fondé par Sicard d'Alaman, p. 99; destiné à la fabrication des raymondins albigeois, *ibid.* et 130; attaqué par l'évêque, p. 125; n'a plus le privilége de la monnaie d'Albigeois, p. 131; ses droits appartiennent à Sicard, p. 132.

Castelnau (Guillaume de), p. 257.

Castel-Viel d'Alby. Confié à Guillaume Frotier, p. 63; sa position, p. 64 et suiv. organisé en commune, p. 66; limites de son consulat, p. 150; Sainte-Marie de Castel-Viel, p. 158.

Castillon (Marguerite de), épouse de Sicard d'Alaman, p. 132.

Castlus (Arnaud de), p. 202.

Castres (Saint-Vincent de), église, p. 93.

Catalan (Arnaud), de l'ordre des Frères Prêcheurs, inquisiteur à

Alby, p. 95; fait exhumer le cadavre d'une femme hérétique, p. 96; excommunie la ville d'Alby, p. 97.
Catmar (La paroisse de), p. 237.
Caudes (Le fief de la), p. 13.
Caußat (Saint-Vincent de), paroisse, p. 158.
Cazes (Bernard), consul, p. 231.
Cécile (Sainte), vierge et martyre, p. 5 et suiv.
Célestin V, pape, succède à Nicolas IV, p. 160.
Cellerier (Daide), p. 201.
Cellerier (Hugues), chanoine, p. 183, 201, 205.
Cellier (Raymond), p. 202, 205.
Celz (Saint-Jean de), bourg près de Gaillac, p. xli, 26, 27.
Cestayrols (Le baron de), p. xxi. Voy. Sestairol.
Chapelain (Isarn), consul, p. 233, 238.
Chapelle (Bertrand de la), p. 181, 206.
Chapuy, auteur des *Vues pittoresques de la cathédrale d'Alby*, p. 3.
Charles le Simple, roi de France, p. 33, 34.
Charles VI, fixe le prix du pain, p. 263.
Charles VII, accorde des lettres de grâce aux habitants de Cordes, p. xxxiv.
Charles IX, signe un règlement pour la police des grains, p. 268.
Chrysogone, cardinal-diacre, p. 199.
Citruin, évêque d'Alby, nommé par le peuple, p. xxvi, 109, 178.
Clair (S.), premier évêque d'Alby, martyr à Lectoure, p. 1 et suiv. fondateur présumé de la première église d'Alby, p. 169, 177.
Claude d'Andrie, évêque d'Alby, p. 62, 180.
Claus (Guillaume du), prisonnier de l'évêque, est rendu à la liberté par Guillaume de Monestier, p. 134.
Clavel, p. 201.
Clecis (Le Mas de), p. 236.
Clément III, anti-pape, p. 46.
Clément IV, pape, reçoit une demande de sécularisation du chapitre, p. 121, 155.

CLÉMENT V, pape, p. XVIII; ordonne une enquête sur Bernard de Castanet, p. XXXVIII; révoque les procédures faites contre cet évêque, p. XXXIX.
CLÉMENT XIV, pape, donne le *Bullarium sanctæ ecclesiæ Albiensis* au cardinal de Bernis, p. XXIV.
CLERC (Pierre LE), p. 238.
CLERGUE ou LE CLERC (Hugues), p. 181.
COLLADATE (Guillaume), p. 201.
COLMIEU (Pierre DE), vice-légat du saint-siége, procède à une enquête touchant les droits de l'évêque, p. 87 et suiv. — Sa sentence, p. 107.
COLOGNE, petite ville à quelques lieues de Toulouse, p. 2.
COLONNA (Gilles), dit de Rome, archevêque de Bourges, p. 151.
COMBETTES-LABOURELIE (M. DE), p. XXXI, 74.
COMBIRAC (Amiel DE), p. 202.
COMBRET (Le château de), p. 67.
COMBRET (Bernard DE), prévôt de la cathédrale, p. 100; signale au pape certaines violences exercées contre les chanoines, p. 110; élu évêque d'Alby, p. 111; fait hommage à l'archevêque de Bourges, p. 112; réunit un corps de troupes et combat l'abbé de Gaillac, p. 114; assiste au concile de Bourges, p. 115; est autorisé à traiter avec le roi au sujet de la justice temporelle, p. 117; signe une transaction, p. 118, 134; souscrit à un règlement relatif à l'administration consulaire, p. 119; assiste à l'assemblée des trois états de la sénéchaussée à Carcassonne, p. 122; fait une donation à Sainte-Cécile, p. 123; sa mort, *ibid.* et suiv. 180.
COMBRET (Ermengaud, seigneur de), rend hommage pour son château, p. 85; condamné pour avoir pris les armes en faveur de l'évêque, p. 116.
COMBRET (Guillaume DE), p. 239.
COMPAYRÉ (M. Clément), auteur des *Études historiques sur l'Albigeois*, p. 6, 31, 82, 102, 113, 138, 152, 168.
COMTE (P.), p. 202, 205.

CONSTANCE, évêque d'Alby, p. 178.
CONSTANT (Jean), jurisconsulte, p. 239.
CORAL (Pierre DE), abbé de Tulle, s'excuse de ne pouvoir prendre part à l'enquête ordonnée par le pape, p. 155.
CORDES (La ville et le château de), fondés par le comte de Toulouse, p. XXXIII et suiv. 125, 135.
CORPS (Pierre DU), habitant du Bout-du-Pont d'Alby, p. 152.
CORRAS, terre de l'Albigeois, p. 12.
CORREGIER (Jacques), consul, p. 231.
COTAUT (Jean), p. 236.
COUR (D. DE LA), p. 200.
CRAMAUX ou CARMAUX (Le château de), p. 237.
CRAUTOL (La ville de), p. 238.
CROIX (Durand DE LA), p. 200.
CROZES (M. Hippolyte), auteur d'une *Notice sur l'église métropolitaine d'Alby*, p. 20, 22.
CUERSEN (Guy del), p. 201.
CUEYSSE (Mᵉ), chanoine, fonde une chapelle, p. XXII.
CUJA. Voy. QUIEYE.
CUOYA. Voy. QUIEYE.

D

DAIDE (Isarn et Pierre), p. 200, 201, 205.
DAILLON DU LUDE (Gaspard DE), évêque d'Alby. Son testament, p. XXII.
DALAS (Raymond), p. 183.
DARAILH (Guillaume), p. 238.
DELBÈNE (Alphonse), évêque d'Alby. Son règlement pour l'administration de la justice temporelle, p. XIX.
DELBOSC (Le docteur), p. 76.
DELECOULS, procureur syndic du district d'Alby, p. XXX et suiv.
DELPERIER (Iterius), prêtre, p. 236.

Denat (La ville et la paroisse de), p. 237.
Denys (Pierre), conseiller, p. 231.
Desideratus, évêque d'Alby, p. 178.
Desportes (P.), p. 201.
Devi (Durand), p. 201.
Devois (La terre dite *lo Deves* ou le), p. 237.
Didier (S.), évêque de Cahors, p. 29.
Didon, évêque d'Alby, p. 178.
Dieudonné, abbé de Lagny, puis évêque de Castres, p. 187.
Diogénien, évêque d'Alby, p. 177.
Doat (Le président de). Son recueil de pièces manuscrites concernant l'église et le diocèse d'Alby, p. xviii, xxi, 11.
Domergue de Marivol, p. 201.
Dominique (S.), à Alby, p. 77; vient prier à Notre-Dame de la Drèche, p. 159.
Donolenx (Bernard de), p. 205.
Donadieu (Hugues), conseiller, p. 231.
Donat (Benoît), p. 201.
Donazac (Saint-Jacques de), paroisse, p. 136.
Drèche (Sainte-Marie de la), paroisse du diocèse d'Alby, p. 103, 158; est fréquentée par de nombreux pèlerins, p. 159.
Dreiturer (Pierre), p. 200.
Du Mège (M.), auteur d'une *Description de la cathédrale d'Alby*, p. 3, 102, 167.
Dupré de Saint-Maur, auteur de l'*Essai sur les monnoies*, p. 258, 260 et suiv.
Durand de Gaillac, p. 201.
Durand, archidiacre de Bourges, évêque d'Alby, accorde des priviléges à la ville, p. xxvi; confirme les donations faites par son prédécesseur, p. 15, 16; son élection, p. 86; son entrée dans la ville, p. 87; est confirmé à Rome dans la possession de tous les biens acquis par son prédécesseur, p. 88; reçoit le serment de l'abbé de Castres, p. 89; séjourne à Rome, p. 90; reçoit le légat dans la cathédrale, p. 92; médiateur entre le comte de Toulouse

et les abbés de Montauban et de Gaillac, *ibid.* reçoit de Raymond VII le château de Montirat avec réserve de l'hommage, p. 92; ne peut remettre les chanoines de Saint-Vincent de Castres dans la possession de leur église, p. 93; tient un concile dans la cathédrale, p. 95; prononce la dissolution du mariage du comte de Toulouse, p. 98; dévoué à Raymond VII, p. 99, 101; assiste aux conciles de Béziers et de Narbonne, p. 103; approuve les coutumes de la ville, p. 104; accorde des indulgences à ceux qui contribueraient à la construction d'une nouvelle cathédrale, p. 105, 169; signe un accord au sujet de la monnaie d'Alby, p. 106; assiste aux derniers moments de Raymond VII, est l'un de ses exécuteurs testamentaires, p. 107; a recours à l'intervention du pape, p. 107; vend le droit de pezade aux habitants de Gaillac, p. 109; sa mort, p. 110, 180.

Durand (Bonhomme), p. 202.

Durand (Dom), auteur du *Thesaurus novus anecdotorum*, p. 93.

Duranti (Guillaume), évêque de Mende, assiste au concile de la province de Bourges, p. 147.

Du Saussay. Son *Martyrologium gallicanum*, cité, p. 2.

E

Echart ou Eichart. Voy. Ichard.

Élie (Adémar, Giraud et Isarn), p. 201, 202.

Éloi, évêque d'Alby, p. 178.

Engilbaud (Pierre d'), p. 257.

Entremonts (Durand d'), p. 200.

Entremonts (La ville et la paroisse d'), p. 237.

Espère (Pierre), bailli de l'évêque Guillaume Petri, p. 81.

Ermengarde, vicomtesse de Béziers et de Carcassonne, p. 13.

Ermengaud (Raymond), p. 201, 205.

Ernald, abbé de Bonneval, auteur de la *Vie de S. Bernard*, p. 150.

Escafred (Pierre), prêtre et chanoine, p. 211.

Étienne, évêque de Mende, chargé de procéder à une enquête sur l'état de l'église d'Alby, p. 155 et suiv.
Étienne (Jean), p. 202.
Eudes, roi de France, p. 33.
Eugène III, pape, p. 55.

F

Fabre (Aton, Bernard, Ermengaud et Pierre), p. 201, 202.
Fadol (Bernard), p. 201.
Falgar (Arnaud de), abbé de Saint-Michel de Gaillac, p. 187.
Falgar (Raymond de), évêque de Toulouse, trace les limites de son diocèse, p. 93, 98.
Falguairolles (Pierre de), sous-diacre, p. 257.
Fargues (Beraud de), évêque, p. 257.
Fassabe (W.), p. 201.
Faugères (Gaillard de), chanoine de la cathédrale, p. xxxix.
Faustin, abbé de Castres, p. 178.
Fenasse (Barthélemy) l'aîné, consul, p. 231, 234.
Fenasse (Barthélemy), fils d'Arnaud Fenasse, conseiller, p. 232.
Fenasse (Bernard), conseiller, p. 232.
Fenasse (Guillaume), chanoine, p. 225.
Fenasse (Jean et Pons), p. 201, 205.
Fenasse (Bernard de la), p. 201, 205.
Ferrassière (La), p. 237.
Ferrier (Bérenger de), procureur de Bernard de Castanet, à Alby, p. 126.
Fesquet (Jean de), prêtre, p. 254.
Filc (Bernard de), p. 200.
Firmin (S.), disciple de S. Honest, p. 1, 2.
Florentin (La ville de), p. 237.
Foisseux (Aimeric et G. de), p. 201, 205.
Foissets (Aymeric de), p. 233.
Foix (L'honneur de), p. 237.

Fort (Hugues de la), p. 201.

Forest (L'abbé), auteur de l'*Almanach historique du Languedoc*, p. 20 et suiv.

Foranier (Marc), p. 201, 202.

Fraisseyes (Nicolas de), chanoine, p. 248, 251.

Fraisseyes (Raymond de), prévôt de la cathédrale, p. 84; reçoit l'hommage du seigneur de Combret, p. 85; procureur de l'évêché d'Albigeois, p. 124; rédige des statuts, p. 129; confirme un accord entre le roi et l'évêque, p. 130.

Fraisseines (Le lieu de), p. 146.

Franck (Barthélemy), consul, p. 233.

Frenier (Jean), p. 200.

Fresquet (Raymond et Isarn), p. 201, 234.

Frodel (Tripol), p. 200.

Fronto (J.), auteur du *Kalendarium romanum*, cité p. 8.

Frotaire, évêque d'Alby, p. 29, 179.

Frotaire, évêque de Nîmes, fait un accord au sujet de l'évêché d'Alby, p. 3, 38, 39; reçoit quinze chevaux de prix, p. 42; assiste à une assemblée dans la cathédrale d'Alby, p. 45.

Frotard, évêque d'Alby, p. 4; achète l'évêché, p. 42; veut remédier aux désordres de son église, p. 45; est excommunié et déposé, p. 46, 179.

Frotard (Bernard), chanoine, p. 252.

Frotérius. Voy. Frotaire.

Frotier, famille puissante d'Alby, p. 37, 87, 107.

Frotier (Guillaume), chargé de la garde du Castel-Viel, p. 63, 66.

Frotier (Guillaume et Sicard), cèdent leurs droits dans la ville d'Alby à Raymond VII, p. 98.

Fulcrat, chevalier, p. 110.

Fumet (Gabriel de), chanoine de Saint-Salvi, prieur de l'église de Saint-Afrique, p. 143.

Fumet (Guy), p. 202.

Fumet (Jacques de), conseiller, p. 231; consul, p. 233, 238.

G

Gabriac (Hugues de), p. 200, 217.
Gaite (Daide), p. 201.
Gaillac, ville de l'Albigeois. Ses archives, p. xxxi. 25, 27 et suiv. 77, 109.
Gaillac (Saint-Pierre de), église, p. 109.
Gaillard, chanoine, puis archidiacre, p. 181, 205.
Gaillard, prévôt de Saint-Salvi, p. 200.
Gairart (Bernard et Isarn), p. 181, 202.
Galcho (Guillaume), consul, p. 231.
Galco (Pierre, Vidal, Marie, Benoît, Isarn et Guillaume), p. 201, 202, 217, 232.
Garcie (Arnaud), conseiller, p. 231.
Garde (Château et village de la), p. 77, 133.
Garrigue (Raymond de la), p. 200, 201.
Gasc (Guillaume), chevalier, restitue des dîmes usurpées, p. 136.
Gasc (Jean), p. 202.
Gaudenis (Raymond de), lieutenant du juge-mage, p. 148.
Garsinde, veuve de Raymond-Pons, comte de Toulouse, p. 12, 37.
Gauffre (Pierre), p. 201.
Gausbert, abbé de Saint-Salvi, p. 35.
Gautier, évêque d'Alby, p. 180.
Gautier de Marnes, évêque de Tournay, légat du saint-siége, rend une ordonnance pour l'entrée des légats, p. 15; arrive à Alby, p. 92; ordonne à Durand de remettre les chanoines de Saint-Vincent de Castres dans la possession de leur église, p. 93.
Geisse (Isarn), consul d'Alby, p. 101, 205.
Geisse (Jean et Ermengaud), p. 201, 202, 205.
Genestes (Guillaume de), p. 184.
Geoffroy, évêque de Chartres, p. 55.

Geoffroy, moine, puis abbé de Clairvaux, p. 57, 59.
Gérard, évêque d'Angoulême, p. 53.
Géraud, cardinal-évêque de Sabine, p. 161.
Gerita (Raymond), p. 204.
Gilbert (R.), habitant du Bout-du-Pont d'Alby, p. 152.
Gilbert de la Porrée, célèbre théologien et philosophe, p. 59.
Girita (Raymond), p. 183.
Godefroy de Muret, abbé de Castres, p. 188.
Godolric ou Godalric, évêque d'Alby, p. 20 et suiv. 179.
Godon (P. et Breton), p. 201.
Golfier (Guillaume), consul, p. 233, 238.
Golmars (Étienne et W.), chanoines, p. 183, 205.
Gosbonius, tient en alleu le mas de Mocengs, p. 17.
Gorgals (Vital), p. 181.
Gorgoil (Famille de), p. 236.
Gorsse (L'abbé), archidiacre d'Alby, p. xxxi.
Got (B. et P.), p. 201.
Gotines (Jean des), p. 202.
Gran (Daide), p. 200.
Graoillet (Pierre de), damoiseau, prête serment à l'évêque, p. 129.
Gravas (Guillaume), chanoine, p. 183, 205.
Grave (Pierre de), chevalier, p. 115.
Grave (R. de la), p. 205.
Grave (Le territoire de la), p. 32.
Grégoire, cardinal-diacre, p. 198.
Grégoire VII, pape, p. 47.
Grégoire IX, pape, approuve la démission de Guillaume Petri, p. 86; confirme Durand dans la possession des biens acquis par son prédécesseur, p. 88; suspend les exécutions des hérétiques, p. 98.
Grégoire X, pape, succède à Clément IV, p. 155.
Greselles (Pierre, vicomte de), p. 200, 205, 232.
Greselles (Raymond de), chanoine, p. 211.

Grimal (Atet et Daide), p. 200, 201.
Gros (Bernard Le), chanoine, p. 183, 205.
Gros (P.), p. 200, 202.
Gros de Maussac (Pierre), p. 201.
Guastri (Durand), sergent de l'évêque Bernard de Castanet, p. 134.
Guépie (Château de la), p. 77.
Guépie (Le baron de la), p. xxv.
Guibal (Bernard et Étienne), p. 200.
Guillaume (Amblard et Bermond), chanoines, p. 184.
Guillaume, évêque de Préneste, p. 198.
Guillaume de Dourgne, remplace Rigaud sur le siége d'Alby, p. 60 et suiv. 180.
Guillaume II, fils de Bernard-Aimar, successeur d'Amelius au siége d'Alby, p. 13; achète l'évêché, p. 39; assiste au concile de Narbonne, p. 42 et suiv. 179.
Guillaume Ier, évêque d'Alby, p. 178.
Guillaume Petri ou de Pierre, évêque d'Alby. Son règlement, p. xxvi; fait une transaction avec les chanoines, p. 5, 19; signe plusieurs donations, p. 14; réunit Sainte-Martianne à la cathédrale, p. 36, 72; prévôt de la cathédrale, p. 63; permet au recteur du Vigan de construire un oratoire, p. 67; fait une convention avec les prud'hommes de la ville, p. 69; exécuteur testamentaire de Roger II, p. 70; fait diverses concessions, p. 71 et suiv. se joint à l'armée des Croisés, p. 77; assiste au concile de Lavaur, p. 78; reçoit l'ordre de restituer au légat le château de Lescure, p. 80; reçoit du légat Bertrand le conseil de renoncer à son siége, p. 81; livre Alby au comte Raymond, p. 82; fait de nouvelles concessions au chapitre, p. 83; choisi par le roi pour recevoir le serment de fidélité des habitants d'Alby, p. 84; signe un traité d'alliance contre les faidits, ibid. résigne ses fonctions de prévôt, descend du siége épiscopal, p. 85, 88; sa mort, p. 90; est inhumé dans le chapitre du cloître de la cathédrale, p. 91, 180 et suiv.
Guillaume Pictavis, évêque d'Alby, p. 46, 179.

Guillaume Soleyse, placé par Langlois dans la liste chronologique des évêques d'Alby, p. 62.
Guillaume (S.), fondateur de l'abbaye de Gellone, p. 59.
Guinon (Maurice et Pierre), p. 110, 201.
Guiqueran (La famille), p. 236.
Guirail ou Girard (Pierre), p. 200, 201.
Guiral (Verdusse), p. 201.
Guirard, cardinal-évêque d'Ostie, p. 45.
Guirard de la Taosca, p. 72.
Grodenx (Le Mas de), p. 237.
Guy, cardinal-diacre, p. 198.
Guy (Pierre), p. 204, 239.

H

Hautpoul (Pierre-Raymond d'), vicaire du diocèse d'Alby, p. 63.
Henri, chef de la secte des henriciens, p. 55.
Henri, abbé de Clairvaux, puis cardinal-évêque d'Albano, p. 61; met le siége devant le château de Lavaur, p. 62, 67.
Henri, comte de Rodez, p. 79.
Henri III rend diverses ordonnances pour régler le prix du pain, p. 268.
Honest (S.), martyr, p. 1, 2.
Honorat (S.), deuxième évêque de Toulouse, p. 1.
Honoré, évêque d'Alby, p. 179.
Honorius III. Sa bulle relative au château de Lescure, p. xxv, 80, 81; veut déposséder Guillaume Petri de son siége, p. 85.
Hugonet (M.), secrétaire-archiviste de la mairie de Gaillac, p. xxxi.
Hugues, évêque de Die, p. 46.
Hugues I, évêque d'Alby, p. 178.
Hugues II, évêque d'Alby, procède à l'exhumation de S. Guillaume, p. 59, 180.
Hugues IV, évêque d'Alby, p. 186 et suiv.

HUGUES (Guillaume), p. 204, 205.

HUGUES LE JEUNE (Guillaume), p. 205.

HUGUES (Pons et Vezian), p. 200, 202, 204, 205, 232.

HUGUES (Raymond D'), prévôt de Vieux, p. 211, 225; chanoine, p. 248, 251, 257.

HUMBERT-GÉRAUD, évêque d'Alby, p. 4; en guerre ouverte avec le clergé de son église, p. 53, 54; souscrit à un acte d'Alphonse Jourdain, comte de Toulouse, p. 55, 180.

I

ICHARD (Guibert), chevalier, p. 110; autre Guibert Ichard, chanoine, p. 234, 248, 252, 257.

ICHARD (Raymond et Vivian), p. 184, 217.

ICHARD (Vezian), prévôt de Sainte-Cécile, p. 200, 217.

ICTERIUS, évêque de Limoges, p. 42.

INGELBIN, évêque d'Alby, p. 179.

INNOCENT II, pape, met l'église cathédrale d'Alby sous la protection du saint-siége, p. XXIII, 14; est élu pape en même temps qu'Anaclet, p. 51; reconnu souverain pontife au concile d'Étampes, p. 52; sa bulle, p. 54.

INNOCENT III, pape, prend le chapitre sous sa protection, p. 79, 96.

INNOCENT IV, pape, lève l'excommunication lancée contre Raymond VII, p. 103; permet de délivrer les hérétiques et de commuer leur peine, p. 105; fait droit aux réclamations de Durand, p. 107; fait excommunier les officiers royaux, p. 110; sa mort, p. 113.

INNOCENT V, pape, p. 155.

ISARN (P.), p. 202.

ISARN, neveu de Pons Roger, p. 181.

ISARN DE CAPDENAC, donné comme chanoine à la cathédrale, p. 17.

ISARN DE JOURDAIN, fait hommage au vicomte Roger, p. 60.

ISARNE (LA), p. 237.

J

JEAN (Raymond et P.), p. 201, 202.
JEAN, évêque d'Alby, p. 178.
JEAN XXI, pape, accorde plusieurs droits à Bernard de Castanet, p. 128, 141; meurt écrasé dans son palais, p. 155.
JEANNE DE TOULOUSE, fille de Raymond VII, épouse du comte de Poitiers, p. 107.
JOURDAS (Guillaume), fait une cession aux chanoines d'Alby, p. 63.
JOUFFROY (Le cardinal), évêque d'Alby, apporte des reliques de sainte Cécile, p. 5.
JOURDAIN (Pons), notaire, p. 232.
JOURDAIN (Raymond), p. 202.
JOVE (Begon et Bernard), p. 181, 201.
JUDICIS (Élie), bailli d'Alby et d'Albigeois, p. 119; prête serment à l'évêque; famille Judicis de Mirandol, p. 141.

L

LABARIAC (Hugues), p. 183.
LAMBERT (Pierre), docteur, p. 232.
LANDES (Hugues), p. 228.
LANGUEDOC (Origine des états de la province de), p. 122.
LAPORTE (François), religieux de l'abbaye de Saint-Victor de Marseille, p. XXXVI, 102.
LASTOURS (Le château de), p. 26.
LATOUR (Jean DE), lieutenant du juge-mage, p. 148.
LAUTREC (Amaury, vicomte DE), chevalier, p. 114; condamné par le sénéchal de Carcassonne, p. 116; assiste à l'assemblée des états, p. 122; époux de Hélits d'Alaman, p. 132; abandonne à l'évêque d'Alby les dîmes de diverses paroisses, p. 133.

LAUTREC (Bertrand, vicomte DE), fils de Sicard, p. 114; assiste à l'assemblée des états à Carcassonne, p. 122; curateur du jeune Sicard d'Alaman; héritier de ses biens, p. 132; élève des contestations à l'évêque, p. 133.

LAUTREC (Isarn, vicomte DE), chevalier, p. 114; condamné par le sénéchal de Carcassonne, p. 116; assiste à l'assemblée des trois états à Carcassonne, p. 122.

LAUTREC (Pierre, vicomte DE), fait évader le bailli du roi, p. 108; condamné pour avoir pris les armes en faveur de l'évêque, p. 116.

LAUTREC (Sicard, vicomte DE), signe un règlement pour l'observation de la paix, p. 67; arbitre entre le vicomte et l'évêque d'Alby, p. 70.

LAUTREC (Le vicomte DE) signe un traité avec le prévôt de Saint-Salvi et l'évêque d'Alby, p. 84; famille de Lautrec, p. 46.

LAVAL-BOIGAS (Guy DE), p. 201.

LAVAUR (Concile de), p. 78.

LAVAUR (Guillaume DE), p. 201.

LEBER (M. C.), auteur d'un *Essai sur l'appréciation de la fortune privée au moyen âge*, p. 258, 272.

LEGOUX DE LA BERCHÈRE, archevêque d'Alby, p. XXVI et suiv. son *Ordonnance de visite de l'église métropolitaine*, p. 161.

LEMODIANT (Arnaud), lieutenant du juge d'Albigeois, p. 152.

LE NAIN DE TILLEMONT, auteur de *Mémoires pour servir à l'histoire ecclésiastique*, p. 2.

LENTIN (P. DE), p. 202.

LESCURE (Château de), donné par le pape Sergius, p. XXIV, 80, 135, 153.

LESCURE (Raymond DE), p. 114; abandonne les dîmes de Saint-Salvi d'Aigrefeuille, p. 126.

LESCURE (Le baron DE), p. XXI.

LÉVIS (La maison DE), p. 99.

LIBÈRE, pape, p. 8.

LIGORS (Pierre DE), vigneron, p. 201.

Lior (Bernard de), p. 201.
Lior, paroisse, p. 146; Saint-Pierre de Lior, p. 158.
Lisle, ville de l'Albigeois, p. 25, 31, 132.
Lobbes (Guillaume de), p. 254.
Lombers (Concile de), p. 60; château de Lombers, p. 70, 92.
Lort (Pierre de), p. 200.
Lothaire, roi de France, p. 12.
Louis VI, roi de France, p. 52.
Louis VIII, roi de France, au camp d'Avignon, p. 84.
Louis IX signe une convention avec Bernard de Combret, p. 60, 118, 134; donne plusieurs terres à son frère, p. 100; reçoit la soumission du comte de Toulouse, p. 101; tient un parlement, p. 115.
Lovezilac (L'alleu de), p. 10.
Lucas, cardinal-prêtre, p. 158.
Lucca (Amaing), p. 233.
Lux (Le Mas de), p. 237.

M

Mabillon, auteur du traité *De liturgia gallicana*, cité p. 9.
Macarel (Étienne), p. 238.
Maillé (Isarn), consul d'Alby, p. 101.
Majore, femme de Pons, comte de Toulouse, p. 38.
Malemort (Gilbert de), évêque de Limoges, adresse une requête au pape en faveur du chapitre d'Alby, p. 157.
Maler (Bernard de), archidiacre, p. 211.
Maler (Isarn de), diacre et chanoine, p. 205, 211.
Maleville (Durant), p. 232.
Maliax (Pierre de), prieur claustral, p. 211.
Malotre (Raymond), p. 201.
Malvis (B. de), juge de la cour séculière de l'évêque, p. 232.
Manent (Jean et Dieudonné), chanoines, p. 211, 225.
Mancoil (Le Puy appelé), p. 17.

Mantel (Bernard et Durand), p. 200.

Marca (P. de), auteur du traité *De concordantia sacerdotii et imperii*, p. 124.

Marigny (Jean de), évêque de Beauvais, lieutenant du roi dans le Languedoc, p. 153.

Marsac (Béatrix, vicomtesse de), p. 123; condamnée à être emmurée pour crime d'hérésie, p. 144.

Marsac (Bernard de), chevalier, condamné à être emmuré pour crime d'hérésie, p. 144.

Marsac (Forteresse de), confiée à Guillaume Frotier, p. 63, 66; donnée en fief à Guillaume Petri, p. 77. — La ville et le territoire de Marsac, p. 123, 144.

Martène (Dom), auteur du *Thesaurus novus anecdotorum*, p. 93, 97, 112, 115.

Mascart (Bernard), p. 201.

Massol, historien, auteur de la *Description du département du Tarn*, p. xxxviii, 5, 7, 9, 21, 138, 166 et suiv.

Matfre (Pierre et Durand), p. 201, 202.

Matfred, vicomte de Narbonne; son testament, p. 12, 29.

Mathieu, cardinal-diacre de Sainte-Marie *in Porticum*, p. 161.

Mathieu, cardinal-évêque de Porto, p. 161.

Maur (Pierre), p. 234.

Maurel (Pierre), docteur ès lois, p. 202, 248, 251.

Mausac (Le Mas de), p. 237.

Maynes (Roger-Guillaume), p. 200.

Mazères (Durand et P. de), p. 202, 205.

Médicis (Julien de), évêque et seigneur d'Alby, p. xviii et suiv.

Meillau ou Milhau (Jacques de), p. 204.

Meranet (Got), p. 200.

Mercier (Durand, Bernard et Guillaume), p. 201, 202.

Metge (Laurent), p. 200.

Milhau, ville, p. 107, 237.

Milly (Adam de), chevalier, vice-gérant du roi de France dans l'Albigeois, p. 88.

Minerve (Guillaume de), chevalier, fait une vente à l'évêque Durand, p. 104.
Miol (Hugues et Guillaume de), p. 201.
Miron, évêque, reçoit en don un alleu, p. 10; succède à Angelvin, p. 35, 36, 179.
Mocenes (Le Mas de), p. 17.
Moissac (Siége de), p. 78.
Moisset (Armengaud), chanoine, p. 234, 248, 251, 257.
Molinier (Pierre de), p. 201; consul, p. 231.
Monclar (Bernard et Giraud de), p. 201.
Monestier (Château de), p. 87, 92, 237.
Monestier (Arnaud de), chevalier, prête serment à l'évêque, p. 129.
Monestier (Bernard de), chanoine de Cahors, p. 129; rend hommage à l'évêque, p. 137.
Monestier (Guillaume de), chevalier, p. 114; prête serment à l'évêque, p. 129; fait évader un prisonnier, p. 134.
Monestier (Vivian de), prête serment à l'évêque, p. 129.
Montagnac (Le territoire de), p. 21; n'est autre que Montans, p. 26.
Montaigu (Château de), p. 77.
Montaigu (Bernard, Guillaume et Raymond de), p. 201, 202, 205.
Montanincos (L'alleu de), p. 12.
Montans, commune de l'Albigeois, p. 25 et suiv. — Ancienne ville; ses restes d'antiquités, p. 31 et suiv.
Montauti (Durand de), p. 181.
Montebaut (Guillaume de), restitue des dîmes usurpées, p. 136.
Monteils (Guillaume de), recteur de l'église d'Affiac, p. 254.
Montesquiou (Pictavin de), évêque d'Alby, signe une charte de fondation de six chapelles, p. 171.
Montfort (Le château de), p. 132.
Montfort (Amaury de), p. 79; perd ses châteaux et places fortes, p. 82; cède au roi tous ses droits sur le Languedoc, p. 84.
Montfort (Bernard de), juge et procureur de l'évêque, p. 144.

MONTFORT (Jean DE), comte de Castres et co-seigneur du Castel-Viel, p. 66, 150.

MONTFORT (Philippe DE), p. 87; conclut une transaction avec l'évêque Durand, p. 92; reconnaît devoir vingt livrées de terre; sa mort, p. 100.

MONTFORT (Philippe DE), comte de Castres, assiste à l'assemblée des trois états, à Carcassonne, p. 122.

MONTFORT (Simon DE), s'empare de Raymond-Roger, p. 76; célèbre la fête de Pâques à Alby, p. 77; fait une donation à Sainte-Cécile, p. 78; tué sous les murs de Toulouse, p. 79, 130.

MONTIRAT (Château de), cédé par Raymond VII à l'évêque d'Alby, p. 92; tenu en fief par Bernard de Combret, p. 122; sa possession est contestée, puis confirmée à l'évêque, p. 133, 137.

MONTJOUX (Béranger DE), procureur de l'évêché d'Albigeois, transige au sujet de la paix de Sestairol, p. 124, 211, 225.

MONTJOUX (Guillaume DE), prévôt de la cathédrale, autorise les consuls à faire élever un mur le long du Tarn, p. 149; représentant de l'église d'Alby auprès du pape, p. 158; retourne à Alby et fait adopter de nouveaux statuts, p. 159; requiert les cardinaux de procéder à la sécularisation du chapitre, p. 161.

MONTSÉGUR, place d'armes des hérétiques, p. 103.

MORGUES (Phil.), p. 205.

MOUNACHO (Isarn DE), recteur de l'église de Quieye, p. 254.

MULES (L'église de), p. 237.

MURATORI, auteur des *Annali d'Italia*, p. 51.

N

NANGIS (Guillaume DE), auteur des *Gesta S. Ludovici IX*, p. 100.

NARBONNE (Amalric, vicomte DE), assiste à l'assemblée des trois états, à Carcassonne, p. 122.

NARBONNE (Concile de), p. 103.

NAUZE (Hugues DE LA), p. 228.

Nesle (Raoul de), connétable de France, rassemble des troupes contre le roi d'Angleterre, p. 147.
Nesmond (Henri de), archevêque d'Alby, p. xxxv.
Nicolas III, pape, ordonne une enquête sur l'état de la cathédrale, p. 155.
Nicolas IV, pape, ordonne à l'évêque de conférer les ordres à certains chanoines, p. 158; sa mort, p. 160.
Nicolas (Pons), conseiller, p. 231.
Nodbert, p. 10.
Nogarède (Guillaume de la), p. 200.

O

Oalric (Guillaume), chevalier-abbé, cède certains droits qu'il possédait sur l'église Sainte-Martianne, 71, 72, 200, 205.
Oalric (J. et Raymond), p. 200, 205.
Olivier (Bernard d'), chanoine de la cathédrale, délégué du chapitre pour solliciter sa sécularisation, p. 157, 232; prieur de Pouzols, p. 248, 251, 257.
Orban, terre de l'Albigeois, p. 12.
Ormes (Les), paroisse, p. 136.
Orto (Guiral de) ou Du Jardin, consul, p. 231.

P

Pagan (R.), docteur ès lois, archiprêtre de Lisle, p. 254.
Paganus, fils de Bérengère, a la garde de diverses forteresses, p. 63, 66.
Pagat (Guiral), p. 200.
Paguan (Guillaume), officier de la cour d'Alby, p. 232.
Palaizi (Pierre), p. 201.
Pampelune, petite ville de l'Albigeois, p. 153.

Panat (Arnaud de), chanoine, p. 248, 251, 257.
Panat (Bernard de), chanoine, prieur des Avalats, p. 225, 248, 251.
Pandère, évêque d'Alby, p. 178.
Pannel (Jourdain), p. 201.
Panose (Guillaume), notaire public, p. 234.
Paraire (Pierre), p. 200.
Pascal Ier, pape, p. 8.
Paterne, évêque d'Alby, p. 179.
Paulin (Bernard de), rend hommage à l'évêque, p. 137.
Paulin (Gaillard de), chanoine, p. 225, 252, 257.
Paulin (Philippe et Hugues de), restituent des dîmes usurpées, p. 136.
Paulin (Le vicomte de), p. xxi.
Peironet de Périgueux, p. 204.
Pelegrin (Pierre), p. 201.
Pelisse (Guillaume), de l'ordre des Frères Prêcheurs, inquisiteur à Alby, p. 95.
Pellis (Garcie), p. 217.
Penne (Bernard de), prête serment à l'évêque Durand, p. 92; restitue des dîmes usurpées, p. 136.
Penne (Olivier, seigneur de), prête serment à l'évêque Durand, p. 92.
Percin (J. J.), auteur des *Monumenta conventus Tolosani ord. ff. prædicatorum*, p. 95, 97.
Perpetuus, prêtre, transcrit une collection de canons par ordre de Didon, p. 178.
Peïtrils (L'honneur des), p. 238.
Peyrard (Hugues), p. 184.
Peyrier (Guillaume de), consul, p. 231.
Philippe, archevêque de Bourges, reçoit l'hommage de Bernard de Combret, p. 112.
Philippe le Bel confirme l'évêque d'Alby dans la possession du château de Montirat, p. 123; fait une cession à l'évêque, p. 146;

lui fait restituer les biens saisis par les consuls, p. 147; défend aux sénéchaux d'empêcher l'évêque de connaître des causes portées devant sa cour spirituelle, p. 149; son ordonnance sur la vente des grains, p. 260.

PHILIPPE LE HARDI donne mainlevée de la régale de la cathédrale, p. 124; fait un accord avec l'évêque, p. 130; confirme une donation faite par Simon de Montfort, p. 130; confirme une transaction passée entre son procureur et Sicard d'Alaman, p. 131; signe une charte en faveur de l'évêque, p. 133; inflige une amende aux habitants d'Alby, p. 135.

PHILIPPE DE VALOIS désigne un arbitre pour examiner les prétentions élevées entre les consuls de Cordes et d'Alby, p. 153.

PIAN (Guillaume DE), sénéchal de Carcassonne, adresse un mémoire à la reine Blanche, p. 108; assemble un corps de troupes, p. 109.

PIC (P.), p. 201.

PIERRE, abbé de Castres, fait une donation à la cathédrale, p. 18.

PIERRE, abbé de Saint-Romain de Blaye, p. 58.

PIERRE, archevêque de Bourges, p. 69.

PIERRE, évêque de Rodez, choisi pour arbitre par Raymond VII et l'évêque d'Alby, p. 92.

PIERRE DE BRUEYS, p. 55.

PIERRE DE LÉON. Voy. ANACLET.

PIERRE (Raymond DE), baron de Ganges, p. 63.

PIERRE DE VAUX-SERNAY, p. 76.

PIERREBOURG (Le baron DE), p. XXI.

PIERREFIGUE (Arnaud DE), p. 201.

PILEFORT (Le cardinal), rend une sentence entre l'évêque d'Alby et le monastère de Gaillac, p. 27.

PILOT (Isarn), p. 228.

PINOL (Guillaume), p. 201.

PLATEA (Sainte-Marie de), église, p. 93.

PODEROS (Guillaume et Raymond), p. 200.

POLTOVS (Michel), p. 202.

POLYEUCTE, évêque d'Alby, p. 177.
POMPIRAC (S. Laurent de), commune près de Gaillac, p. XLI, 26, 27.
PONS, prieur de Sainte-Cécile, p. 184.
PONS (Élie DE), évêque d'Angoulême, p. 187.
PONS DE TOULOUSE. Son habitation, p. 75; fait un acte de vente, p. 181, 183.
PONS, comte de Toulouse et d'Albigeois, donne un douaire à sa femme Majore, p. 38; ses droits sur le siége d'Alby, p. 39 et suiv. transige avec Amelius I, p. 119.
PONS, comte d'Albigeois, donne certaines propriétés à Sainte-Cécile, p. 13, 36.
PONS-MARIA voit ses biens confisqués, p. 81.
PONTECURVO (Jean DE), notaire, p. 256.
PORT (Amat, Pierre, Raymond et Arnal DU), p. 184, 201.
PORT (Pierre DU), chanoine, p. 248, 252, 257.
POUZOLS, terre de l'Albigeois, p. 12.
POUZOLS (Bernard DE), p. 201.
POUZOLS (Pierre-Raymond DE), prêtre et chanoine, p. 211.
PRESSAC (Raymond, Daide et Isarn), p. 200.
PRIX, ville auprès de Rodez, p. 106.
PRUNET (Hugues DE), p. 181, 205.
PSALLET (Pierre), notaire public, p. 239.
PUY (Amat DU), damoiseau, prête serment à l'évêque, p. 129; vend certains droits qu'il possédait dans la ville d'Alby, p. 138.
PUY (Bernard DU), fils de Raymond du Puy, reçoit une donation de Bernard de Combret, p. 123.
PUY (Guillaume DU), chevalier, p. 110.
PUY (Pons DU), damoiseau, vend certains droits à Bernard de Castanet, p. 138.
PUY (Raymond DU), donzel de Castelnau de Bonafous, p. 123; réclame 40 livres prêtées à Bernard de Combret, p. 124.
PUY-CELSI (Le château de), se soumet à Simon de Montfort, p. 77.
PUY-GAMBIER (Le Mas de), p. 236.

Puylaurens (Sicard de), témoin d'une donation faite par Raymond-Roger, p. 71.

Puy-Laurent (Guillaume de), auteur de *Chronica super historia negotii Francorum adversus Albigenses*, p. 56.

Q

Quiete ou Cuja (Bernard de), p. 200.

Quiete ou Cuota (L'église de), p. 254.

R

Rabastens (Château de). Ses archives, p. xxxii, 131.

Rabastens (Gaillard de), prévôt de Saint-Salvi, conclut un traité avec Guillaume Petri et le vicomte de Lautrec, p. 84.

Rabastens (Pierre-Raymond et Pelfort de), restituent des dîmes usurpées, p. 136.

Radulfe (Hugues de), notaire, p. 232.

Rafanel (Étienne), p. 201.

Rafel (Benoît), p. 202.

Raoul, roi de France, p. 36.

Rapi (Étienne), p. 200.

Ratier (Arnauld et Isarn), p. 201, 233.

Rautel (Jean de), p. 257.

Ravel (Pierre), p. 200.

Raymond cède un alleu à l'évêque Miron, p. 10.

Raymond, archidiacre, p. 184.

Raymond (Frotard), constitue une dot à sa fille, p. 74.

Raymond (Guifred), p. 183.

Raymond (Pierre de), juge-mage, p. 148.

Raymond I, comte de Rouergue et marquis de Gothie. Son testament, p. 9, 10, 29, 36.

Raymond V, comte de Toulouse, p. 37; en guerre avec Roger II,

p. 61; dispose des biens du vicomte de Béziers, p. 66; signe la paix, p. 67.

RAYMOND VI, comte de Toulouse, p. 78; recouvre une partie de ses domaines, p. 80.

RAYMOND VII DE TOULOUSE, décharge les habitants d'Alby de leur serment, p. XXXVI; devient maître de la ville d'Alby, p. 82; cède le château de Montirat à l'évêque, p. 92; dissolution de son mariage avec Sancie d'Aragon, p. 98; reçoit le serment des consuls d'Alby, p. 101; excommunié, absous, p. 103; cherche à donner la sépulture ecclésiastique à son père, p. 104; signe un accord au sujet de la monnaie d'Alby, p. 106; sa mort, p. 107; son accord au sujet de Castelnau de Bonafous, p. 122.

RAYMOND DE FALGAR. Voy. FALGAR.

RAYMOND-ROGER, vicomte d'Alby, p. 70; prisonnier de Simon de Montfort, p. 76, 79.

RAYMOND-TRENCAVEL, vicomte d'Alby et de Carcassonne, cède l'église de Carmen à Sainte-Cécile, p. 14; signe un acte en faveur des clercs de Saint-Salvi, p. 36; conclut un accord avec le comte de Toulouse, p. 60, 66; tient un plaid à Alby, p. 61; est assassiné, *ibid.*

RAYNAL FROTARD fait un don à Sainte-Cécile, p. 17.

RAYNAL (Pierre DE), chevalier de l'ordre de S. Jean-de-Jérusalem, p. 186.

RAYNALDI (Aimeric), chevalier, p. 110.

RÉALMONT (Paroisse de), p. 136.

REGINALD, évêque de Bath, p. 61.

REGITIUS (G.), prieur de Sainte-Marie-des-Tables de Montpellier, p. 208.

REISSAC (Guillaume, Robert, Hugues et Raymond DE), p. 201, 202.

REMY (Pierre et Bernard), p. 201.

RENAUD, abbé de Castres, p. 188.

REY (Daide), chanoine, p. 204, 205.

RICHARD, archevêque de Bourges, p. 45.

RICHARD, évêque d'Alby, p. 178.

Rigaud (Pierre de), consul, p. 231.
Rigaud, évêque d'Alby, reçoit le serment de Roger, p. 14, 49; succède à Hugues, p. 59; remplacé par Guillaume de Dourgne, p. 60, 180.
Ripeime (P.), p. 183.
Rizol (Guillaume et Bérenger), p. 181, 201, 204.
Robert-Dauphin, évêque d'Alby, p. xxxiv.
Robert II, abbé de Gaillac, p. 37, 189.
Roc-Amadour (L'église de), p. 86.
Rocca (Guillaume), notaire, p. 257.
Rocoles (Jean de), p. 257.
Rodes (Guillaume), p. 234.
Roffiac (Château de), donné à Guillaume Petri par Simon de Montfort, p. 77, 130; la ville de Roffiac, p. 237.
Roffiac (Pierre de), p. 238.
Roger, vicomte de Béziers et d'Alby, abolit l'ancienne coutume de s'emparer des biens des évêques défunts, p. 14, 48; reçoit en fief l'évêché d'Alby, p. 55; reçoit l'hommage du château de Saissac, p. 60.
Roger II, fils de Raymond-Trencavel, embrasse l'hérésie, p. 61; déclaré traître et parjure, p. 62; retient l'évêque d'Alby prisonnier, p. 63; dépouillé de ses biens par le comte de Toulouse, p. 66; reprend les armes, p. 67; sa mort, p. 70.
Roger-Bernard, comte de Foix, p. 66.
Roger (Isarn de), p. 183.
Roger (P.), auteur des *Archives historiques de l'Albigeois*, p. 9, 10, 102, 167.
Roger (Pons), fait un acte de vente, p. 181.
Roger (Vidal), p. 202.
Roig (Jean), p. 201.
Roset (Raynal), p. 183.
Romain, cardinal de Saint-Ange, légat du saint-siége, reçoit la démission de Guillaume Petri, p. 85; témoin de la sentence de Pierre de Colmieu, p. 88.

S

T

Taillefer (Bonet), chanoine de la cathédrale, p. 211.
Taillefer (Nicolas, Pierre et Guillaume), p. 200, 257.
Taillefer (Pierre), consul, p. 231.
Taosca (Giraud de la), p. 202.
Taur (Bernard et Daide de), p. 200, 217.
Tauriac (Isarn de), prisonnier de l'évêque, p. 114.
Tavele (Ermengaud), p. 184.
Teguer (Bernard), p. 201.
Teillet (Pierre de), p. 200.
Teissière (P., Durand, Begon et Isarn), p. 201, 202.
Teric (Isarn) de Sestairol, p. 200.
Termes (Olivier de), chevalier, p. 115.
Tersac, forteresse confiée à G. Frotier et à Paganus, p. 63, 66.
Tersac (Adémar de), p. 183.
Teuler (Grégoire), p. 200.
Tondut (Guillaume), p. 201.
Torcart (Barthélemy), p. 181.
Toulouse. La rue Joutz-Aigues de — p. 101; Templiers de — p. 104; château narbonnais de — p. 106.
Toulouse (Jean de), conseiller, p. 231.
Toulouse (P. de), p. 201.
Tour (Guy de la), évêque de Clermont, adresse une requête au pape en faveur de l'église d'Alby, p. 157.
Tour (Roger de la), abbé de S. Michel de Gaillac, p. 187.
Trabailla (Pierre de la), p. 183.
Trityiell (La ville de), p. 237.
Trolhet ou Troillet (Pierre de), chanoine, p. 225, 248, 257.
Tron de Milhau (P.), p. 202.
Tronz (Remy et Bernard), p. 183.
Truc (Raymond), p. 238.

Turey (Lambert de), chevalier, p. 115.
Tuzo (Pierre), p. 183.

U

Ubaldus, cardinal-diacre, p. 198.
Uga, femme de Bernard de Capdenac, p. 17.
Ugo-Isarn fait une donation, p. 13.
Urbain IV, pape, autorise Bernard de Combret à traiter avec le roi, p. 117.

V

Vaissette (Dom), auteur de l'*Histoire générale de Languedoc*, p. 23, 32, 34, 44, 46, 58, 59, 63, 85, 105, 113, 145, 148, 164.
Val (Pierre du), chanoine, p. 205.
Valence, petite ville de l'Albigeois, p. 153.
Valgilade (Pierre de), p. 202, 205.
Vallette (L'honneur de la), p. 237.
Valois (Pierre de), notaire public, p. 254, 257.
Valtoret (Le château de Saint-Amans de), p. 237.
Varennes (Robert de), chanoine, p. 225.
Vassaldus (Bernard), chanoine, p. 183, 205.
Vassarot (Raymond), p. 184.
Vedian reçoit le château de Lescure, p. xxiv, 80.
Vedian (Pierre), p. 201.
Veil (Étienne), p. 201.
Verdat, évêque d'Alby, p. 178.
Verdusse (Amblard et Sicard de), p. 201.
Verian (Guill. de), juge de la cour séculière de l'évêque, p. 143.
Vidal (P. et Guillaume), p. 201.
Vierne (Durand), p. 202, 205.
Viguerie ou de Viguier (Guillaume de), prieur de Sainte-Martianne, p. 211, 225.

Viguier (Bernard), p. 202, 204.
Viguier (Pierre de), chanoine, p. 248, 252, 257.
Viguier (Pons de), sous-diacre et chanoine, p. 211, 225; prieur de Sainte-Martianne, p. 248, 251.
Viletas (Michel), consul, p. 231.
Villemagne (Pons de), p. 201.
Villeneuve (Paroisse de), p. 136.
Villeneuve (Bernard de), témoin d'une donation de Raymond-Roger, p. 71.
Vinnal (Raymond et Hugues), p. 201.
Virac (Église Saint-Victor de) donnée au chapitre de la cathédrale, p. 83.
Virac (La ville de), p. 237.
Virgile (Guillaume de), p. 254.
Viscaro (Guillaume), p. 202.
Vital, prêtre, fait une donation à l'ancienne cathédrale d'Alby, p. 175.
Vitarellas (Gaugi), p. 202.
Voulte (Guillaume de la), évêque, fait terminer les bâtiments de la nouvelle cathédrale d'Alby, p. 175.

Y

Ychard. Voy. Ichard.

Z

Zoen, évêque d'Avignon, légat du saint-siége, préside le concile d'Alby, p. 113.
Zoguer (Raymond), p. 201.

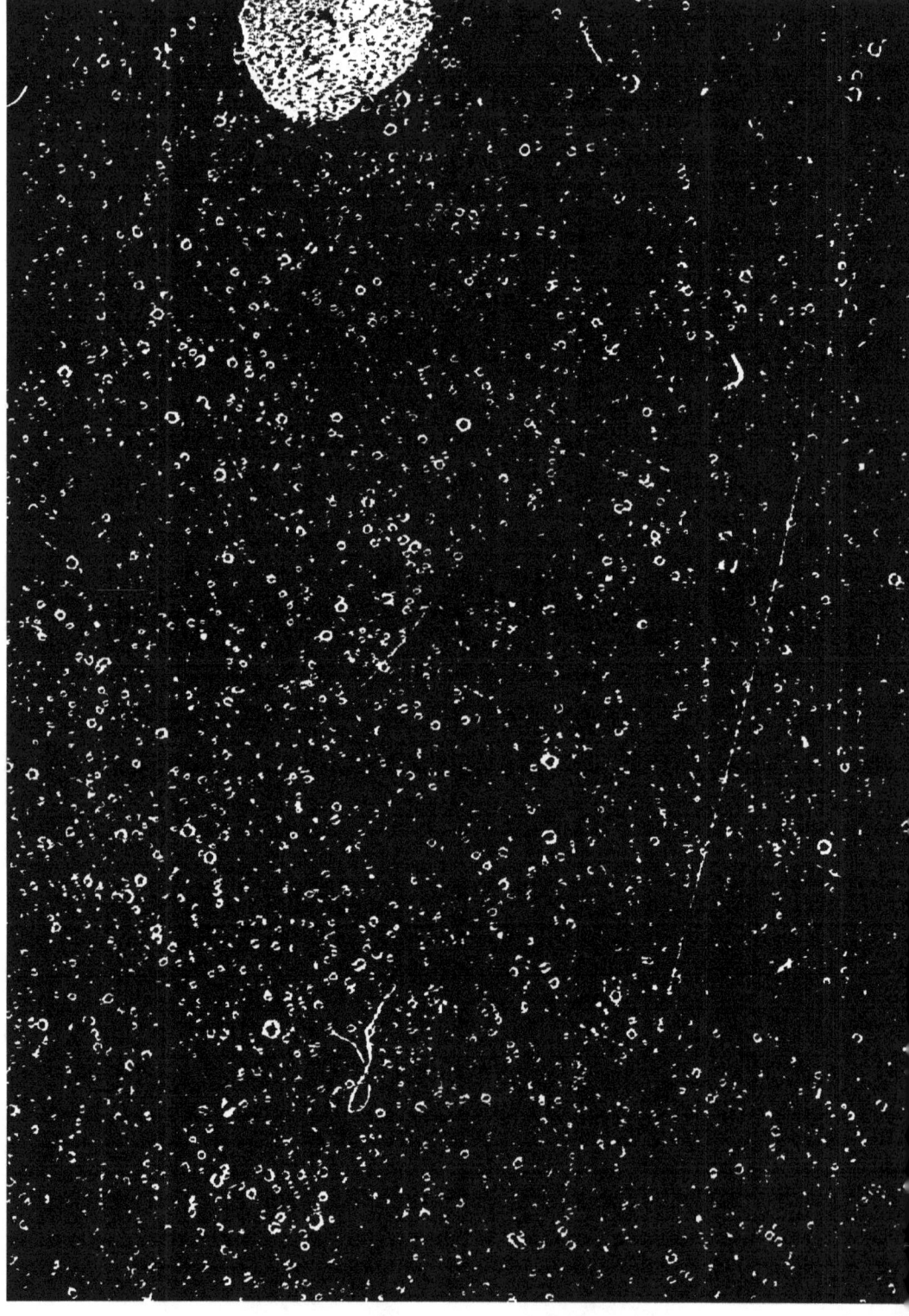

www.ingramcontent.com/pod-product-compliance
Lightning Source LLC
Chambersburg PA
CBHW070451170426
43201CB00010B/1294
9782012551374